T0197284

Unsere Hoffnungen, unsere Zukunft

Andreas Krafft

Unsere Hoffnungen, unsere Zukunft

Erkenntnisse aus dem Hoffnungsbarometer

Andreas Krafft
St. Gallen, Schweiz

ISBN 978-3-662-64288-7   ISBN 978-3-662-64289-4   (eBook)
https://doi.org/10.1007/978-3-662-64289-4

Die Deutsche Nationalbibliothek verzeichnet diese Publikation in der Deutschen Nationalbibliografie;
detaillierte bibliografische Daten sind im Internet über http://dnb.d-nb.de abrufbar.

Planung/Lektorat: Marion Kraemer
Springer ist ein Imprint der eingetragenen Gesellschaft Springer-Verlag GmbH, DE und ist ein Teil von
Springer Nature.
Die Anschrift der Gesellschaft ist: Heidelberger Platz 3, 14197 Berlin, Germany

Vorwort

Seit 2009 untersuchen wir mit der jährlichen Umfrage des Hoffnungsbarometers die Wünsche und Hoffnungen der Bevölkerung in verschiedenen Ländern der Welt. Ausgehend von der Schweiz wird die Umfrage in Zusammenarbeit mit Universitäten in Australien, Frankreich, Indien, Israel, Italien, Kolumbien, Malta, Nigeria, Österreich, Polen, Portugal, Tschechien, Spanien und Südafrika durchgeführt. Die jährlich rund 10.000 teilnehmenden Personen aus unterschiedlichen Alters- und Berufsgruppen haben in den letzten Jahren wertvolle Grundlagen für einen tieferen Einblick darin geliefert, was und wie Menschen im Alltag hoffen und ihr Leben dadurch bereichern. Im Mittelpunkt stehen nicht Angst und Sorge, sondern der Wunsch und die Hoffnung auf eine gute und erfüllende Zukunft. Viele Ergebnisse wurden bereits in mehreren wissenschaftlichen Foren präsentiert und publiziert.

Als wir im November 2019 die Menschen über ihre Erwartungen bezüglich langfristiger Trends und Zukunftsszenarien befragten, ahnten wir nicht, dass die größtenteils düsteren Prognosen in wenigen Monaten teilweise schmerzvolle Realität werden würden. Durch die Corona-Pandemie sollte die Welt seit Beginn 2020 nicht mehr dieselbe sein wie bis jetzt. Umso spannender waren die Ergebnisse aus der Befragung im November 2020, die darüber berichten, wie die Menschen mit den belastenden Situationen umgegangen sind und diese erfolgreich gemeistert haben. Während in den ersten zehn Jahren des Hoffnungsbarometers unsere Forschungsergebnisse grundlegende Erkenntnisse für ein besseres Verständnis des Phänomens der Hoffnung bereitstellten, offenbaren sich in den Jahren 2020 und 2021 die Dringlichkeit und Relevanz des Hoffens in Krisenzeiten voller Unsicherheit und tief greifenden Veränderungen. In vielen öffentlichen Interviews und Vorträgen durften wir das Wissen unserer zehnjährigen Arbeit mit den Menschen teilen und dank dessen Mut und einen hoffnungsvollen Blick in die Zukunft vermitteln. Die positiven Rückmeldungen aus aller Welt haben gezeigt, wie groß die Sehnsucht nach der aufbauenden Kraft der Hoffnung ist.

Der universelle und existentielle Wert der Hoffnung kann am besten ergründet werden, wenn wir uns verschiedener wissenschaftlicher Disziplinen bedienen. In diesem Buch werden die empirischen Ergebnisse des Hoffnungsbarometers mit den individualpsychologischen Ansätzen der Positiven Psychologie, dem sozialwissenschaftlichen Fokus der Zukunftsforschung und den geisteswissenschaftlichen Erkenntnissen der pragmatischen Philosophie integriert. Die wesentliche Botschaft des Buches ist nicht, „am Ende wird alles gut", sondern „egal, was die Zukunft bringt, wir können immer etwas verbessern". Hoffnung ist gerade nicht das Aufsetzen einer rosaroten Brille. Hoffnung heißt, dass wir uns eine bessere Zukunft für jeden von uns, für unsere Familien und für die Welt als Ganzes wünschen können und auch wünschen sollen, und dass wir trotz bzw. gerade in Zeiten von Krisen und Katastrophen uns gemeinsam mit anderen engagieren und miteinander viel Gutes tun und erreichen können, damit unser aller Leben schöner und lebenswerter wird.

Ich danke allen langjährigen Mitstreiterinnen und Mitstreitern des internationalen Forschungsnetzwerks des Hoffnungsbarometers für die wunderbare und sinnerfüllende Zusammenarbeit und für die empirischen Daten, die als Grundlage für dieses Buch dienen: Prof. Dr. Alena Slezackova in Tschechien, Prof. Dr. Tharina Guse in Südafrika, Prof. Dr. Charles Martin-Krumm und Prof. Dr. Fabien Fenouillet in Frankreich, Prof. Dr. Elżbieta Kasprzak und Dr. Patryk Stecz in Polen, Dr. Dorit Redlich-Amirav in Israel, Prof. Dr. Carmel Cefai in Malta, Prof. Dr. Maria Valle Flores-Lucas in Spanien, Prof. Dr. Helena Águeda Marujo in Portugal, Bertram Strolz in Österreich, Prof. Dr. Rajneesh Choubisa und Dr. Chitra Nair in Indien, Dr. Mark Sinclair in Australien, Prof. Dr. Stella Conte in Italien, Prof. Dr. Eduardo Wills Herrera in Kolumbien und Dr. JohnBosco Chika Chukwuorji in Nigeria.

Andreas Krafft

Inhaltsverzeichnis

1

Einführung

Die Ergebnisse des Hoffnungsbarometers der Jahre 2019 und 2020 skizzieren eine eher düstere Zukunft voller Krisen und zeigen die psychologischen Folgen solcher Denkszenarien auf. Möchten wir als Individuen und als Gesellschaft florieren, benötigt es Bilder der Hoffnung einer aufstrebenden Welt, die unser Engagement und den Zusammenhalt fördern. Was braucht es aber, damit die Flamme der Hoffnung für eine lebenswerte gemeinsame Zukunft entfacht werden kann, ohne dass ein naiver Optimismus die aktuellen Probleme bagatellisiert und herunterspielt? In der Hoffnung steckt der Glaube an eine bessere Welt aber auch die Anerkennung von Hindernissen und die Motivation zum Handeln. Das Buch stellt das Phänomen der Hoffnung in der Verbindung individualpsychologischer Erkenntnisse und gesellschaftlich relevanter Entwicklungen dar. Nach den psychologischen Grundlagen des Zukunftsdenkens werden die allgemeinen Erwartungen und Wünsche an die Zukunft von rund 10.000 Personen aus vierzehn Ländern vorgestellt. Die Erfahrungen während der Corona-Pandemie geben Hoffnung, denn sie zeigen wie Menschen erfolgreich mit Krisen umgehen können. Daraus leiten sich die Bedeutung und der Charakter der individuellen und gesellschaftlichen Hoffnung ab.

1.1 Der Blick in die Zukunft

Nahezu kein Tag vergeht, ohne dass in den Medien über irgendeine Krise oder Katastrophe berichtet wird. Nebst der weltweiten Corona-Pandemie, die in den Jahren 2020 und 2021 die meisten Bereiche unseres Lebens bestimmte, häufen sich die Meldungen über Naturkatastrophen, ökologische Unglücke sowie soziale und menschliche Tragödien. In Zeiten

© Der/die Autor(en), exklusiv lizenziert durch Springer-Verlag GmbH, DE, ein Teil von Springer Nature 2022
A. Krafft, *Unsere Hoffnungen, unsere Zukunft,* https://doi.org/10.1007/978-3-662-64289-4_1

der Krise entstehen aber auch neue Formen der Hoffnung und der Zuversicht. Menschen solidarisieren sich mit den Opfern, Künstler sprechen der Bevölkerung Mut zu, und Gemeinschaften engagieren sich in neuen Hilfs- und Entwicklungsinitiativen.

Seit 2009 untersuchen wir mit dem jährlich stattfindenden Hoffnungsbarometer die Zukunftserwartungen und Hoffnungen der Bevölkerung. In den Jahren 2019 und 2020 haben sich jeweils rund 10.000 Menschen aus vierzehn Ländern in verschiedenen Kontinenten an dieser Studie beteiligt. Ein wesentliches Ergebnis des Barometers ist die Erkenntnis, dass die Menschen einerseits für ihr privates Leben mehrheitlich hoffnungsvoll in die Zukunft schauen, sie andererseits in Bezug auf die gesellschaftliche Entwicklung größtenteils pessimistisch eingestellt sind (Krafft & Walker, 2018).

Die meisten Zukunftsstudien zeigen, dass die Erwartungen der Bevölkerung, d. h. das, was die meisten Menschen in Zukunft als wahrscheinlich betrachten, sich nahezu diametral von ihren Idealen und Hoffnungen unterscheiden. Die kommenden Jahrzehnte werden vor allem in den reichen Ländern Europas als ein Zeitalter voller Krisen und Probleme anstatt von Frieden und Prosperität gesehen. Ganz anders sieht es aus, wenn insbesondere junge Leute ihre Visionen und Hoffnungen über erwünschte Zukunftsbilder skizzieren. In den Träumen der meisten jungen Menschen werden weniger das Individuum, der Wettbewerb und der materielle Wohlstand als vielmehr Gemeinschaft, Familie, Zusammenhalt und Umwelt betont.

Die meisten Menschen erkennen größtenteils, was in der Welt alles nicht gut läuft, sei es in der Wirtschaft, in der globalen Politik oder in den sozialen und ökologischen Bereichen. Anders als in vergangenen Epochen fehlt heutzutage allerdings eine gemeinsame Vision über die wünschenswerte Zukunft. Vor dem Hintergrund vielschichtiger wirtschaftlicher, technologischer, gesellschaftlicher und ökologischer Trends beklagen viele Menschen einen Mangel an positiven Zukunftsbildern, die Hoffnung und Enthusiasmus vermitteln könnten.

Diese Erkenntnisse lassen sich mit der These des deutschen Philosophen Jürgen Habermas (1985) in Verbindung bringen, der bereits in den Achtzigerjahren des letzten Jahrhunderts eine „Erschöpfung utopischer Energien", d. h. das Ende großer gesellschaftlicher Visionen, konstatiert hat. Milan Simecka (1984, S. 175) sagte einmal: „Eine Welt ohne Utopien wäre eine Welt ohne soziale Hoffnung – eine Welt der Resignation gegenüber dem Status quo". Dies wäre eine Welt, in der es keine Ideale und keine positive Zukunftsentwürfe mehr gäbe. Laut Viktor Frankl (1979) sind Zynismus, Konformismus und Totalitarismus (z. B. in Form von Nationalismus),

Phänomene, wie sie heute an manchen Stellen bereits beobachtet werden können, die größten Feinde der Hoffnung (Halpin, 2002).

Wie Menschen in die Zukunft schauen, ob mit Hoffnung, Angst oder Gleichgültigkeit, wird die Art und Weise beeinflussen, wie sie im Hier und Jetzt denken und handeln. Die Vergangenheit können wir nicht verändern, aber wir haben ein gemeinsames Interesse, eine lebenswerte und nachhaltige Zukunft zu gestalten. Es besteht daher die Notwendigkeit, gerade in der heutigen Zeit, positive Bilder der Zukunft zu entwickeln, damit sich vor allem junge Menschen Gedanken machen können, in welcher Welt sie in Zukunft leben möchten. Wenn sie sich nicht von den negativen Meldungen in den Medien und der schlechten Stimmung in ihrem Umfeld anstecken lassen, sind Menschen durchaus in der Lage, sich eine bessere Zukunft vorzustellen. Dafür braucht es nicht nur kognitive Fähigkeiten, sondern es müssen auch die Gefühle, Werte, Einstellungen, Wünsche, Hoffnungen und Träume der Menschen einbezogen werden.

1.2 Der Wert der Hoffnung

Barbara Fredrickson (2013) hat die Funktion und Bedeutung positiver Emotionen in einen evolutionären Kontext gestellt. So wie negative Emotionen wie Angst und Sorge für das Überleben des Menschen notwendig waren, sind positive Emotionen wie Hoffnung, Zuversicht und Freude die Grundlage für die eigentliche Entwicklung und den Fortschritt der Menschheit. Während Angst und Sorge unsere Wahrnehmung einengen, erweitern positive Gefühle unsere Denkweise für neue Möglichkeiten.

Durch eine positive Haltung können schwierige Situationen im Leben besser bewältigt werden. Hoffnung und Zuversicht stärken uns in guten Zeiten und machen uns in schlechten Zeiten resilienter. Mit der Hoffnung kann eine gewisse Gelassenheit in schwierigen Momenten entwickelt werden. Man kann sich von den Problemen distanzieren, das größere Ganze sehen und eventuell auch das Gute in einer schwierigen Lage finden. Durch die Hoffnung werden die Betrachtungs- und Denkweisen erweitert, und es werden positive Ressourcen zur Bewältigung negativer Situationen aufgebaut.

Mit der Hoffnung bekommt die Sicht auf den Alltag neue Perspektiven und neue Horizonte. Dadurch, dass man auch das Gute betrachtet und nicht im Negativen stecken bleibt, entstehen im Bewusstsein neue Eindrücke und Möglichkeiten. Somit wird der Mensch dank eines positiven Blicks in die Zukunft kreativer. Es entstehen neue Ideen, und es ändert sich die Einstellung gegenüber dem Leben selbst. Bis jetzt belastende Probleme verwandeln sich in Herausforderungen, die Zukunft hält neue Optionen offen, und es entstehen bisher noch unbekannte Lösungsansätze.

Gleichzeitig fördert Hoffnung das persönliche Wachstum. Positive Emotionen bauen uns auf und erweitern unsere Wahrnehmung und unser Bewusstsein. Das Selbstvertrauen wird gestärkt, und man entwickelt eine offene Haltung neuen Ereignissen und anderen Menschen gegenüber. Die Erweiterung des Bewusstseins bewirkt, dass man nicht nur an sich selbst denkt, sondern auch an andere und dass man sich mit einem größeren Ganzen verbunden fühlt. Wenn man sich zuversichtlich fühlt, ist man freundlicher und hilfsbereiter, will Gutes tun und arbeitet intensiver mit anderen Menschen zusammen.

1.3   Gemeinsam die Zukunft gestalten

Wenn wir uns von den Ideen großer Philosophen wie Immanuel Kant, Ernst Bloch und John Dewey leiten lassen, können individuelle Ziele mit Visionen über das gute Leben in einer besseren Welt verbunden werden, womit in den Menschen eine neue und grundlegendere Hoffnung auf Glück und Erfüllung erwachen kann. Eine solche wünschenswerte Zukunft kann vor allem dann ansatzweise eintreten, wenn wir sie uns heute schon gedanklich vorstellen und Schritt für Schritt gemeinsam gestalten können. Die Hoffnung auf eine bessere Zukunft lässt sich am besten als einen größeren sozialen Prozess des Hoffens und Gestaltens definieren.

Die Welt zu verwandeln, geht Hand in Hand mit der Veränderung von sich selbst, von jedem einzelnen Individuum, womit automatisch die zentrale Bedeutung menschlicher Werte und Tugenden angesprochen wird (Hicks, 2003). Ziel dieser Hoffnung ist die Verbindung des individuellen und des gesellschaftlichen „Flourishing", das auf Deutsch als „Aufblühen" übersetzt werden kann und den Prozess des persönlichen und gesellschaftlichen Wachstums bezeichnet. Dabei geht es um die Entwicklung und Entfaltung der eigenen Fähigkeiten und Potenziale in Zusammenhang mit der Gestaltung einer nachhaltigen und charakterlichen integren Lebensweise, mit der die ganze Welt wieder aufblühen kann. Hoffnung ist das Gegenteil von Angst und Sorge sowie von Apathie und Niedergeschlagenheit, denn sie beflügelt den Glauben und das Vertrauen an die Erreichbarkeit einer florierenden Zukunft.

Diese pragmatische Hoffnung besteht aus einer Reihe von Gewohnheiten, dank derer wir neue Möglichkeiten schaffen, mit anderen zusammenarbeiten und damit die Welt zu einem besseren Ort werden lassen. Diese Hoffnung gibt uns den Antrieb, wie West (2009, 217) sagt, „weiter für mehr Liebe, mehr Gerechtigkeit, mehr Freiheit und mehr Demokratie zu kämpfen". Damit das eigene als auch das kollektive Wohlbefinden gefördert werden können, müssen wir eine langfristige und globale Perspektive einnehmen und unsere persönlichen Stärken und Fähigkeiten zur Gestaltung einer sozial und ökologisch nachhaltigen Gesellschaft einsetzen. Dies muss nicht immer heißen, dass jeder eine große gesellschaftliche Revolution auslösen muss. Meistens reicht es schon, wenn Menschen durch ihr empathisches, fürsorgliches und hilfsbereites Verhalten etwas in ihrem unmittelbaren Umfeld bewirken.

1.4   Aufbau des Buches

In diesem Buch bieten wir einen Ansatz, der von den Möglichkeiten und Fähigkeiten des einzelnen Individuums ausgeht und gleichzeitig eine globale Perspektive als Wirkungsfeld annimmt. Veränderungen und Transformationen geschehen in der Regel nicht von heute auf morgen und benötigen den Schulterschluss von persönlichen und sozialen Ressourcen in einer mittel- bis langfristigen Zeitdimension. Die Integration der sozialwissenschaftlich orientierten Zukunftsforschung, der Positiven Psychologie und der pragmatischen Philosophie verbindet das individuelle und gesellschaftliche Flourishing mit Blick auf Hoffnungen einer wünschenswerten Welt im Rahmen aktueller und zukünftiger gesellschaftlicher Trends und Szenarien.

Das Buch ist in drei Teile gegliedert: die Psychologie des Zukunftsdenkens, Krisen bewältigen und Zukunft gestalten. Teil eins beginnt mit der Vorstellung dessen, wie Menschen an die Zukunft denken. Mit dieser Frage hat sich auf individueller Ebene die Psychologie des Zukunftsdenkens intensiv beschäftigt. Darauf folgt die Auseinandersetzung mit der Gestaltung unterschiedlicher Zukunftsbilder, in der Überzeugung, dass wir uns der Zukunft nicht lediglich anpassen sollten, sondern diese aktiv und verantwortungsvoll gestalten können. Mit der Zukunftsforschung beleuchten wir hier die unterschiedlichen Denkformen der Zukunft und die Bedeutung von Erwartungen, Trends und möglichen sowie wünschenswerten Zukunftsszenarien. Positive Zukunftsbilder sind eng mit den Hoffnungen der Menschen verbunden und im Allgemeinen eine wichtige Quelle von Hoffnung.

Dabei beziehen wir uns auf die humanistische Zukunftsforschung, die sich als sozialwissenschaftliche Disziplin weniger mit technologischen Entwicklungen als mit den Ängsten, Sorgen und Hoffnungen der Menschen sowie mit ihren Verhaltensweisen auseinandersetzt. Darüber hinaus möchte sie einen Beitrag zur positiven Entwicklung leisten, indem sie Zukunftsbilder gestalten hilft, die die Wertevorstellungen, die Motivation, das kritische und kreative Denken, die Fantasie, den Veränderungswillen sowie das Verantwortungsbewusstsein anregen.

In diesem ersten Teil werden die internationalen Ergebnisse des Hoffnungsbarometers von November 2019, also wenige Monate vor Ausbruch der Corona-Pandemie, vorgestellt. Befragt wurden rund 10.000 Menschen in vierzehn Ländern über ihre Zukunftserwartungen, Hoffnungen und Befürchtungen in verschiedenen gesellschaftlichen Bereichen, über langfristige Trends, über die Entwicklung der Lebensqualität, über wahrscheinliche und wünschenswerte Szenarien sowie über ihre Annahmen über die Welt.

Teil zwei des Buches beschäftigt sich mit den Erlebnissen von weiteren 10.000 Personen während des Pandemie-Jahres 2020. Das Hoffnungsbarometer von November 2020 untersucht die vielfältigen Bewältigungsstrategien der Menschen im Umgang mit den erlebten Stresssituationen, die zentrale Rolle von Hoffnung bei der erfolgreichen Überwindung der Krise sowie die psychologischen Folgen in Form von stressbedingtem Wachstum. Es mag seltsam erscheinen, dass wir uns nicht – wie so viele andere Studien – mit den negativen Folgen der Krise auseinandersetzen, sondern ein besonderes Augenmerk auf die Hoffnung, die persönlichen und sozialen Ressourcen sowie auf die positiven Effekte richten. Die Jahre 2020 und 2021 haben nahezu alle Menschen auf eine harte Belastungsprobe gestellt. Die wesentliche Frage ist dabei, wie Menschen im Einzelnen sowie die Gesellschaft als Ganzes positiv mit dieser Krise umgehen konnten, in der Annahme, dass wir eine schlechte Situation entweder noch schlimmer machen können oder wir durch eine konstruktive innere Einstellung und das eigene Verhalten die Lage verbessern, etwas daraus lernen, uns verändern und daran wachsen können.

Mit weiteren Ergebnissen des Hoffnungsbarometers und auf der Grundlage philosophischer und psychologischer Erkenntnisse widmet sich Teil drei der Frage, wie wir vor dem Hintergrund aktueller und zukünftiger Krisen gemeinsam eine bessere Zukunft gestalten können. Die wesentlichen theoretischen Fundamente dafür bieten die Schriften von Klassikern der Philosophie wie Ernst Bloch und Gabriel Marcel, von vielen zeitgenössischen Philosophen und Psychologen sowie von Autoren wie Victoria

McGeer, Richard Rorty und Patrick Shade, die inspiriert von Vordenkern der pragmatischen Philosophie, allen voran John Dewey, das Phänomen der Hoffnung sorgfältig untersucht und deren Wert für ein gelungenes Leben sowie einer besseren Welt aufgezeigt haben. Auf dieser Grundlage entwickeln wir ein Modell der Hoffnung und stellen die einzelnen Elemente sowie die konkreten Praktiken für ein hoffnungsvolles Leben vor.

Im Rahmen einer Master-Vorlesung zur Psychologie der Hoffnung haben Studierende der Universität St. Gallen zwei Übungen zur Gestaltung positiver Zukunftsbilder durchgeführt, deren wesentlichen Schwerpunkte in anonymer und zusammengefasster Form zur Erläuterung der konzeptionellen Grundlagen in Teil drei vorgestellt werden. Einerseits haben die 28 Studierenden im Alter von 22 bis 41 Jahren aufgrund ihrer persönlichen Vorlieben und Interessen ein Porträt ihres zukünftigen bestmöglichen Selbst (auf Englisch „Best possible Self") erstellt. Andererseits haben sie individuelle Bilder der aus ihrer Sicht bestmöglichen zukünftigen Welt gestaltet und beschrieben. Die beiden Übungen sind wirksame Interventionen für eine positive Lebenshaltung und eine wertvolle Grundlage für persönliches Engagement. Man kann sich damit konkret vorstellen, was das Leben lebenswert macht und welche Wege zu einem guten Leben führen können. In diesen Bildern offenbaren sich die Ideale, Werte und Träume junger Erwachsenen. Darüber hinaus werden die wesentlichen Erfahrungen und Reflexionen zur Wirkung der beiden Zukunftsübungen ausgewertet und wertvolle Erkenntnisse und Schlussfolgerungen daraus gezogen.

Das Buch endet mit praktischen Hinweisen zur Entwicklung positiver Gewohnheiten für die Gestaltung eines hoffnungsvollen Lebens in Gemeinschaft mit anderen Menschen. Der praktische Wert der Hoffnung zeigt sich nicht nur in Verbindung mit einer weit entfernten Zukunft, sondern er manifestiert sich in unserem Alltag so, wie wir unser Leben im Hier und Jetzt leben. Positive Gewohnheiten der Hoffnung gründen auf Tugenden und Stärken wie Einfallsreichtum, Offenheit für Neues, Engagement, Ausdauer, Geduld, Demut, Vertrauen, Entschlossenheit, Willenskraft, Mut, Solidarität, Hilfsbereitschaft und der Glaube an das Gute. Werden diese Stärken zur Gewohnheit, bilden sie die Grundlage für einen hoffnungsvollen Charakter sowie eine hoffnungsvolle Gesellschaft. Krisen sind nicht zuletzt eine gute Gelegenheit, damit wir diese Gewohnheiten pflegen und weiterentwickeln können.

Teil I

Bilder der Zukunft

2

Psychologie des Zukunftsdenkens

Menschen, die an die Zukunft denken, gestalten ihr Leben bewusster, nachhaltiger und verantwortungsvoller. Dabei geht es nicht um die Vorhersage zukünftiger Ereignisse, sondern um die Vorausschau einer wünschenswerten Zukunft, für die man sich in der Gegenwart engagieren kann. Die Zukunft ist eine Arena vielfältiger Möglichkeiten und nicht eine lineare Abfolge vorbestimmter Ereignisse. Damit Menschen die Zukunft positiv gestalten können, müssen sie sich diese fantasievoll vorstellen, aber dann auch konkrete Ziele vornehmen und mögliche Schwierigkeiten bewältigen. Ein unrealistischer Optimismus kann zwar eine positive Stimmung erzeugen, er kann aber auch die eigenen Fähigkeiten überschätzen sowie die auftretenden Herausforderungen unterschätzen. Der Blick in die Zukunft erhält eine besondere Bedeutung, wenn wir die Vergangenheit und die Gegenwart mit unseren Zukunftsbildern sinnvoll in Verbindung bringen können. Gute und schlechte Erfahrungen prägen die Art und Weise, wie wir die Zukunft sehen und gestalten. Dabei spielen Emotionen und gesellschaftlich anerkannte Vorstellungen eine wichtige Rolle.

2.1 Warum wir an die Zukunft denken (sollten)

Wie Menschen an die Zukunft denken und sich auf mögliche, erwünschte und unerwünschte, zukünftige Ereignisse vorbereiten, ist in der Psychologie als zukunftsgerichtetes Denken bekannt (Aspinwall, 2005; Baumeister et al., 2018; Oettingen, 1997; Seligman et al., 2016). Eine besondere Fähigkeit von uns Menschen besteht darin, dass wir uns verschiedene zukünftige Ereignisse, Auswirkungen und Zustände vorstellen können und aufgrund dieser Vorstellungen unser Verhalten ausrichten. Unsere Gedanken darüber, wie die Zukunft aussehen wird, haben einen bedeutenden Einfluss auf unsere gegenwärtigen Entscheidungen und Aktivitäten. Bevor wir uns entscheiden, etwas zu tun, können wir die unmittelbaren sowie auch die weitreichenden Konsequenzen unseres Handelns beurteilen. Wir können auch zwischen lang- und kurzfristigen Interessen abwägen und auf momentanen Genuss verzichten, wenn wir damit wertvolle Ergebnisse in der Zukunft erlangen können. Beispielsweise hat jeder Student oder Schüler bereits die Erfahrung gemacht, dass es manchmal besser ist, auf ein geselliges Treffen mit Freunden zu verzichten, um sich besser auf eine Prüfung vorbereiten zu können. Nur weil wir zukunftsorientiert denken, engagieren wir uns in wichtigen Bereichen des Lebens. Eine Berufslehre oder ein Hochschulstudium wird man beispielsweise nur dann in Angriff nehmen, wenn man sich dadurch in Zukunft eine erfüllende und gut bezahlte Arbeitsstelle verspricht.

Die Art und Weise wie wir über die Zukunft denken, hängt von unserer eigenen Vergangenheit und unserem sozialen Umfeld ab. Unser Blick in die Zukunft wird von bisherigen Erfahrungen, gegenwärtigen Rahmenbedingungen sowie unsere eigene Einstellung uns selbst und unserem Umfeld gegenüber beeinflusst (Krafft, 2019). Schlechte Erfahrungen machen uns vorsichtiger oder pessimistischer, und der Grad an Selbstbewusstsein sowie das Vertrauen in andere stärkt unsere Entschlossenheit und unser Durchhaltevermögen. Ausgeglichen ist unsere Denkweise über die Zukunft, wenn wir sowohl die positiven als auch die negativen Aspekte berücksichtigen, damit wir die positiven Dinge im Leben erreichen und die negativen vermeiden können.

Zukunftsbewusste Menschen übernehmen in der Regel mehr Verantwortung für Entscheidungen, die sie heute treffen, deren Folgen aber erst in einigen Jahren zu sehen sein werden. Beispielsweise werden Kredite mit mehr Bedacht aufgenommen oder auch gesundheitsschädliches Verhalten wie falsche Ernährung oder Rauchen vermieden. Wenn wir an die Zukunft denken und proaktiv handeln, können wir uns mit kleineren Schwierigkeiten frühzeitig beschäftigen, bevor sie sich zu größeren Problemen entwickeln, wie beispielsweise mit der Durchführung präventiver Gesundheitschecks.

Sowohl für die Lösung von Problemen und die Erreichung persönlicher Ziele als auch für die Entwicklung und Umsetzung neuer Ideen ist das Zukunftsdenken von großer Bedeutung. Man geht heute sogar davon aus, dass Tagträume und Fantasien einen eminent positiven Nutzen für unser Verhalten und unsere Weiterentwicklung haben.

2.2 Rückschau, Vorhersage und Vorausschau

Die Psychologie hat jahrzehntelang betont, unser Verhalten werde durch die Vergangenheit bestimmt. Neueste Forschungsergebnisse in Bezug auf das Zukunftsdenken legen nahe, dass wir weniger von der Vergangenheit „gestoßen", als vielmehr von der Zukunft „gezogen" werden (Seligman et al., 2013). Die Erkenntnis, dass menschliches Bewusstsein und Verhalten mehr auf die Zukunft als auf die Vergangenheit ausgerichtet sind, hat aus Sicht der Psychologie das Potenzial, tief greifende neue Erkenntnisse zu bieten, die möglicherweise eine neue Vorstellung der menschlichen Natur zur Folge haben (Baumeister et al., 2016).

Menschen unterscheiden sich von anderen Lebewesen, indem sie in der Lage sind, bewusst über zukünftige Ereignisse nachzudenken. Der Begriff Vorausschau (Prospektion) wird als Gegenteil von Rückschau (Retrospektion) gebraucht und bezeichnet das Denken über die Zukunft (Gilbert & Wilson, 2007). Aktuelle Studien zeigen, dass wir Menschen im Alltag mehr Gedanken über die Zukunft als über die Vergangenheit haben (Baumeister et al., 2016). Grund dafür ist, dass, während die Vergangenheit nicht mehr verändert, die Zukunft auf viele verschiedene Weisen gestaltet werden kann. Das Denken über die Zukunft ist insofern pragmatisch, als es zukünftige Zustände beeinflussen und verbessern kann. Das Gehirn nutzt Informationen aus der Vergangenheit und gestaltet damit Gedanken über die Gegenwart und die Zukunft. Schon der Begriff „besser" suggeriert, dass verschiedene, mehr oder weniger gute Alternativen dafür zur Verfügung stehen.

Die Theorie der pragmatischen Vorausschau (Baumeister et al., 2016) besagt, dass Menschen über die Zukunft nachdenken, damit sie ihre Handlungen auf wünschenswerte Ergebnisse lenken können. Pragmatische Vorausschau findet dann statt, wenn wir über die Zukunft auf eine Art und Weise nachdenken, die einen praktischen Nutzen hat, im Sinne eines Prozesses zur Erzeugung gewünschter zukünftiger Ergebnisse und zur Vermeidung unerwünschter Folgen.

Der Unterschied zwischen pragmatischer Vorausschau und bloßer Vorhersage ist dabei besonders relevant. Eine Vorhersage ist eine mentale Repräsentation eines zukünftigen Ereignisses oder Verhaltens, eine Einschätzung darüber, ob dieses Ereignis oder Verhalten wahrscheinlich eintreten wird oder nicht. Bei der Vorhersage geht es um die Vermutung, was passieren wird. Man konzentriert sich dadurch auf ein bestimmtes Ergebnis. Geläufige Vorstellungen von Schicksal, Bestimmung, Prädestination und

Determinismus besagen, dass eine bestimmte Zukunft bereits unausweichlich ist und im Prinzip aus der Gegenwart heraus bekannt sein könnte. Die geläufige Vorstellung, die Zukunft sei in gewisser Weise bereits unausweichlich und müsse so gut es geht vorausgesehen werden, passt aber nicht gut dazu, wie wir uns die Zukunft in Form von Eventualitäten, Optionen und neuen Möglichkeiten tatsächlich vorstellen.

Laut neuesten psychologischen Erkenntnissen ist die Vorhersage nicht die Hauptfunktion der Vorausschau. Aktuelle Studien belegen, dass Menschen, wenn sie über die Zukunft nachdenken, sich diese als einen Fächer unterschiedlicher Möglichkeiten vorstellen und nicht als eine Entfaltung vorbestimmter Ereignisse. Baumeister und seine Kollegen haben dieses Zukunftsdenken als eine Matrix von Möglichkeiten („Matrix of Maybe") genannt (Baumeister & Tice, 1985; Baumeister et al., 2018). Wir Menschen betrachtet die Zukunft als eine Reihe von Optionen und nicht als eine lineare Entwicklung. Das Ziel ist weniger die Vorhersage dessen, was mit Sicherheit passieren wird, als vielmehr die Vorbereitung auf Handlungen in Situationen, die durch eine Reihe von alternativen Optionen definiert sind. Es gibt relativ wenige Gewissheiten und viele Unbekannten, Möglichkeiten und Risiken. Gerade deswegen sehen wir die Zukunft als unsicher und riskant, aber ebenso als hochgradig gestaltbar und veränderbar. Könnte man die Zukunft einfach nur voraussagen, wäre kein Spielraum für deren Gestaltung vorhanden.

Der Hauptgrund, warum wir über die Zukunft nachdenken, ist das Lenken von Handlungen auf wünschenswerte Ergebnisse (daher die pragmatische Bezeichnung). Das Gehirn kann sich unterschiedliche Zukünfte vorstellen und aufgrund dieser mentalen Bilder sinnvolle Entscheidungen treffen und Handlungen steuern. Bei der pragmatischen Vorausschau möchten wir beurteilen, was wir jetzt für die Gestaltung der Zukunft tun können. Somit ist der Zweck der Vorausschau nicht primär zu wissen, was passieren wird, sondern vielmehr zu beeinflussen und wenn möglich zu bestimmen, was passieren soll. Beim Denken an die Zukunft geht es also nicht um die Frage: „Was wird geschehen?", sondern um die Überlegung: „Was will ich, das geschieht?" Nicht die Vorhersage der zukünftigen Realität, sondern die Vorstellung zukünftiger Möglichkeiten ist der erste Zweck der Vorausschau.

Mit unserem vorausschauenden Denken wollen wir uns vorstellen, mit welchen Entscheidungen und Anforderungen wir in Bezug auf mehrere Optionen konfrontiert werden. Bei der pragmatischen Vorausschau geht es um verschiedene Möglichkeiten, Eventualitäten und um Entscheidungen, die man treffen muss, womit man sich auf eine Vielzahl möglicher Ergebnisse fokussiert. Erst später machen sich die Menschen Gedanken über mögliche Hindernisse und überlegen, wie sie diese überwinden können, um ihre Ziele zu erreichen.

Unser Bewusstsein simuliert verschiedene Zukunftsszenarien, die von der aktuellen Realität mehr oder weniger abweichen können und die mit mehr oder weniger sinnvollen und wünschenswerten Möglichkeiten zusammenhängen. Somit wird die Zukunft als eine Matrix alternativer Möglichkeiten gesehen. Dieses bewusste Denken über verschiedene zukünftige Optionen aktiviert unsere Willenskraft und unsere Handlungsfähigkeit. Durch das Denken über die Zukunft als Matrix von Möglichkeiten können wir uns auf verschiedene Situationen vorbereiten und unsere Entscheidungen auf gewünschte Ergebnisse ausrichten.

Je bewusster das Denken über die Zukunft ist, desto mehr wird die Vielfalt an möglichen Zuständen in unserem Leben und die damit verbundenen Handlungsoptionen bedacht. Das Bewusstsein erkennt nicht nur alternative Möglichkeiten, sondern es schafft diese auch. Dank unseres Vorstellungsvermögens schaffen wir neue Zukunftsbilder, die sich wesentlich von der gegenwärtigen Realität unterscheiden können. Wir können uns also ein anderes Leben und eine Gesellschaft vorstellen, die sich von unserem gegenwärtigen Leben und der gegenwärtigen Gesellschaft unterscheiden. Somit ist die Vorausschau ein kreativer und bedeutungsvoller Akt, mit dem man mehrere Zukunftsbilder entwickelt, die den aktuellen Gegebenheiten widersprechen und die über die einfachen Erwartungen hinausreichen können. Je vielfältiger die Matrix an zukünftigen Möglichkeiten, desto größer sind unsere Freiheitsgrade und Wahlmöglichkeiten. Durch unsere Willenskraft können wir die zukünftigen Ereignisse beeinflussen, was ein grundsätzliches Vertrauen in die Gestaltbarkeit der Zukunft auslöst.

Unser bewusstes Denken simuliert alternative Möglichkeiten und Szenarien. Zu dieser Simulation gehören auch weitere Überlegungen, wie beispielsweise die Vorstellung von alternativen Handlungsoptionen sowie von notwendigen Bewältigungsstrategien, wenn etwas nicht so läuft, wie wir es uns gewünscht haben. Menschen denken über die Zukunft nach, mit dem Ziel, ihre Handlungen zu orientieren. Das Bewusstsein kann jenes simulieren, was nicht da ist, nämlich das, was passieren könnte, aber auch jenes, was nicht passieren darf. Menschen, die ihre Handlungen auf solche Simulationen zukünftiger Möglichkeiten stützen und damit diese Kraft des menschlichen Bewusstseins nutzen, kommen laut den Erkenntnissen von Baumeister und seinen Kollegen (Baumeister et al., 2018) viel erfolgreicher durchs Leben als diejenigen, die das nicht tun.

2.3   Fantasie und Realität

Durch die pragmatische Vorausschau stellt man eine Verbindung zwischen den Bildern der Zukunft und dem eigenen Handeln in der Gegenwart her. Das ultimative Ziel der pragmatischen Vorausschau ist es, unser Verhalten in der Gegenwart auf der Grundlage dessen auszurichten, was die gewünschten zukünftigen Ergebnisse herbeiführen wird. Das Modell der mentalen Kontrastierung von Gabriele Oettingen (2000, 2012, 2014) zeigt, wie Menschen ihre Bilder der gewünschten Zukunft der aktuellen Realität gegenüberstellen. Das Zukunftsdenken beginnt typischerweise mit einer mentalen Vorstellung eines gewünschten Ergebnisses. In einem ersten Schritt formulieren wir also einen Wunsch und stellen uns aufgrund dessen das bestmögliche Ergebnis vor. Solche Wunschbilder sind in der Regel von Natur aus optimistisch und positiv. In einer zweiten Phase denkt man darüber nach, wie man von der Gegenwart zu dieser gewünschten Zukunft gelangt, und das erfordert die Vorstellung möglicher Anforderungen und Umsetzungsschritte. In dieser Phase werden konkrete Ziele formuliert, und es werden mögliche Hindernisse überlegt, die dem gewünschten Ergebnis im Wege stehen könnten. Wir bestimmen durch diesen Gedankengang, ob das Erreichen des Ergebnisses nicht nur wünschenswert, sondern auch machbar ist. Diese Schritte können viel weniger positiv erlebt werden, weil sie auf einem realistischen Bewusstsein für die Schwierigkeiten beruhen, die auf dem Weg zur Wunscherfüllung überwunden werden müssen. Diese Stufe ist daher vorsichtig und manchmal eher pessimistisch.

Das bloße Fantasieren über eine idealisierte Zukunft, ohne Hindernisse in Betracht zu ziehen, kann als reines Wunschdenken bezeichnet werden. Oettingen und Kollegen haben herausgefunden, dass die Erfolgsquoten recht niedrig sind, wenn Menschen einfach die Fantasie eines idealen zukünftigen Zustandes haben und mögliche Hindernisse und Schwierigkeiten außer Betracht lassen (z. B. Kappes & Oettingen, 2011; Oettingen, 2012). Bloße Fantasien über eine positive Zukunft können deswegen kontraproduktiv sein, weil sie die Energie und die Motivation zur Erreichung des gewünschten Zustandes verringern. Oft überschätzen Menschen ihre Fähigkeiten und durchdenken nicht die Mühe und die notwendigen Schritte für die Zielerreichung. In der zweiten Phase des Zukunftsdenkens geht es also darum, zu erkennen, was auf dem Weg zur Zielerreichung schief gehen kann. Die Person beginnt mit der Vorstellung eines optimalen Ergebnisses, identifiziert und durchdenkt anschließend potenzielle Hindernisse und Schwierigkeiten und plant dann, wie man mit ihnen umgehen kann, damit die eigenen Erfolgschancen maximiert werden. Auf diese Weise kann man sich besser auf die Hindernisse vorbereiten und sich Strategien für deren Bewältigung ausdenken. Wenn die Hindernisse allerdings sehr groß sind, kann die Person entscheiden, dass das zukünftige Ergebnis zu umständlich ist oder einfach nicht realisiert werden kann, unabhängig davon, wie wünschenswert es ist.

Während bloßes Schwelgen in positiven Fantasien und Tagträumen eher kontraproduktiv ist, regen Fantasien, wenn sie mit einer realistischen Sicht auf die Hindernisse ergänzt werden, ein positives Verhalten an. Schließlich ist das Nachdenken über das, was schief gehen könnte, nur in Verbindung mit einer Vorstellung darüber, was gut gehen kann, sinnvoll. Es ist daher notwendig, dass wir zuerst einen Wunsch aufnehmen, dann das gewünschte Ergebnis formulieren und schließlich auch die Hindernisse erkennen. Alle Schritte sind notwendig und müssen in genau dieser Reihenfolge durchgeführt werden: zuerst das Erdenken des Zukunftswunsches, dann die Formulierung eines Zieles und zuletzt das Erkennen von Hindernissen (Oettingen et al., 2001). Wenn sich Menschen zuerst die Hürden vorstellen, auf die sie stoßen könnten, bevor sie den Wunsch und das Ziel definieren, fokussiert man die Gedanken auf die möglichen Hindernisse und Probleme und blockiert sich damit selbst.

2.4 Unrealistischer Optimismus

Wir Menschen haben häufig eine „Fortschrittsverzerrung", d. h., wir überschätzen die Auswirkungen von Handlungen, die uns unserem Ziel näherbringen, und unterschätzen die möglichen Ereignisse, die uns daran hindern können. Diese „Fortschrittsverzerrung" hat gewisse Vorteile und gewisse Nachteile. Es ist in den meisten Fällen gut, wenn wir zuversichtlich sind, denn die Erwartung eines bevorstehenden Erfolgs kann uns stark motivieren. Diese Erfolgsverzerrung kann aber auch nach hinten losgehen, wenn wir uns dadurch weniger anstrengen als nötig, weil wir unsere Erfolgschancen überschätzen und andererseits unterschätzen, wie schwierig es ist und wie viel noch dafür zu tun ist. Eine weniger zuversichtliche Haltung kann die Willenskraft und Motivation erhöhen, mit denen wir praktische Schritte unternehmen und mögliche Schwierigkeiten überwinden können (Baumeister et al., 2016).

Wie kommt es aber zu dieser verzerrten Sicht der Dinge? Unsere Wahrnehmung wird psychologisch gesehen von einem sog. Optimismus-Bias bzw. unrealistischen Optimismus geprägt (Weinstein, 1980, 1989). Der

Optimismus-Bias wird, wie Weinstein es beschreibt, als ein positiv getöntes Bild der Wirklichkeit erlebt. Menschen neigen dazu, die eigene Zukunft positiver einzuschätzen als die Zukunft anderer Menschen im Allgemeinen. Auf der einen Seite glauben die meisten Menschen, dass sie beispielsweise erfolgreicher sein werden und länger leben werden können als andere. Auf der anderen Seite meinen sie, dass die Wahrscheinlichkeit, schlechte Dinge zu erleben, geringer ist als beim Durchschnitt der Bevölkerung. Diese optimistische Einschätzung der Zukunft bezieht sich demnach sowohl auf positive Aspekte im Leben wie ein eigenes Haus, eine gute Arbeit, ein hohes Einkommen, eine teure Reise, eine gute Ehe als auch auf die Vermeidung negativer Aspekte wie Scheidung, gesundheitliche Probleme, Arbeitslosigkeit, Opfer eines Gewaltaktes zu werden etc. Grundsätzlich besteht der Optimismus-Bias aus einem unbegründeten Glauben, dass in Vergleich zu anderen Menschen konkrete Ereignisse für sich selbst vorteilhafter ausfallen werden, als durchschnittlich erwartet werden kann (Shepperd et al., 2015).

Generell beinhaltet Optimismus die Vorhersage einer positiven, gewünschten Zukunft, und das kann ein wichtiger erster Schritt sein, um zu entscheiden, was man will. Optimistische Prognosen können aber auch Ergebnis von oberflächlichen Einschätzungen und unbewussten Vorurteilen sein. Sobald man sich eingehendere Gedanken über die Zukunft macht, treten mögliche Risiken und Probleme ins Bewusstsein, sodass die Zukunftsbilder komplexer und differenzierter werden. Nachdem man sich ausgemalt hat, was man gerne hätte, muss man über Probleme und Hindernisse nachdenken, sich darauf vorbereiten und entsprechend handeln. Das Ziel des Nachdenkens über die Zukunft bezieht sich auf Handlungen und Entscheidungen, die zu den gewünschten Ergebnissen führen werden. Dies erfordert ein Gleichgewicht zwischen der Vorstellung, was man möchte, der bewussten Überlegung, was dies verhindern könnte und Gedanken, wie dies überwunden werden kann.

2.5   Bedeutung und Sinn

Die Vorausschau der Zukunft beinhaltet Gedanken, mit denen die mögliche Zukunft mit dem Handeln in der Gegenwart verbunden wird. Der Wert der pragmatischen Vorausschau besteht aus sinnvollen Erzählungen, die die Zukunft und die Gegenwart miteinander in Beziehung setzen. Gegenwärtige Entscheidungen sollen zukünftige Ergebnisse verbessern. Die menschliche Fähigkeit, aufgrund derer wir die Gegenwart mit der Zukunft logisch verknüpfen können, gibt der Gegenwart einen Sinn wie z. B., wenn wir auf zukünftige Ziele und Ideale hinarbeiten. Entscheidend ist also, dass Gedanken an die Zukunft der Gegenwart einen Sinn verleihen, insofern als die gegenwärtigen Handlungen als Teil einer bedeutungsvollen Abfolge von Ereignissen gesehen werden, die zu einem gewünschten zukünftigen Ergebnis führen. Die Verbindung zwischen der Gegenwart und der Zukunft, durch die die Zukunft (und weniger die Vergangenheit) die Gegenwart beeinflusst, besteht aus Bedeutung. Pläne sind ein Beispiel für die Verwendung sinnvoller Zusammenhänge, die es ermöglichen, dass die Gegenwart von der Zukunft geleitet wird.

Baumeister et al. (2013) fanden heraus, dass die Bewertung der Sinnhaftigkeit des Lebens damit zusammenhängt, wie sehr die Menschen Vergangenheit, Gegenwart und Zukunft mental miteinander verknüpfen können (im Gegensatz zu Glück, das positiv mit dem Denken an die Gegenwart und die Vergangenheit zusammenhängt). Das menschliche Leben wird in einer sinnvollen narrativen Form erlebt, in der die eigenen gegenwärtigen Handlungen Teil einer Geschichte sind, die sich in die Zukunft erstreckt. Menschen konstruieren Erzählungen, um ihrem Leben einen Sinn zu geben. Einige dieser Erzählungen sind kurz, andere sind umfangreicher und reichen bis zum Verständnis des gesamten Lebens als eine (einigermaßen) kohärente Erzählung, möglicherweise eingebettet in noch größere zeitliche Zusammenhänge wie religiöse und politische Glaubenssätze.

Diese sinnvollen Erzählungen oder Denksequenzen sind primär soziokultureller und emotionaler Natur (Baumeister & Masicampo, 2010). Was im Leben Sinn macht und von Bedeutung ist, hat einen engen Bezug zu den Werten und Normen unserer jeweiligen Gesellschaft. Was wir uns wünschen und was wir dafür tun, hängt von den persönlichen und sozialen Erwartungen an das richtige Leben ab. Zudem ist die Bewertung von zukünftigen Ereignissen und Optionen sehr stark von Emotionen beeinflusst. Wie wünschenswert ein zukünftiges Ergebnis ist, wird automatisch durch unsere Gefühle bewertet. Wir haben beispielsweise das Gefühl, dass es uns glücklich machen könnte, wenn ein bestimmtes Ereignis in der Zukunft eintreten würde. Emotionen spielen eine wertvolle, sogar lebenswichtige Rolle bei der Bewertung von zukünftigen Optionen und auch der möglichen Hindernisse und Schwierigkeiten, die auftreten könnten. Ein defensiver Pessimismus kann beispielsweise sehr nützlich sein, wenn wir uns dadurch auf mögliche Probleme vorbereiten können.

3

Denkformen und Bilder der Zukunft

Solange wir die Zukunft lediglich vorhersagen möchten, verpassen wir die vielfältigen Möglichkeiten zu deren aktiven und konstruktiven Gestaltung. In unserer Wahrnehmung gibt es nicht nur eine Zukunft, sondern eine Vielfalt denkbarer Zukünfte. Manche dieser Zukünfte machen uns Angst, andere geben uns Hoffnung. Die Zukunft entsteht als Folge konkreter Entscheidungen und Handlungen. Die Frage ist, worauf wir den Schwerpunkt bei der Gestaltung der Zukunft legen. Für die Verbesserung der allgemeinen Lebensweise wird die technologische Entwicklung im Lichte menschlicher Bedürfnisse und Werte beurteilt. Daher stehen die individuellen, sozialen und ökologischen Lebensbereiche im Vordergrund des Interesses. Die Zukunft ist unser gemeinsames Gut, welches wir zusammen erschaffen müssen. Sie ist nicht nur eine Fortsetzung der Vergangenheit und der Gegenwart, sondern beinhaltet Dinge, die es bisher noch nicht gegeben hat. Indem wir uns für die Zukunft einsetzen, lernen wir und engagieren uns gemeinsam für etwas Neues.

3.1 Zwei Denkformen der Zukunft

Was wir im Alltag tun und wie wir unser Leben gestalten, hängt zu einem Großteil davon ab, welche Vorstellungen wir von der Zukunft haben, welche Ziele wir uns vornehmen und welche Mittel wir zu deren Verwirklichung einsetzen. In Zeiten zunehmender Komplexität, Unübersichtlichkeit und Unsicherheit wollen wir vermehrt wissen, wie die Zukunft aussehen wird. In den meisten Überlegungen und Diskussionen über die Zukunft fokussieren wir uns auf die Frage, was in Zukunft geschehen und wie die Welt wohl in Zukunft aussehen wird. Dabei wird in den meisten Unternehmen und in der Öffentlichkeit die Frage nach der Zukunft häufig aus einer einseitigen wirtschaftlich-technischen Entwicklungsperspektive gestellt und

© Der/die Autor(en), exklusiv lizenziert durch Springer-Verlag GmbH, DE, ein Teil von Springer Nature 2022
A. Krafft, *Unsere Hoffnungen, unsere Zukunft*, https://doi.org/10.1007/978-3-662-64289-4_3

zu beantworten gesucht. Eine weitverbreitete Vorstellung ist, dass es eine Art wirtschaftliche und technologische „Wettervorhersage" geben müsste (Kreibich, 2008). Als könne man eindeutige Prognosen über die Zukunft erstellen und somit „Wissen" über die Zukunft generieren. Wir wollen wissen, wie wir uns in Zukunft fortbewegen, wie wir in Zukunft wohnen, arbeiten und miteinander kommunizieren werden, welche neue Technologien es in Zukunft geben und wie unser Gesundheitswesen aussehen wird. Die Motivation dahinter ist die Vorhersage zukünftiger Entwicklungen einer für uns noch ungewissen Zukunft, über die wir vielleicht heute schon grübeln und auf die wir uns dann optimal vorbereiten können. Dies soll an erster Stelle Gefühle der Sicherheit und Kontrollierbarkeit hervorbringen.

Auch wenn wir aufgrund vergangener und aktueller Trends und Erfahrungen, wie beispielsweise die demografische Entwicklung und die Digitalisierung, gewisse Voraussagen über zukünftige Zustände machen können, ist eine eindeutige Prognose der Zukunft nach wie vor nicht möglich. Dafür sind zukünftige Ereignisse aus heutiger Sicht noch viel zu unberechenbar. Hätte man beispielsweise im Jahr 1970 vorhersehen können, wie die Welt im Jahr 2000, 2010 oder gar 2020 aussehen würde? Obwohl viele Experten seit Jahren das Risiko einer möglichen Pandemie kannten, haben uns COVID-19 und seine Auswirkungen trotzdem völlig überrascht. Die Komplexität, Vernetzung und Dynamik unserer modernen Welt lässt eine „Berechnung" der Zukunft nicht zu. Nicht nur, dass wir die Zukunft nicht eindeutig vorhersagen können. Der Wunsch nach einer Prognose der Zukunft birgt zudem eine entscheidende Gefahr in sich: Durch die einseitige Fokussierung auf eine einzig mögliche Zukunft wird unsere Denkweise unnötigerweise begrenzt. Mögliche Optionen, die uns zur Verfügung stehen, lassen wir damit bewusst oder unbewusst außer Acht (Graf, 2003).

Indem diese weitverbreitete Denkweise Sicherheit und Berechenbarkeit herstellen möchte, schränkt sie dadurch alternative Zukunftsentwürfe ein. Wir können unsere Perspektive und Herangehensweise allerdings verändern, indem wir aus der Ungewissheit, Unberechenbarkeit und Unvorhersehbarkeit eine Tugend machen und wir die Menschen zur Vorstellung alternativer Zukünfte ermutigen. Wir reden von Zukünften in Plural, weil es nicht nur eine Zukunft, sondern eine Vielzahl möglicher Vorstellungen der Zukunft gibt. Der grundsätzliche Unterschied der beiden Denkweisen besteht darin, was wir unter „Zukunft" verstehen: Die Zukunft ist nicht etwas, was uns lediglich widerfährt, sondern sie ist wie ein offener Horizont voller Möglichkeiten, der kreativ „erkundet" und vor allem in verschiedene Richtungen gestaltet werden kann. Wir haben die Macht, uns verschiedene Zukünfte vorzustellen, und wir erschaffen unsere Zukünfte durch unser Handeln.

Aus wissenschaftlicher Sicht entspricht dies dem Ansatz der geistes- und humanwissenschaftlichen Zukunftsforschung, wobei unter Forschung nicht die Erkenntnis der Zukunft, sondern das Gewinnen von Erkenntnissen darüber verstanden wird, wie Menschen über die Zukunft denken und wie dieses Denken ihre Entscheidungen und Handlungen beeinflusst. Für jeden Lebensbereich steht uns eine breite Palette möglicher Zukünfte zur Verfügung. Das tatsächliche Ergebnis bestimmen wir durch unsere eigene Wahl und unser Verhalten.

Die geläufige Auseinandersetzung mit der Zukunft in Singular, als gäbe es nur die eine Zukunft, hat aus Sicht einer humanistischen Perspektive tief greifende kulturelle und politische Implikationen. Die Idee der „einen vorhersehbaren Zukunft" wird als konformistische Vorhersage und Planung technologischer und wirtschaftlicher Entwicklungen gesehen. Die wahrscheinliche Zukunft wird dabei als vorherbestimmt und schicksalhaft betrachtet. Die Pluralisierung der Zukunft eröffnet die Möglichkeit, sich alternative Zukünfte zum Status quo vorzustellen und zu schaffen. Damit wird der Komplexität und Vernetzung der Menschen in einem soziokulturellen Kontext und der bestehenden Ungewissheit, die durch den Wandel entsteht, Rechnung getragen. Es gibt nicht die eine Zukunft, die kontrolliert werden kann, sondern viele mögliche Zukünfte, die wir nach unseren Wünschen und Vorstellungen abbilden, gestalten und gemeinsam erschaffen können.

3.2   Zwei kontrastierende Zukunftsbilder

Betrachtet man die verschiedenen Forschungsarbeiten und Publikationen über die Zukunft, kann in Anlehnung an Markley und Harman (1982) zwischen zwei konträren Weltanschauungen in Bezug auf die menschliche Entwicklung unterschieden werden. Gidley (2017) nennt diese das „evolutionär-transformatorische", „menschenzentrierte" oder „humanistische" vs. das „technologisch-extrapolative" oder „technotopische" Zukunftsbild. Das menschenzentrierte Zukunftsbild sieht die Zukunft aus der Perspektive des Menschen und der Umwelt. Diese Betrachtungsweise geht von den wirtschaftlichen, gesellschaftlichen und ökologischen Folgen des modernen Lebensstils aus. Es geht dabei um die Lösung von sozialen Ungleichgewichten, politischen und militärischen Konflikten sowie den gravierenden Umweltbelastungen. Im Zentrum dieser sog. humanistischen Zukunftssicht steht die Entwicklung humaner und umweltfreundlicher

Zukunftsentwürfe, die oft in großen sozialen Utopien und Visionen skizziert worden sind. Im Gegensatz dazu stehen die „techotopischen Zukünfte", die von Robotik, Gentechnologie und künstlicher Intelligenz dominiert werden, und die für viele Menschen mechanistisch, reduktionistisch und schließlich entmenschlichend wirken können.

Wir sollten allerdings nicht alle Zukunftsentwürfe, die auf technologische Entwicklungen basieren, als „technotopisch" und menschenfeindlich betrachten. Auch wenn moderne Technologien viel Unheil gebracht haben, wurde das Leben in vielen Bereichen dadurch verbessert und in unzähligen Fällen sogar gerettet. Denken wir nur 100 Jahre zurück und vergleichen es mit dem heutigen Lebensstandard, und zwar nicht nur in den reichen Ländern des Nordens. Dank der Technologie können viel mehr Menschen mit Lebensmitteln und medizinisch versorgt werden, ein menschenwürdiges Heim haben, eine Ausbildung genießen und vieles mehr. Darüber hinaus kann die Entwicklung neuer Technologien ungeahnte Möglichkeiten und Perspektiven für die Lösung der aktuellen Herausforderungen bieten, mit denen die Menschheit heute konfrontiert ist.

Die humanistische, sozial- und geisteswissenschaftliche Perspektive hat allerdings den Vorteil einer Orientierung an den Bedürfnissen und Werten der Menschen und lehnt ein einseitiges technowissenschaftliches und materialistisches Fortschrittsverständnis ab. Ihr zentrales Anliegen beschäftigt sich mit der Frage, wie man eine nachhaltige und menschliche Gesellschaft gestalten und die Welt zu einem besseren Ort machen kann. Daher geht es der sozialwissenschaftlichen Zukunftsforschung um menschliche Werte und Hoffnungen sowie um Visionen einer besseren Welt (Masini, 2000).

Diese Sichtweise geht von einem positiven Bild der menschlichen Natur aus. Dazu gehören Eigenschaften wie Empathie, Großzügigkeit, Fairness und Vergebung sowie die Verpflichtung, in Frieden zu leben und sich gegen Gewalt und Zerstörung zu wenden. Menschen werden als Akteure des Wandels begriffen, mit der Verantwortung, das ökologische Gleichgewicht zwischen Mensch, Gesellschaft und Erde zu erhalten. Menschenzentrierte Zukünfte bedingen eine kontinuierliche psychologische, soziokulturelle, ästhetische und sogar technologische Entwicklung und eine Verpflichtung zur Verbesserung der konkreten Bedingungen für die gesamte Menschheit durch Bildung, kulturelle Vielfalt, größere wirtschaftliche und ressourcenbezogene Gleichheit und den Respekt zukünftiger Generationen (Gidley, 2017).

3.3   Grundsätze des Zukunftsdenkens

Möchte man sich aus einer soziawissenschaftlichen Perspektive mit der Zukunft auseinandersetzen, müssen folgende Grundsätze beachtet werden (Riner, 1987; Slaughter, 1993; Ziegler, 1991):

1. Die Zukunft gibt es nicht als objektiven Gegenstand in der Außenwelt. Zukunft ist immer ein Ergebnis der menschlichen Vorstellungskraft.
2. Die Zukunft gehört nicht in die Domäne dessen, was man wissen kann, sondern in die Domäne dessen, was man tut, der Praxis. Es handelt sich um die bewusste und reflektierte Entwicklung von spezifischen und handlungsrelevanten Bildern.
3. Menschen sind aktive, zweck- und zielorientierte Wesen. Zukunft ist nicht ein Phänomen, das dem Menschen widerfährt, sondern sie wird von diesem aktiv (mehr oder weniger absichtlich) gestaltet.
4. Eine Gesellschaft besteht aus Mustern sozialer Interaktionen. Sie entsteht und entwickelt sich als ein emergentes Ergebnis von menschlichen Aktivitäten.
5. Verhaltensweisen und Handlungsmuster werden aus Erfahrungen aus der Vergangenheit, aus gegenwärtigen Entscheidungen sowie aus Erwartungen, Hoffnungen und Ängsten in Bezug auf die Zukunft bestimmt.
6. Die Welt und alles, was darin besteht (auch die Natur), bildet eine größere Einheit. Alles ist miteinander verbunden und hängt in einer natürlichen und zeitlichen Kette von Zusammenhängen voneinander ab.
7. Nicht alles, was in Zukunft bestehen wird, bestand bereits in der Vergangenheit oder besteht in der Gegenwart. Die Zukunft beinhaltet Dinge, die es zuvor nicht gegeben hat.
8. Somit ist die Zukunft nicht vollkommen vorbestimmt, sondern „offen". Dies erweitert den Horizont für neue Gedanken und Gestaltungsmöglichkeiten.
9. Das Denken über die Zukunft sollte immer einen Lernprozess auslösen, in der Form, dass gegenwärtige Zustände und Entwicklungen nicht als selbstverständlich und unumgänglich verstanden werden.
10. Über die Zukunft „lernt" man am meisten in einer Gruppe von Lernenden, die sich gegenseitig zuhören und verschiedene Standpunkte einnehmen und wenn möglich Vorstellungen eines wünschenswerten Zustandes entwickeln.

11. Die Auseinandersetzung mit der Zukunft soll zum Wandel und zur Tat motivieren, indem althergebrachte Gewohnheiten überdacht und neue Handlungsweisen ausgelöst werden.
12. Zukunftsdenken ist vor allem relevant, wenn damit das Handeln im Hier und Jetzt beeinflusst wird. Zukünftige Zustände werden von den aktuellen Entscheidungen und der konkreten Wahl zwischen verschiedenen Möglichkeiten beeinflusst.

Auch wenn die Zukunft nicht studiert werden kann und kein gesichertes Wissen über die Zukunft existiert, ist es trotzdem von großer Bedeutung, sich mit dieser auseinanderzusetzen, wie Cornish (2001, S. 32, eigene Übersetzung) treffend sagt:

> *„Die Paradoxie der Zukunft: Die Zukunft existiert nicht und hat nie existiert, und doch ist sie unser wertvollster Besitz, weil sie alles ist, was uns bleibt. Die Zukunft ist der Ort, an dem wir den Rest unseres Lebens verbringen werden"*

Zukunftsforschung beschäftigt sich aus dieser Perspektive damit, wie Menschen sich die Zukunft vorstellen, wie ihre Gedanken über die Zukunft ihre Entscheidungen in der Gegenwart beeinflussen und was sie tun können, um ihre Zukunftsvisionen zu verwirklichen (Hicks, 2003). Aus dieser Perspektive orientiert sich die Zukunftsforschung am menschlichen Subjekt und an seinen Bedürfnissen und verbindet diese mit den sozialen und ökologischen Lebenswelten, womit die allgemeine Lebensqualität zum wesentlichen Fokus der Zukunftsforschung avanciert.

3.4 Drei Kategorien des Zukunftsdenkens

Bei der Gestaltung zukünftiger Lebensentwürfe gewinnen die vielfältigen Zukunftsbilder der Menschen eine wichtige Rolle. Verschiedene Menschen haben unterschiedliche Vorstellungen über die Zukunft, die es zu ergründen gilt. Da es ausgeschlossen ist, die Zukunft als einzelnes Ereignis zu prognostizieren, kann es nur alternative Zukünfte geben. Weil die Zukunft nicht vollständig bestimmbar ist, werden immer verschiedene Zukunftsentwicklungen möglich und gestaltbar sein. Die Zukunft ist aus heutiger Sicht grundsätzlich vielfältig und offen. Es handelt sich, wie Graf (2003) es formuliert, um eine Arena von Möglichkeiten und einer Vielfalt von Alternativen.

Aus diesem Grund müssen wir uns grundsätzlich mit drei verschiedenen Zukunftskategorien beschäftigen, und zwar mit wahrscheinlichen, möglichen und erwünschten Zukunftsbildern und Gestaltungsoptionen (Bell, 1997; Dator, 1996). Wir können durch eine systematische Analyse aktueller und zu erwartender Trends, durch eine visionäre Untersuchung des Möglichen und durch die moralische Beurteilung des Wünschbaren eine Anzahl alternativer Bilder der Zukunft entwickeln (Bell, 2009).

Wahrscheinliche und erwartete Zukünfte

Bei den sog. wahrscheinlichen Zukunftsentwicklungen geht es nicht nur um eine mathematische Wahrscheinlichkeitsrechnung, mittels derer man die Zukunft vorhersagen könnte. Es handelt sich vielmehr um die Einschätzung darüber, was Menschen (darunter auch Experten) denken, in Zukunft am ehesten geschehen wird, wenn aktuelle Trends berücksichtigt werden. Die übliche Frage lautet: „Was ist in Zukunft zu erwarten, wenn Dinge so weitergehen wie bisher?". Manche Entwicklungen wie die demografische Struktur und deren Folgen können mathematisch berechnet werden. Auch wenn sich die Antworten auf diese Frage auf bestimmte Fakten gründen, werden die Zukunftsszenarien weiterhin von subjektiver Natur sein (auch unter Experten). Während die einen beispielsweise optimistisch in die Zukunft schauen, schätzen andere die Entwicklungen eher pessimistisch ein.

Mögliche und alternative Zukünfte

Bei den möglichen oder alternativen Zukünften betrachtet man die Welt, wie sie in Zukunft sein könnte. Dabei gibt es zwei verschiedene Spielarten: 1) Mittels empirischer Studien, die sich auf soziale und wirtschaftliche Indikatoren stützen, werden mögliche Trends extrapoliert, verschiedene Szenarien skizziert, um schließlich eine Einschätzung darüber zu geben, was am wahrscheinlichsten ist. 2) Der zweite Ansatz geht von der Vorstellung alternativer Zukünfte aus. Dafür müssen geläufige Denkmuster verlassen werden. Man distanziert sich von der Gegenwart und den konventionellen Vorstellungen und ergreift unübliche, manchmal auch kontrafaktische Perspektiven. Indem man geläufige (manchmal auch festgefahrene) Betrachtungsweisen überwindet, öffnet man den Raum für neue Möglichkeiten, sowohl in Bezug auf die eigene Zukunft als auch bezüglich der Gesellschaft als Ganzes. Dies setzt ein kreatives und erfinderisches Denken voraus, dank dessen man sich Dinge vorstellen kann, für die man im Alltag meistens blind ist. Die Frage lautet: „Wie könnte die Zukunft aussehen, wenn dies oder jenes unternommen bzw. passieren würde?" Neue Bilder der Zukunft betrachten und interpretieren die Welt auf eine andere Art und Weise und lenken die Entscheidungen und Aktivitäten der Menschen in bisher ungewohnte Richtungen.

Wünschens- und lebenswerte Zukünfte

Indem die Werte, Vorlieben, Interessen und Ziele der Menschen untersucht werden, können wir auch die erwünschten Zukünfte ermitteln. Wenn man davon ausgeht, dass die Zukunft gestaltbar ist, dann sollte die erste Frage lauten, welche Zukunft überhaupt wünschenswert ist. Wir müssen uns fragen, was wir in Zukunft wirklich wollen, was uns wichtig ist und was wir vermeiden möchten. Wünschenswerte Zukünfte sind eng mit den Hoffnungen der Menschen in Bezug auf eine lebenswerte Welt verbunden. Dies erfordert eine ethische Bewertung, d. h. eine Beurteilung darüber, was richtig und was falsch, was gut und was schlecht ist, und zwar nicht nur für den Einzelnen, sondern für die Familien, die Gemeinschaften, in denen wir leben, sowie für die Gesellschaft und den Planeten als Ganzes. Die Folge davon ist, dass wir die Verantwortung für unsere eigene bevorzugte Zukunft übernehmen müssen.

Bei der Zukunftsforschung müssen wir uns mit den Entwicklungen beschäftigen, die angenommen und akzeptiert werden müssen, weil sie sich außerhalb der menschlichen Kontrolle oder Gestaltungsmacht befinden. Andererseits müssen wir uns auf die Bereiche konzentrieren, die von den Menschen beeinflusst und verändert werden können, sowie mit den unbeabsichtigten, unvorhergesehenen und unerkannten Folgen unserer Handlungen und Aktivitäten (wie z. B. dem Konsumverhalten, der Reise- und Freizeitgestaltung, dem Umweltbewusstsein etc.).

Unter Berücksichtigung der drei Zukunftskategorien interessieren wir uns in dieser Arbeit für die Sicht der Menschen über die positiven und negativen Aspekte dessen, was sein kann oder sein könnte (die Möglichkeiten), was sich unter den gegebenen Rahmenbedingungen ergeben würde (das Wahrscheinliche) und was im besten Fall sein sollte (das Wünschbare). Wir möchten daher Trends beschreiben, Interessen klären, Vorlieben erkennen sowie unterschiedliche Zukunftsentwürfe entwickeln und bewerten. Auf diese Weise können wir die aktuellen Vorstellungen über die Zukunft untersuchen und davon mögliche Auswirkungen auf die Gesellschaft ableiten. Diese Überlegungen werden in den Kontext menschlicher Wertvorstellungen eingebettet, welche zur Beurteilung dienen, ob die eine oder die andere Zukunft als wünschenswerter erscheint. In der Kombination von Rahmenbedingungen und Wertvorstellungen sowie den möglichen Konsequenzen persönlicher Verhaltensweisen geht es letztlich um die Auswahl konkreter Schritte, welche eine möglichst lebenswerte Zukunft für alle Menschen und der Welt als Ganzes zum Ziel haben.

4

Erwartungen an die Zukunft

Im Hoffnungsbarometer vom Jahr 2019 wurden rund 10.000 Menschen in vierzehn Ländern auf verschiedenen Kontinenten über ihre Erwartungen und Wünsche an die Zukunft befragt. Viele Menschen gehen davon aus, dass sich die allgemeine Lebensqualität in den kommenden Jahrzehnten verschlechtern wird. Dabei sind die Menschen in reichen Ländern wie der Schweiz pessimistischer als Menschen in ärmeren Ländern wie Nigeria und Kolumbien. Vergangene Erfahrungen und gegenwärtige Erlebnisse beeinflussen die Aussichten auf die Zukunft. Mit besonderer Besorgnis werden die breiter werdende Kluft zwischen Arm und Reich sowie die Verschlechterung der psychischen Gesundheit der Bevölkerung beurteilt. Zudem verschärfen sich die sozialen und ökologischen Probleme. Technologische Entwicklungen wie die Digitalisierung werden häufiger mit Ängsten und Sorgen als mit Hoffnungen in Verbindung gebracht. Alles in allem glaubt eine Mehrheit der Menschen insbesondere in Europa, dass es wenig Sinn macht, wie sich die Gesellschaft derzeit entwickelt.

4.1 Fragen über die Zukunft

In der heutigen Zeit wird die Zukunft vor allem aus der Perspektive wirtschaftlicher und technologischer Entwicklungen betrachtet. Einerseits setzt man bestimmte Trends wie die Digitalisierung und die künstliche Intelligenz als selbstverständlich und alles bestimmend voraus, ohne dass man diese hinterfragt oder man sich alternative Zukunftsbilder vorstellen kann. Andererseits werden wir häufig mit Problemen und Herausforderungen für die Zukunft konfrontiert (beispielsweise dem Klimawandel, der Umweltverschmutzung u. v. m.), was uns beängstigen, frustrieren und teilweise auch entmutigen kann.

Die wesentliche Frage, der wir im Rahmen des Hoffnungsbarometers im November 2019 nachgegangen sind, ist, wie die Menschen die Welt in Zukunft sehen, welche Trends sie wahrnehmen, welche Szenarien sie als wahrscheinlich und wünschenswert erachten und welche Werte sie für wichtig halten. Wie denken Menschen über die Zukunft der Welt? Welche Befürchtungen und Wünsche haben sie? Welche Zukunftsszenarien werden als wahrscheinlich gesehen, und welche Zukunftsentwürfe werden für ein gutes Leben als wünschenswert gehalten? Diese Bilder und Vorstellungen der Zukunft werden die Erwartungen und Hoffnungen sowie auch die Ängste der Menschen beeinflussen.

Der Schwerpunkt der Umfrage liegt auf der Einschätzung langfristiger Erwartungen, Trends und Zukunftsszenarien. Dafür wurden bereits existierende Fragebögen der australischen Zukunftsforscher Richard Eckersley (Eckersley et al., 2007) und Carmen Stewart (2002) verwendet. Die Umfrageteilnehmenden wurden gedanklich in das Jahr 2040 versetzt. Uns interessierten ihre Einschätzungen in Bezug auf die zukünftige Lebensqualität, ihre langfristigen Erwartungen in unterschiedlichen Lebensbereichen (Gesundheit, Familie, Beschäftigung, Umwelt etc.) sowie ihre Einschätzung möglicher Zukunftstrends wie beispielsweise die gesellschaftlichen Auswirkungen politischer und technologischer Entwicklungen. Zudem wurden ihnen verschiedene Zukunftsszenarien vorgestellt, die sie bezüglich ihrer Wahrscheinlichkeit und Erwünschtheit bewerten konnten.

4.2   Zukunftserwartungen für das Jahr 2040

Zuallererst wollten wir von den Menschen wissen, welche Erwartungen sie an die Zukunft haben. In den vierzehn Ländern konnten die Menschen ihre Einschätzung auf folgende Frage angeben: „Stellen Sie sich Ihr Land in zwanzig Jahren vor, also etwa im Jahr 2040: Denken Sie, dass die allgemeine Lebensqualität besser, gleich oder schlechter sein wird, als sie heute ist?" (Abb. 4.1). Auch wenn die Werte nicht repräsentativ für die gesamte Bevölkerung eines Landes sind, können aufgrund der erhobenen Daten interessante Vergleiche durchgeführt und erste Erkenntnisse abgeleitet werden. Die niedrigsten Werte entstanden in der Schweiz, Spanien, Malta, Südafrika, Frankreich und Italien, wo eine Mehrheit der Menschen der Überzeugung ist, die allgemeine Lebensqualität werde im Jahr 2040 eher schlechter sein als in der Gegenwart. In Australien, Israel, Indien, Tschechien und Polen gehen die meisten Menschen davon aus, dass die Lebensqualität in etwa gleich bleiben wird. Dagegen sind die Menschen in

Stellen Sie sich Ihr Land in zwanzig Jahren vor, also etwa im Jahr 2040:
Denken Sie, dass die allgemeine Lebensqualität besser sein wird, als sie
jetzt ist, etwa gleich oder schlechter als heute?

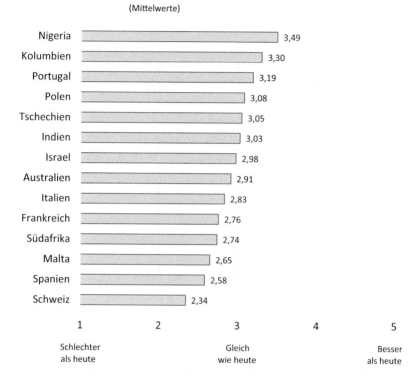

Abb. 4.1 Erwartungen an die allgemeine Lebensqualität 2040 nach Land (2019; N = 10.907)

Nigeria, Kolumbien und Portugal eher der Überzeugung, die Lebensqualität würde sich bis ins Jahr 2040 leicht verbessern. In keinem der Länder
erwarten die Menschen, dass die Lebensqualität viel besser als heute werden
könnte.

In Ländern mit einem höheren Wohlstandsniveau befürchten viele
Menschen eine Verschlechterung der allgemeinen Lebensqualität. Menschen
in ärmeren Ländern haben dagegen die Erwartung, die Situation könne
sich in 20 Jahren verbessern. Zudem konnte die Bevölkerung in manchen
Entwicklungsländern in den letzten Jahrzehnten trotz noch bestehender
Probleme positive Entwicklungen erleben. Beispielsweise hat in Kolumbien
der Friedensprozess zur Überwindung des Bürgerkrieges zwischen der
Regierung, der FARC-Guerilla und den Paramilitärs eine allgemeine
wirtschaftliche und gesellschaftliche Stabilität und eine merkbare positive
Entwicklung zur Folge gehabt.

Besonders bemerkenswert ist, dass die Bevölkerung in der Schweiz, dem Land auf der Liste mit dem höchsten Bruttoinlandsprodukt (BIP) pro Kopf, die tiefsten Zukunftserwartungen in Bezug auf die Entwicklung der Lebensqualität bis 2040 hat und dass die Menschen in Nigeria, dem ärmsten Land gemessen am Pro-Kopf-BIP, die positivsten Zukunftserwartungen aufweisen. Damit verstanden werden kann, wie diese Mittelwerte entstanden sind, werden in Abb. 4.2 die Antworten der Umfrageteilnehmenden in der Schweiz und in Nigeria miteinander verglichen. Etwa 60 % der Schweizer Bevölkerung sind davon überzeugt, dass die Lebensqualität in der Schweiz im Jahr 2040 schlechter sein wird als heute. Nur 10 % gehen von einer Verbesserung der Lebensqualität aus und für 30 % wird die Lebensqualität ungefähr gleich bleiben. Geradezu umgekehrt ist das Verhältnis in Nigeria, wo 63 % der Befragten die Lebensqualität im Jahr 2040 als besser einschätzen. Teilweise können diese Unterschiede auf eine leicht jüngere Altersgruppe im Falle von Nigeria begründet werden. Dies entspricht aber den unterschiedlichen Altersstrukturen der Bevölkerung in den beiden Ländern und hat nur einen marginalen Einfluss auf die Ergebnisse.

Allgemein schauten die Menschen in den ärmeren Ländern zuversichtlicher in die Zukunft als die Bevölkerung in den reicheren Ländern. Allerdings darf dies nicht darüber hinwegtäuschen, dass viele vor allem

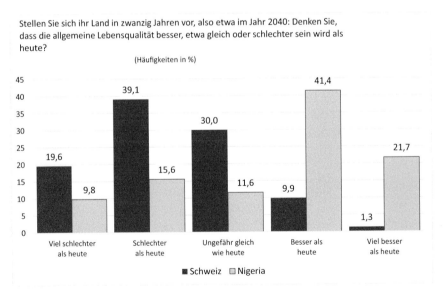

Abb. 4.2 Erwartungen an die allgemeine Lebensqualität in der Schweiz und Nigeria 2040 (2019; N = 3.935)

junge Menschen in den ärmeren Ländern Afrikas und Lateinamerikas eine allgemeine Perspektiv- und Mutlosigkeit der Zukunft gegenüber empfinden.

Wenn es um die nationalen und globalen Entwicklungen in unterschiedlichen gesellschaftlichen Bereichen geht, sind die Aussichten der Menschen eher verhalten bis pessimistisch. In Abb. 4.3 werden die Zukunftserwartungen der europäischen Bevölkerung in verschiedenen Bereichen mit den Einschätzungen aus den anderen Ländern verglichen. In den meisten Bereichen wie Gesundheit, Familie, Wirtschaft und Umwelt weisen die Europäer schlechtere Werte auf als der Rest der Länder. Die größte Befürchtung und gleichzeitig die stärkste Diskrepanz zwischen Europa und den anderen Ländern ist die zunehmende Kluft zwischen Arm und Reich. Gemessen am Gini-Index, der die Verteilung des Einkommens in der Bevölkerung misst, gehört beispielsweise die Schweiz zu den Ländern mit der gleichmäßigsten Einkommensverteilung. Gerade vor diesem Hintergrund und der Beobachtung aktueller Entwicklungen sind die Zukunftsaussichten der Bevölkerung dort am düstersten.

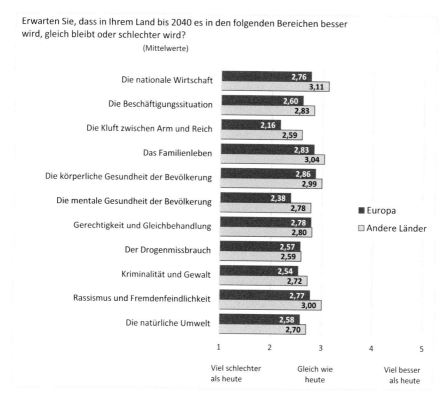

Abb. 4.3 Zukunftserwartungen in verschiedenen Bereichen (2019; N = 10.907)

Der zweitniedrigste Wert bezieht sich auf die Verschlechterung der mentalen Gesundheit der Bevölkerung. Auch hier ist der Unterschied zwischen Europa und den anderen Ländern signifikant hoch. Der empfundene Stress und die Zunahme an psychischen Erkrankungen wie Burnout haben in Europa besorgniserregende Dimensionen erreicht.

Ein weiteres Thema ist die persönliche und wirtschaftliche Sicherheit. In einigen der sichersten Länder der Welt ist die Befürchtung einer Zunahme von Kriminalität und Gewalt besonders stark ausgeprägt. In reichen Ländern besteht zudem die Sorge bezüglich eines möglichen Arbeitsplatzverlustes. Nehmen wir das Beispiel der Schweiz. Obwohl in der Schweiz die Arbeitslosenquote in den letzten Jahren (vor Corona) auf einem Tief von unter 3 % lag, befürchtet die Schweizer Bevölkerung eine Verschlechterung der allgemeinen Beschäftigungssituation. Die Erfahrungen während und nach der Corona-Pandemie zeigen allerdings, dass dies nicht der Fall ist.

Auch in anderen Bereichen wie die Gesundheit, der Drogenmissbrauch, die Umweltsituation, die Fremdenfeindlichkeit, das Familienleben und die Gleichbehandlung sind die Zukunftserwartungen der Menschen eher gedämpft bis hin zu pessimistisch.

Bei vielen Menschen vor allem in den reichen Ländern Europas besteht ein Unbehagen darüber, in welche Richtung die Welt zurzeit hinsteuert. Gleichzeitig kommt Ohnmacht zum Ausdruck, weil man den Eindruck hat, nichts dagegen unternehmen zu können. Was dieses Unbehagen und diese Einschätzungen entstehen lässt, kann mit der Analyse weiterer Zukunftstrends aus Sicht der Bevölkerung erläutert werden.

4.3   Zukunftstrends aus Sicht der Bevölkerung

Vor dem Hintergrund der negativen Erwartungen an die Zukunft stellt sich die Frage nach den Gründen, die zu dieser negativen Stimmung in der Bevölkerung geführt haben. Damit kommen wir zur Untersuchung von globalen, d. h. allgegenwärtigen, Trends unserer Zeit. Globale Trends sind gesellschaftsrelevante Entwicklungen mit vielfältigen Auswirkungen auf unser Leben und die Zukunft. Sie betreffen nahezu alle Bereiche unserer Gesellschaft (Wirtschaft, Umwelt, Politik, Bildung etc.), lösen grundlegende Veränderungen aus und haben langfristige Auswirkungen. In den letzten Jahrzehnten wird eine zunehmende Beschleunigung an sich gegenseitig beeinflussenden Trends wahrgenommen. Es geht dabei um langfristige Trends wie die demografische Entwicklung, der technologische Fortschritt, die politischen Rahmenbedingungen, die wirtschaftlichen Aussichten sowie die ökologischen Auswirkungen (Graf, 2003).

Diese Megatrends stellen unsere Gesellschaft vor bisher nicht dagewesene Herausforderungen: Wie kann für das Wohlbefinden der älteren Generationen gesorgt werden? Wie können die Kosten einer alternden Gesellschaft bezahlt werden? Wie können die ökologischen Auswirkungen unseres Konsumverhaltens minimiert werden, bzw. wie kann die Natur erhalten werden? Wie gehen wir mit der Ressourcenverknappung um? Wie kann die Landwirtschaft immer mehr Menschen ernähren und dabei die Umwelt und die Gesundheit der Menschen fördern? Wie kann die persönliche und die digitale Sicherheit gewährleistet werden? Wie kann die Gesundheitsversorgung optimiert werden? Wie kann der materielle Wohlstand besser verteilt werden? Wie muss das Bildungssystem an die neuen Herausforderungen angepasst werden?

Für uns sind an dieser Stelle nicht die Trends im technischen Sinne (z. B. welche neue Technologien wir in Zukunft haben werden) von Interesse, sondern die Wahrnehmung der Menschen bezüglich der langfristigen Auswirkungen auf ihr Leben. Im Hoffnungsbarometer von 2019 haben wir dafür den Fragebogen vom australischen Zukunftsforscher Richard Eckersley (Eckersley et al., 2007) verwendet.

Die Ergebnisse in Abb. 4.4 geben einen Einblick, wie differenziert die wissenschaftlichen und technologischen Entwicklungen von der Bevölkerung eingeschätzt werden. Dabei vergleichen wir erneut die Ergeb-

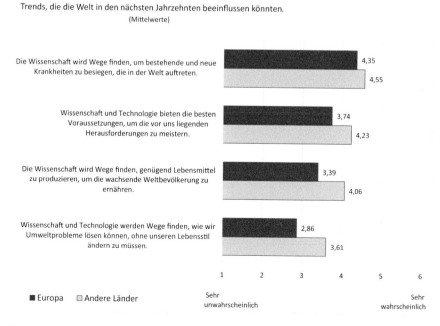

Abb. 4.4 Wahrgenommene Zukunftstrends in Wissenschaft und Technologie (2019; N = 10.907)

nisse aus Europa mit den Werten aus den anderen befragten Ländern. Weitestgehend positiv wird in allen Ländern die Entwicklung neuer Mittel und Therapien zur Heilung bestehender und zukünftiger Krankheiten beurteilt. Während der Corona-Pandemie haben wir beispielsweise erlebt, welch große Hoffnungen vor allem auf die Entwicklung wirksamer Impfstoffe gelegt worden sind.

Ob die wissenschaftlichen und technologischen Entwicklungen bis zum Jahr 2040 gute Voraussetzungen für die Bewältigung der zukünftigen Herausforderungen bieten, wird in Europa kritischer beurteilt als in den Ländern außerhalb Europas. Eine weitere Sorge bezieht sich auf die Frage, wie eine wachsende Bevölkerung ausreichend ernährt werden kann. Bemerkenswerterweise sind die Befürchtungen in Europa diesbezüglich stärker ausgeprägt als in den betroffenen Ländern wie Nigeria, Südafrika und Indien. Beispielsweise glaubt in der Schweiz mehr als die Hälfte der Befragten (55 %) es sei eher unwahrscheinlich, dass die Wissenschaft das Ernährungsproblem einer wachsenden Weltbevölkerung lösen werden kann. In Indien sind es dagegen nur rund 38 %, die eher nicht daran glauben, gegenüber 62 %, die eher zuversichtlich sind.

Dass wir die Umweltprobleme rein durch neue wissenschaftliche und technologische Entwicklungen lösen werden können, glauben noch weniger Menschen. Die meiste Skepsis zeigen diesbezüglich die Menschen in den europäischen Ländern, wo das Bewusstsein bezüglich der negativen Folgen unseres modernen Lebensstils ausgeprägter zu sein scheint. Dagegen glauben ca. 60 % der Umfrageteilnehmenden in Nigeria, Indien und Südafrika eher, dass Wissenschaft und neue Technologien die Umweltprobleme lösen werden können.

Noch kritischer werden die Folgen der technologischen Entwicklung in den Bereichen Digitalisierung, Automatisierung und Robotisierung auf Politik, Wirtschaft und Gesellschaft gesehen, und zwar in allen Ländern ähnlich (Abb. 4.5). Viele Menschen haben ein Gefühl dafür, was auf dieser Welt alles nicht richtig läuft. Die neuen Technologien werden in den Augen der meisten Befragten die Demokratien kaum stärken, sondern die staatliche Kontrolle über die Bevölkerung (Stichwort „Überwachungsstaat") verschärfen. In wirtschaftlicher Hinsicht werden durch zunehmende Digitalisierung und Automatisierung Arbeitsplätze vernichtet, mit der Folge einer steigenden Arbeitslosigkeit, so die Wahrnehmung der Befragten. Zudem besteht die Befürchtung, neue Technologien würden eine Bedrohung für die Gesellschaft darstellen, indem diese die Menschen voneinander und von der Natur entfremden. Dies sind die Einschätzungen und

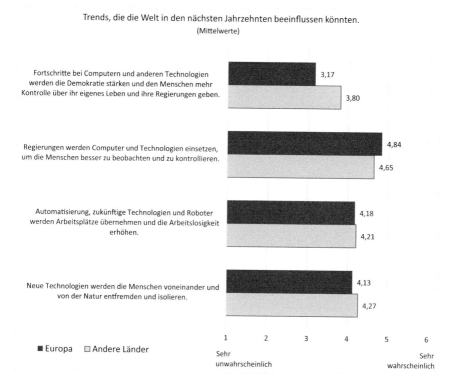

Abb. 4.5 Wahrgenommene Zukunftstrends und ihre Folgen (Nov. 2019; N = 10.907)

Befürchtungen von 70 bis 75 % aller befragten Personen in den vierzehn an der Umfrage beteiligten Ländern.

Die Ergebnisse unserer Umfrage finden sich in ähnlicher Form in vielen anderen Studien wieder. Nahezu alle Forscher, die in den letzten Jahren Menschen darüber befragten, wie die Welt in 20 Jahren aussehen würde und welche gesellschaftlichen Faktoren zu diesen Veränderungen beitragen würden, erhielten eher negative Einschätzungen der Zukunft (Brunstad, 2002; Eckersley, 1995, 2002; Hicks, 1996; Nordensward, 2014; Rubin, 2002).

4.4 Grundannahmen über die Gesellschaft

In zusammengefasster Form lassen sich all diese Wahrnehmungen und Aussichten bezüglich der aktuellen und zukünftigen Trends auf ein eher düsteres Bild über die Lage der Welt und der Zukunft zurückführen. Solche Bilder der

Zukunft sind das Ergebnis von teilweise unbewussten Grundannahmen über die Welt. Dieses Phänomen wollten wir daher etwas näher unter die Lupe nehmen.

Zur Messung von Grundannahmen über die Gesellschaft haben wir die Skala von Keyes (2002) zur Bewertung des sozialen Wohlbefindens benutzt. Die Ergebnisse von zwei bezeichnenden Aussagen werden in Abb. 4.6 dargestellt. In den meisten Ländern und besonders in Europa sieht die Mehrheit der Befragten grundsätzlich wenig Sinn darin, wie unsere Gesellschaft funktioniert und noch mehr Personen erkennen, dass sich unsere Gesellschaft nicht gleichermaßen positiv für alle Menschen entwickelt. Zur Erinnerung sei hier nochmals betont, dass diese Ergebnisse die Stimmung im November 2019, also noch vor Ausbruch der Corona-Pandemie wiedergeben. Im November 2020, als wir die Umfrage wiederholt haben, waren diese Werte noch niedriger.

Das wesentliche Fazit des Hoffnungsbarometers 2019 besteht aus der Erkenntnis, dass die Menschen in Bezug auf die politischen, wirtschaftlichen, technologischen und gesellschaftlichen Entwicklungen (schon vor der Corona-Pandemie) größtenteils negativ eingestellt sind. Der fehlende Glaube an einen gesellschaftlichen Fortschritt, d. h. an eine bessere Welt, hat in vielen Menschen eine pessimistische Haltung der globalen Zukunft gegenüber entstehen lassen. Ein Großteil der Bevölkerung ist von der Wirtschaft und der Politik enttäuscht. Die Stimmung ist bei vielen Menschen so, als wären wir an einem Punkt in der Geschichte angelangt, an dem die Menschen das Gefühl haben, dass es so nicht weitergehen kann: Ausbeutung und Zerstörung der Natur, Klimawandel, Naturkatastrophen und,

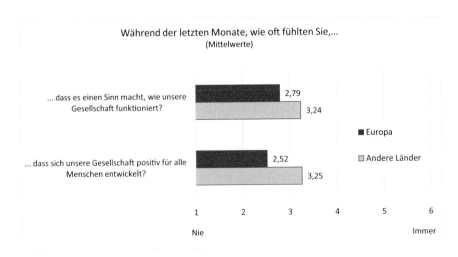

Abb. 4.6 Grundannahmen über die Gesellschaft (2019; N = 10.907)

was genauso schlimm ist, Ausbeutung der eigenen Kräfte und Gesundheit, soziale Ungleichgewichte sowie kaputte Ehen und Familien.

Der Zukunftspessimismus ist eine Folge der steigenden Unsicherheit und Unberechenbarkeit. Einerseits die Angst darüber, man könne den erlangten Wohlstand verlieren. Andererseits das Unvermögen von Wirtschaft und Politik, glaubhafte Antworten auf die Herausforderungen unserer Zeit zu bieten. Je komplexer und unüberschaubarer sich die Welt präsentiert, desto mehr kommt ein Gefühl der Ohnmacht zum Ausdruck, weil viele Menschen den Eindruck haben, nichts dagegen unternehmen zu können. Diese Erfahrungen lösen negative Gefühle der Sorge und Hilflosigkeit aus. Auch der zunehmende Druck und Wettbewerb bringen Unzufriedenheit und Unbehagen mit sich. In einer anscheinend unkontrollierbar gewordenen Welt erscheinen übergreifende positive Veränderungen für viele Menschen nahezu unmöglich.

5

Mögliche und wahrscheinliche Zukünfte

Bei der Entwicklung von Zukunftsszenarien werden in der Regel vier mögliche Zukunftsbilder unterschieden: mehr desselben, technologischer Fortschritt, gesellschaftliche und ökologische Katastrophen und nachhaltige Entwicklung. Besonders in Europa glaubt mehr als die Hälfte der Bevölkerung nicht daran, dass mit dem wirtschaftlichen und technologischen Fortschritt die aktuellen und zukünftigen Probleme und Hindernisse überwunden und ein neues Zeitalter von Nachhaltigkeit, Frieden und Wohlstand eintreten werden können. Dagegen denkt eine Mehrheit der Menschen in Ländern außerhalb Europas an die Möglichkeit eines solchen Szenarios. Allerdings sagen mehr als zwei Drittel der Menschen weltweit voraus, Phänomene wie Bevölkerungswachstum, Umweltzerstörung, neue Krankheiten sowie ethnische und regionale Konflikte würden eine schwere Zeit voller Krisen und Katastrophen zur Folge haben. Diese Krisen kommen nicht von außen auf die Menschheit zu, sondern werden von dieser verursacht und sind die Folge verschiedener lang andauernden Ungleichgewichte.

5.1 Szenarien und die Vorstellung möglicher Zukünfte

Die Folgen der globalen Trends und ihrer gegenseitigen Wechselwirkungen rufen unterschiedliche Zukunftsszenarien hervor. Szenarien sind wie Landkarten, Kurzporträts oder Geschichten über die Zukunft, bei denen die vorher genannten Trends berücksichtigt werden. In jedem Szenario wird eine Option oder alternative Entwicklung skizziert und bewertet. Der Zweck bei der Entwicklung von Szenarien besteht im Entwurf möglicher und wünschenswerter Zukunftsbilder. Diese können als mehr oder weniger wahrscheinlich und als mehr oder weniger wünschenswert eingeschätzt

A. Krafft, *Unsere Hoffnungen, unsere Zukunft,* https://doi.org/10.1007/978-3-662-64289-4_5

werden. Gefördert wird dabei ein offenes zukunftsorientiertes Denken, indem mögliche Konsequenzen und Alternativen überlegt werden. Man stellt sich grundsätzlich vor, wie eine bestimmte Situation in Zukunft aussehen könnte, indem mögliche Veränderungen und Auswirkungen identifiziert und beurteilt werden. Dadurch entstehen positive und negative Zukunftsbilder, die im Extremfall in Form von Utopien und Dystopien Geschichten idealer und gefürchteter Zukünfte erzählen.

Die Erfahrung aus einer Vielzahl von Projekten zeigt, dass in ihrer allgemeinsten und weitreichendsten Form in der Regel vier typische Szenario-Muster erarbeitet werden (Hicks, 2003):

1. Mehr desselben: Grundsätzlich wird alles beim Alten bleiben.
2. Technologische Entwicklung: Neue Technologien werden die aktuellen Probleme in der Welt lösen und einen anhaltenden Fortschritt ermöglichen.
3. Katastrophe: Die aktuellen Entwicklungen werden langfristig zu mehrfachen Wirtschafts-, Umwelt- und gesellschaftlichen Krisen führen.
4. Nachhaltige Entwicklung: Neue Produktions-, Konsum- und Verhaltensformen zeugen von einem veränderten Bewusstsein und werden neuartige gesellschaftliche Normen und Strukturen hervorbringen.

In diesem und dem nächsten Kapitel werden wir uns mit wahrscheinlichen, möglichen und wünschenswerten Szenarien aus Sicht der Bevölkerung beschäftigen, die einen wertvollen Einblick in die dystopischen und utopischen Zukunftsbildern der Gesellschaft bieten. Im Hoffnungsbarometer von November 2019 wurde den Teilnehmenden vier Szenarien vom australischen Zukunftsforscher Richard Eckersley (Eckersley et al., 2007) zur Bewertung vorgelegt. Zwei davon konnten bezüglich ihrer Wahrscheinlichkeit und die anderen beiden in Bezug auf ihrer Erwünschtheit bewertet werden. Der Zeithorizont dieser Szenarien ist grundsätzlich langfristig ausgerichtet. Dabei geht es vor allem um die Erfassung verschiedener Möglichkeiten, wie die Welt in Zukunft aussehen könnte. Je weiter weg sich der Zeithorizont eines Szenarios befindet, desto weniger geht es um eine genaue Vorhersage der Zukunft und desto offener ist der Raum für Hoffnungen, Wunschvorstellungen, aber auch für Ängste und Sorgen (Graf, 2003).

5.2   Ein Zeitalter voller Wohlstand, Nachhaltigkeit und Friede

Das erste Szenario beschreibt eine positive Entwicklung in Richtung einer Welt, die von Nachhaltigkeit, Frieden und Wohlstand gekennzeichnet ist. In diesem Szenario wird die Menschheit dank des aktuellen und zukünftigen wirtschaftlichen und technologischen Fortschritts die derzeitigen Probleme überwinden können. Die Teilnehmenden unserer Umfrage konnten dieses Szenario als mehr oder weniger wahrscheinlich oder unwahrscheinlich bewerten.

Die Ergebnisse in Abb. 5.1 zeugen erneut von unterschiedlichen Wahrnehmungen und Erwartungen zwischen den beiden Ländergruppen. Mehr als 60 % der Befragten in Europa schätzen dieses Szenario als eher bis ziemlich unwahrscheinlich ein. Menschen in Europa (allen voran Frankreich, die Schweiz, Polen und Spanien) glauben kaum an eine positive Entwicklung der Welt, was die negativen Erwartungen und Trends des vergangenen Kapitels nochmals bestätigt. Ärmere Länder wie Nigeria, Kolumbien und Indien sehen dies teilweise anders. Um die 60 % der Bevölkerung in diesen Ländern glauben an die positiven Auswirkungen des wirtschaftlichen und technologischen Fortschritts auf die gesellschaftlichen und ökologischen Herausforderungen.

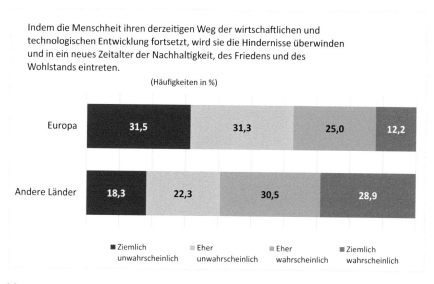

Abb. 5.1   Mögliches positives Szenario 2040 (2019; N = 10.907)

Diese Ergebnisse können zuerst einmal in einem historischen und kulturellen Kontext interpretiert werden. Seit dem späten 19. Jahrhundert florierte in Europa (und natürlich auch in den USA) der Glaube an den universellen menschlichen Fortschritt, der nach dem Zweiten Weltkrieg durch den Wiederaufbau noch weiter bekräftigt wurde. Zu dieser Zeit wurden ein unbegrenzter Zukunftsoptimismus und die Zuversicht geschürt, dass neue Technologien alle Anforderungen der Gesellschaft erfüllen und Probleme lösen werden können. Ähnlich wie damals sehen heute Autoren wie Raymond Kurzweil (2005) ein Zeitalter aufbrechen, in dem der Mensch mithilfe von künstlicher Intelligenz, Gentechnik und Nanotechnologie die allgemeinen Lebensumstände verbessern und die Lebenserwartung noch weiter verlängern werden kann. In seinem Buch „Infinite Progress" vertritt Byron Reese (2013) die Utopie, dass das Internet und andere Technologien (z. B. die Genomtechnologie) Unwissenheit, Krankheit, Armut, Hunger und Krieg ein für alle Mal beenden werden können. Er leitet diese Utopie vom rationalen Optimismus des amerikanischen Traums nach Freiheit und Fortschritt ab.

Zwischen diesen fast euphorischen Erwartungen an die technologischen Möglichkeiten und der Haltung der Bevölkerung besteht derzeit eine enorme, fast unüberbrückbare Diskrepanz. Als würden Technologie-Utopisten einerseits und alle anderen Menschen (in Europa) andererseits in zwei verschiedenen Welten leben. Nicht nur die Bevölkerung, sondern auch eine neue Generation von Forschern, steht dem Techno-Optimismus skeptisch bis ablehnend gegenüber und stellt die einfachen Fortschrittsutopien ernsthaft infrage. Wissenschaftler, Philosophen und sogar einstige Befürworter von künstlicher Intelligenz (beispielsweise Bostrom & Yudkowsky, 2014) haben angesichts des weltweiten Anstiegs von Terroranschlägen, militärischen Konflikten und nationalistischen Parteien bereits scharfe Warnungen ausgesendet. Der rosaroten utopischen Brille des technologischen Fortschritts stehen die dystopischen Bilder, die vor den Gefahren warnen, gegenüber.

5.3   Ein Zeitalter voller Probleme und Krisen

Die meisten Zukunftsstudien zeigen, dass, wenn Menschen gebeten werden, ein Bild der Welt in 20 bis 30 Jahren zu skizzieren, nahezu ausnahmslos negative Szenarien zum Ausdruck kommen. Das zweite Szenario in unserer Studie von 2019 beschreibt daher eine von Krisen und Problemen gekennzeichnete Welt, in der eine wachsende Bevölkerung mehr Umweltzerstörung verursacht und in welcher ethnische und regionale Konflikte sowie neue Krankheiten das Leben bestimmen.

Wie in Abb. 5.2 zu sehen ist, wurde dieses krisenhafte und konfliktreiche Zukunftsszenario von einer großen Mehrheit, d. h. von 78,6 % der Menschen in Europa und 72 % in den anderen Ländern, als eher bis ziemlich wahrscheinlich eingeschätzt.

Die kommenden Jahrzehnte werden in der Regel als ein Zeitalter voller Krisen und Probleme anstatt von Frieden und Prosperität gesehen. Eine Mehrheit befürchtet für die Zukunft eine Verschlechterung der aktuellen globalen Probleme, scheint das Vertrauen in eine sinnvolle Zukunft verloren zu haben und glaubt auch nicht mehr an einen unbegrenzten Fortschritt, der die Probleme der Welt lösen könnte. Der Zukunftspessimismus ist eine Folge der steigenden Unsicherheit. Die Lage der Welt wird von vielen Menschen als schwierig, ungewiss und außer Kontrolle betrachtet. Das Leben ist unstabil, unvorhersehbar und inkonsistent geworden. Je komplexer und unüberschaubarer sich die Welt präsentiert, desto schwieriger wird es, die Folgen gegenwärtiger Handlungen einzuschätzen. In einer unvorhersehbaren Welt ist es nahezu unmöglich, etwas zu verändern. Diese Erfahrungen lösen negative Gefühle der Angst, der Niedergeschlagenheit und der Hilflosigkeit aus.

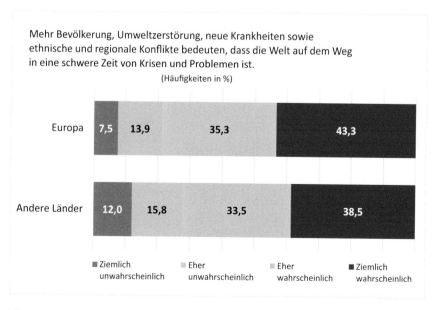

Abb. 5.2 Mögliches negatives Szenario 2040 (2019; N = 10.907)

Besonders in modernen Science-Fiction-Filmen werden häufig erschreckende Zukünfte dargestellt. Diese desolate Zukunft wird allerdings nicht als kosmische Katastrophe verstanden, die von göttlichen Kräften ausgelöst wird, sondern wird von der Menschheit selbst verursacht. Es werden teilweise Horrorszenarien einer überbevölkerten und korrupten Gesellschaft visualisiert, die von Arbeitslosigkeit, Umweltverschmutzung, Drogenmissbrauch, Armut und schmutzigen Städten geprägt ist (Nordensward, 2014; Rubin, 2002). Kriege haben Millionen von hungrigen Menschen hinterlassen, und die Erderwärmung fordert ebenfalls ihren Tribut.

Wenn keine Perspektiven in Sicht sind, nehmen Menschen eine defensive Haltung ein. Man schließt sich gegen mutige Veränderungen und agiert aus der Angst vor Verlust des Status quo, was einen zunehmenden Individualismus und Nationalismus zur Folge hat. Auch der zunehmende Druck und Wettbewerb in den Schulen und im Beruf lösen in den Menschen Unzufriedenheit und Unbehagen aus (Eckersley, 1995).

Die Frage ist, wie Nancy Snow (2018) sie formuliert, ob wir eine Gemeinschaft der Hoffnung oder der Sorge sein möchten. Snow attestiert, dass auch die Vereinigten Staaten zu einer Nation von Sorgenkindern geworden sind, vor allem, weil die vergangenen Regierungen keine sozialen Hoffnungen verbreiten konnten. In unseren Gesellschaften mangelt es an positiven und allgemein akzeptierten Leitbildern für die Zukunft, die sowohl Orientierung und Richtung geben können, als auch das Vertrauen und den Glauben vermitteln, dass die aktuellen Probleme der Welt gelöst werden können. Je nachdem, wie Menschen in die Zukunft schauen, werden sie auch ihr tägliches Leben im Hier und Jetzt gestalten. Hoffnungen und Ängste bestimmen die Wahrnehmung möglicher Zukunftszustände und Handlungsoptionen, und ein Mangel an Hoffnung schafft eine Gesellschaft voller Ängste und Sorgen. Erst wenn man neue und kraftvolle Bilder wünschenswerter Zukunftsformen erarbeitet, beginnt eine Gesellschaft wieder ihre kreative Energie zu mobilisieren (Hicks, 2003).

„Wir können keine Zukunft bauen, die wir uns nicht vorstellen können. Eine erste Voraussetzung ist also, dass wir uns eine realistische, überzeugende und einnehmende Vision der Zukunft schaffen, die einfach erzählt werden kann. Wenn unsere kollektive Vorstellung der Zukunft schwach und bruchstückhaft ist, dann wird unsere Fähigkeit, eine gemeinsame Zukunft zu schaffen, entsprechend eingeschränkt sein." *(Elgin, 1991, S. 78, eigene Übersetzung)*

5.4 Vorboten der Krise

Viele Menschen empfinden die aktuelle Lage der Weltgeschichte als ziemlich außerordentlich. Wir leben in einer spannenden, d. h. in einer spannungsgeladenen, Zeit. Es geht wieder, wie so oft in der Geschichte, um den Kampf zwischen Hoffnung und Hoffnungslosigkeit, zwischen neuen Möglichkeiten und alten Zwängen und Gewohnheiten. Wenn wir nun die Geschichte betrachten, dann zeigt uns diese, dass ökonomische und gesellschaftliche Umbrüche und Erneuerungen nichts Außerordentliches sind, sondern in regelmäßigen Abständen eintreten (David et al., 2012).

Seit dem Zweiten Weltkrieg haben in Europa zwei bis drei Generationen einen nahezu ununterbrochenen ökonomischen Fortschritt erlebt und, abgesehen von persönlichen Schicksalsschlägen, kaum eine gravierende allgemeine wirtschaftliche, politische oder gesellschaftliche Krise am eigenen Leib erlitten. Auch wenn es zu vereinzelten Notsituationen kam, wie z. B. in den 1970er-Jahren zur Energiekrise und im Jahr 2008 zur Immobilien- und Finanzkrise, waren Extremsituationen für eine Mehrheit der Bevölkerung auffällig selten geworden, sodass im Vergleich zu den Jahrhunderten davor geradezu von einer „Krisenlücke" gesprochen werden kann (David et al., 2012). Da in der heutigen Bevölkerung diese Art von Krisenerfahrung nahezu gänzlich fehlt, schien es, als würde man unbewusst davon ausgehen, dass es auch in Zukunft keine weiteren Krisen im großen Maße mehr geben wird.

Gleichzeitig vergeht kaum ein Tag, ohne dass man in den Medien über irgendwelche Krisen oder Unglücke erfährt: Umweltkatastrophen, politische Debakel, Wirtschafts- und Finanztiefs, Flüchtlingsströme und vieles mehr sind im Bewusstsein der Menschen stark präsent. Wir leben anscheinend in einer Zeit des Umbruchs; in einer Zeit mit größeren technologischen, ökonomischen und teilweise auch politischen Umwälzungen in der Welt. Die bisherigen Institutionen und Praktiken in Wirtschaft, Politik und den gesellschaftlichen Institutionen wie Energiewirtschaft, Transport, Schule, Gesundheitswesen usw. drohen, den Herausforderungen der Zeit nicht mehr standhalten zu können.

Die Ursachen der meisten politischen, ökonomischen und wirtschaftlichen Krisen sehen Historiker im Allgemeinen nicht außerhalb, sondern im Inneren der geläufigen und während einer bestimmten Zeit als erfolgreich geltenden Systeme und Institutionen (David et al., 2012; Schumpeter, 1942; Siegenthaler, 1993). Die Ursachen von Krisen sind meistens in den bisherigen Systemen und Verhaltensweisen bereits verankert, sind häufig eine logische Folge davon und dienen zu deren Erneuerung. Dies ist so, weil jedes System, jede Struktur, jede institutionelle Form sowohl Stärken als auch Schwächen in sich trägt und nicht ewig ohne Anpassungen oder Veränderungen dauern kann. Hier einige Beispiele: Die Reformation sowie später die Aufklärung waren die Antwort auf die Krise der katholischen Kirche. Die Französische Revolution war eine Reaktion auf die Missstände bei Klerus und Adel und auf die als ungerecht wahrgenommenen sozialen Strukturen. Der Sozialismus konnte entstehen, weil die Ungleichgewichte infolge der industriellen Revolution für viele Menschen zu schmerzvoll waren. Die „grüne Revolution" hatte ihren Ursprung in der Ausbeutung der Natur. Ungerechtigkeit und Missbrauch brachten die Menschenrechte, die Friedensbewegungen, die Gleichbehandlung von Frauen und Männern sowie von Menschen anderer Ethnien, den Tierschutz und vieles mehr mit sich.

Krisen entstehen meistens, wenn ein bestimmtes Gleichgewicht gestört wird. Dabei kann es sich um die ökologische Balance in der Natur handeln, um eine Schieflage zwischen Einnahmen und Ausgaben oder im Geben und Nehmen zwischen verschiedenen Akteuren sowie um eine Disharmonie in den Beziehungen. Krisen sind dann nichts anderes als ein Hinweis für dieses Ungleichgewicht und der Versuch einer Wiederherstellung eines gesunden Gleichgewichts.

6

Wünschenswerte Zukünfte

Es sind nicht lediglich die aktuellen Probleme, die uns zum Handeln motivieren, sondern vielmehr die positiven Bilder einer lebenswerteren Zukunft. Die meisten gesellschaftlichen Umwälzungen in der Geschichte der Menschheit wurden von Visionen einer besseren Zukunft angetrieben. Den Teilnehmenden des Hoffnungsbarometers wurden zwei Szenarien vorgelegt, die sie auf einer Skala von ziemlich unerwünscht bis ziemlich erwünscht bewerten konnten. Das erste Szenario einer schnelllebigen, international wettbewerbsfähigen Gesellschaft mit Schwerpunkt auf dem Individuum, die Vermögensbildung und den technologischen Fortschritt wird von knapp 60 % der Menschen in den nicht europäischen Ländern und von lediglich 36 % der europäischen Bevölkerung als wünschenswert bezeichnet. Dagegen bewerten über 70 % aller befragten Personen das Szenario einer grüneren, harmonischeren Gesellschaft, in der der Schwerpunkt auf Zusammenarbeit, Gemeinschaft und Familie, einer gleichmäßigeren Verteilung des Reichtums und einer größeren wirtschaftlichen Selbstversorgung als ziemlich (und weitere 20 % als eher) wünschenswert.

6.1 Positive Bilder der Zukunft

Schon sehr früh hat die Zukunftsforschung erkannt, dass es wenig Sinn macht, wenn man sich nur auf Probleme fokussiert. Wie die Welt in Zukunft aussehen wird, hängt vor allem davon ab, inwiefern wir in der Lage sind, Bilder einer wünschenswerten Zukunft zu entwickeln. Was uns trägt, sind Hoffnungen und Träume in Form positiver Visionen und Zukunftsentwürfe einer lebenswerten Welt. Es sind die menschlichen Wünsche und Hoffnungen, die die Energie für eine bessere Zukunft freisetzen. Damit werden die Werte und Normen einer blühenden Gesellschaft definiert. Der renommierte Philosoph Sir Karl Popper soll gesagt haben:

© Der/die Autor(en), exklusiv lizenziert durch Springer-Verlag GmbH, DE, ein Teil von Springer Nature 2022
A. Krafft, *Unsere Hoffnungen, unsere Zukunft*, https://doi.org/10.1007/978-3-662-64289-4_6

„Es sind nicht die Tritte von hinten, aus der Vergangenheit, die uns antreiben, sondern die Anziehungskraft, die Verlockung der Zukunft und ihrer attraktiven Möglichkeiten, die uns locken: Das ist es, was das Leben – und in der Tat die Welt – in Gang hält." (Karl Popper, zitiert in Slaughter, 1994, Übersetzung vom Autor)

Was die Geschichte antreibt, ist der menschliche Ehrgeiz, einen Zustand so zu verändern, dass er seinen Hoffnungen entspricht (Burke, 2012). Bestimmte Hoffnungen sind zu einer gewissen Zeit in der Kultur einer Gesellschaft verankert. Wir sehen das in den Träumen und Sehnsüchten vergangener Generationen auf eine bessere Zukunft. Eine Art Offenheit für etwas, was noch nicht ist, aber in Zukunft sein kann. Bloch beschreibt diese kulturelle Dimension als utopisches Bewusstsein. Die kulturellen Bilder und Praktiken richten das Bewusstsein in Richtung der wünschenswerten Zukunft, die tatsächlich möglich ist. Somit ist Hoffnung ein Akt der Bewusstseinsbildung, der gleichzeitig gegen Entfremdung und Ideologie wirkt (Green, 2019).

Wenn wir uns von den Idealen des gesellschaftlichen Fortschritts leiten lassen, wie er in der Geschichte der Menschheit bereits seit Jahrhunderten ersichtlich ist, müssen wir individuelle Ziele mit Visionen über das gute Leben in einer besseren Welt verbinden und damit eine neue und grundlegendere Hoffnung auf Glück und Erfüllung ermöglichen. Eine solche Zukunft kann vor allem dann eintreten, wenn wir sie uns heute schon gedanklich vorstellen und Schritt für Schritt realisieren können. All die großen Umwälzungen der Geschichte, sei es die Entdeckung Amerikas, die kopernikanische Wende, die Aufklärung, die Reformation, die Abschaffung der Sklaverei, die Gleichstellung von Frauen und Männern, die Entstehung der Menschenrechte, die Gründung der Europäischen Union etc., basieren auf solchen Visionen, d. h. positiven Bildern der Zukunft (Polak, 1973).

Positive Szenarien bieten dem Menschen das Bild einer idealen Zukunft, für die er sich engagieren kann, und betonen die menschliche Freiheit und Würde. Der Mensch ist immer frei, sich eine komplett andere und bessere Welt vorzustellen und danach zu streben. Ziel ist die Auseinandersetzung mit alternativen und wünschenswerten Zukunftsbildern, in der Überzeugung, dass wir uns der Zukunft nicht lediglich anpassen dürfen, sondern diese aktiv und verantwortungsvoll gestalten müssen. Dafür braucht es Zukunftsentwürfe auf der Grundlage individueller und kollektiver Interessen, Wertvorstellungen und Träume einer besseren Welt.

6.2 Individualismus, Wettbewerb, Technologie und Wohlstand

Die Hoffnung auf die Zukunft ist in gewisser Weise ein kulturelles Phänomen. Hoffnungen sind immer eingebettet in soziale und gesellschaftliche Beziehungen und einem historischen Kontext. Die Sehnsüchte und Hoffnungen der Menschen und einer Gesellschaft bilden sich unter bestimmten historischen Umständen heraus. Gesellschaftliche Hoffnungen und Visionen setzen einen Wertbildungsprozess voraus und haben eine Geschichte (Kleist & Jansen, 2016).

Im Hoffnungsbarometer 2019 konnten die befragten Personen bewerten, wie wünschenswert oder unerwünscht zwei denkbare Szenarien in ihren Augen sind. Das erste Szenario skizziert eine (moderne) schnelllebige, international wettbewerbsfähige Gesellschaft mit Schwerpunkt auf das Individuum, der Vermögensbildung und dem technologischen Fortschritt. Das zweite Szenario porträtiert eine (postmoderne) grünere, harmonischere Gesellschaft, in der der Schwerpunkt auf Zusammenarbeit, Gemeinschaft und Familie, einer gleichmäßigen Verteilung des Reichtums und einer größeren wirtschaftlichen Selbstversorgung liegt. In Anlehnung an Eckersley et al. (2007) wollen wir uns damit anschauen, welche Art von Hoffnung unsere Gesellschaft trägt: Hoffnung auf Veränderung oder Hoffnung auf Fortbestand.

Wir beginnen mit dem „modernen" Szenario. Wie in Abb. 6.1 deutlich zu erkennen ist, besteht wieder ein deutlicher Unterschied zwischen den

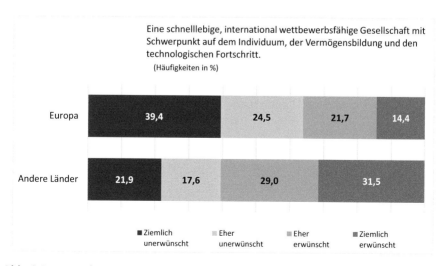

Abb. 6.1 Wünschenswertes „modernes" Szenario 2040 (2019; N = 10.907)

Ländern Europas und den Ländern außerhalb Europas. In Europa halten ca. zwei Drittel der Menschen das „moderne" Szenario für eher bis ziemlich unerwünscht und lediglich ein Drittel als eher bis ziemlich wünschenswert. In den Ländern außerhalb Europas ist das Verhältnis nahezu umgekehrt. Diese Ergebnisse sind ein Zeugnis für die unterschiedlichen wirtschaftlichen und kulturellen Realitäten, Bedürfnisse und Einstellungen der Menschen in verschiedenen Weltregionen. Es ist vollkommen verständlich, dass die Menschen in Ländern wie Nigeria, Südafrika, Indien und Kolumbien den Wunsch nach Wohlstand und modernen Technologien beherzigen.

Die Vorstellung, die Welt könne und solle weiter so funktionieren wie bisher, wird allerdings in Ländern wie die Schweiz, Frankreich, Italien, Polen und Spanien mehrheitlich als unzureichend gesehen. Dies bedeutet allerdings nicht, dass wirtschaftlicher Wettbewerb, Individualität, Wohlstand und technologischer Fortschritt grundsätzlich schlecht seien. Diese Bereiche dienen aber nicht mehr als wünschenswerte Visionen für eine bessere Zukunft, besonders deswegen nicht, weil deren negativen Auswirkungen auf die Gesundheit, das Wohlbefinden und die Umwelt als unerträglich angesehen werden. Viele Autoren kommen daher zur Schlussfolgerung, dass es neue gesellschaftliche Visionen und bessere Bilder der Zukunft braucht (Brunstad, 2002; Eckersley, 1995). Die bisherigen Bilder einer florierenden Wirtschaft können den Menschen keinen höheren Sinn und keine attraktiven Zukunftsentwürfe mehr bieten, auf die sie aufbauen können. Zukunftsbilder, die lediglich mehr desselben vermitteln, berauben vor allem die Jugendlichen ihrer Leidenschaft und ihres Enthusiasmus für ihr Leben und für die Welt als Ganzes. Da jeder nur für sich schauen muss, mündet dies wieder in Individualismus und Egoismus.

6.3   Nachhaltigkeit, sozialer Zusammenhalt und Harmonie

Die meisten Zukunftsstudien zeigen, dass sich die Ideale und Hoffnungen der Menschen nahezu diametral von ihren negativen Erwartungen unterscheiden. Das alternative Szenario porträtiert eine (postmoderne) grünere, harmonischere Gesellschaft, in der der Schwerpunkt auf Zusammenarbeit, Gemeinschaft und Familie, einer gleichmäßigen Verteilung des Reichtums und einer größeren wirtschaftlichen Selbstversorgung liegt (Abb. 6.2).

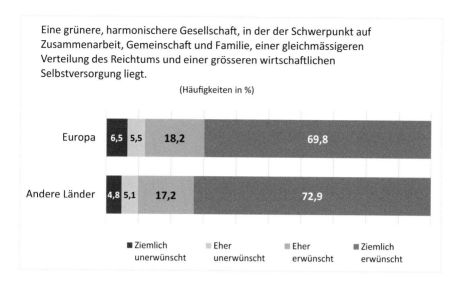

Eine grünere, harmonischere Gesellschaft, in der der Schwerpunkt auf Zusammenarbeit, Gemeinschaft und Familie, einer gleichmässigeren Verteilung des Reichtums und einer grösseren wirtschaftlichen Selbstversorgung liegt.

(Häufigkeiten in %)

Abb. 6.2 Wünschenswertes „postmodernes" Szenario 2040 (2019; N = 10.907)

Bemerkenswerterweise stimmt eine Mehrheit von nahezu 90 % der Bevölkerung sowohl in als auch außerhalb Europas diesem Szenario als wünschenswert zu.

Sobald Menschen gebeten werden, ihre Visionen und Hoffnungen über erwünschte Zukunftsbilder zu skizzieren, kommen ganz andere Themen zum Ausdruck als die bisher bekannten materielle Güter und technologischer Fortschritt. Manche Werte scheinen nahezu universell zu sein: Altruismus, Großzügigkeit, Verzeihen, Frieden, Ehrlichkeit, Harmonie, Idealismus und Nachhaltigkeit. In den Träumen der Menschen werden weniger das Individuum, der Wettbewerb und der materielle Wohlstand als vielmehr Gemeinschaft, Familie, Zusammenhalt und Umwelt betont. Am allermeisten geht es den Menschen um die natürlichen, menschlichen und teilweise auch moralisch-altruistischen Aspekte im Leben (Krafft, 2019).

Der Trend einer zunehmenden Individualisierung erzeugte gleichzeitig eine tiefe Sehnsucht nach Zugehörigkeit und Verbundenheit. Nicht mehr das Auto oder Motorrad auf der Landstraße (Route 66), sondern das Haus im Grünen ist die neue Metapher des derzeitigen Jahrhunderts (Brunstad, 2002). Die weite Welt hält nur Probleme bereit, neue Medien bekräftigen Einsamkeit und Anonymität. Individualisierung und das Gefühl, die Welt bräche auseinander, haben eine Sehnsucht nach Gemeinschaft, nach Harmonie, nach einem sicheren Ort, nach Heimat, Geborgenheit und Schutz hervorgebracht. Dabei geht es nicht mehr nur um das Bild der traditionellen kleinen Familie, sondern um eine große Familie mit verschiedenen Menschen unterschiedlicher Altersgruppen, Geschlechter, Religionen, Nationalitäten und Ethnien.

6.4   Die Macht positiver gesellschaftlicher Zukunftsvisionen

Die Ergebnisse des Hoffnungsbarometers werfen die grundsätzliche Frage auf, wie wir unser Leben und die Gesellschaft in Zukunft gestalten möchten. Dafür braucht es zuerst ein gemeinsames Bild über das gute Leben und über eine lebenswerte Welt. Es braucht nicht nur kurzfristige Ziele, sondern langfristige Visionen für den Einzelnen und die Gesellschaft. Und es benötigt Klarheit darüber, was im Leben erstrebenswert ist:

> „Wenn man beginnt zu sehen, was der ‚Kern' des Lebens ist, vertieft sich das Verständnis für die menschliche Existenz. Es rückt das Alltägliche ins rechte Licht, und Hoffnung entsteht zum Teil dadurch, dass man sich klarer darüber wird, was wirklich wichtig ist" (Hicks, 2003, S. 73, eigene Übersetzung).

Gerade in der heutigen Zeit besteht die Notwendigkeit positiver Bilder der Zukunft, damit sich vor allem die junge Generation darüber Gedanken machen kann, in welcher Welt sie leben möchte. Das Nachdenken über die Zukunft kann den Menschen neue Sinndimensionen eröffnen und Orientierung geben. Bilder über eine bessere Welt können ihnen neue Inspiration vermitteln. Wenn es um die Gestaltung alternativer und wünschenswerter Zukunftsentwürfe geht, gewinnen Kreativität und Intuition und somit Emotionen, Werte, Hoffnungen, Ängste, Träume und Sehnsüchte zunehmend an Bedeutung. Besonders junge Leute erleben die Welt weniger auf rein rationale und kognitive Art und Weise, sondern über persönliche Erlebnisse voller Gefühle und Emotionen (Eckersley, 2002). Die Erarbeitung wünschenswerter Zukunftsszenarien erhält einen besonderen kreativen Wert, wenn die aktuelle Realität sozusagen überwunden wird und ganz neue Vorstellungen und Wünsche eingebracht werden können (Bell, 2009). Die Bedeutung von Hoffnung und Zuversicht anstatt Angst und Niedergeschlagenheit rückt somit eindeutig in den Vordergrund:

> „Ich glaube nicht mehr, dass Angst eine ausreichende Motivation ist, um Veränderungen vorzunehmen … um uns anzuspornen, brauchen wir auch Hoffnung – wir brauchen eine Vision des Aufschwungs, der Erneuerung, des Wiederaufstiegs." (McKibben, 1995, S. 5)

Je nachdem, wie Menschen in die Zukunft schauen, werden sie ihr tägliches Leben im Hier und Jetzt gestalten. Was Menschen tun und wie sie ihr Leben gestalten, hängt zu einem Großteil davon ab, welche Vorstellungen sie von der Zukunft haben, welche Ziele sie sich vornehmen und welche Mittel sie zu deren Verwirklichung einsetzen. Hoffnung hilft zur Überwindung von Angst und Sorge sowie von Apathie und Niedergeschlagenheit, denn sie beflügelt den Glauben und das Vertrauen an die Erreichbarkeit einer besseren Zukunft. Dies ist vor allem im Rahmen einer menschlichen Gemeinschaft möglich, in der man sich auf die positiven Seiten des Lebens fokussiert, insbesondere auf die Hoffnung und die Zuversicht, dass es auch in schwierigen Zeiten trotz Problemen und Enttäuschungen möglich ist, ein besseres Leben zu führen, wenn man die entsprechende Haltung dazu einnimmt und sich gemeinsam aktiv dafür engagiert. Mit der Erarbeitung neuer und kraftvoller Bilder wünschenswerter Lebensformen beginnt eine Gesellschaft, wieder ihre kreative Energie zu mobilisieren.

Teil II

Krisen bewältigen

7

Ursachen und Folgen von Krisen

Krisen sind grundsätzlich mit Unvorhersehbarkeit, Unkontrollierbarkeit und Unsicherheit, aber auch mit Offenheit für Neues verbunden. Sie stellen, wie im Falle von Krankheit, einen Scheidepunkt dar, der entweder zu einem negativen oder zu einem positiven Ausgang führen kann. Krisen können eine vorübergehende Erscheinung sein oder die gegebenen Praktiken und Institutionen grundlegend infrage stellen. Wenn Krisen über einen längeren Zeitraum anhalten, findet meistens ein Vertrauensverlust in die bestehenden Regeln und Normen statt. Jede Krise kann als Gefahr oder auch als eine wertvolle Chance zur inneren Transformation und Erneuerung betrachtet werden. Krisen können das Bewusstsein und die Bereitschaft für die Entwicklung neuer Ideen und Lösungen schärfen. Wir haben die Wahl, ob wir Krisen mit Angst und Sorge oder mit Hoffnung und Gestaltungswillen begegnen. Ängste und Sorgen können uns wachrütteln, aber auch lähmen und falsche Reaktionen auslösen. In der Hoffnung können wir konstruktiv in die Zukunft schauen und aus der Krise etwas Gutes entstehen lassen.

7.1 Vertrauen und Verunsicherung

Was zum Zeitpunkt unserer Umfrage des Hoffnungsbarometers im November 2019 als befürchtete, aber noch ungewisse Zukunft galt, wurde wenige Monate später auf eine unvorhersehbare Art und Weise teilweise bittere Realität. Als wären die pessimistischen Erwartungen, negativen Trends und krisenhaften Zukunftsszenarien keine rein subjektive Einschätzung, sondern nahezu prophetische Vorsehung gewesen. Schneller als gedacht sah sich die Welt inmitten der größten globalen Krise nach dem Zweiten Weltkrieg.

© Der/die Autor(en), exklusiv lizenziert durch Springer-Verlag GmbH, DE, ein Teil von
Springer Nature 2022
A. Krafft, *Unsere Hoffnungen, unsere Zukunft,* https://doi.org/10.1007/978-3-662-64289-4_7

Wenn man sie in einem größeren historischen Kontext sieht, sind Krisen allerdings nicht nur etwas Schlechtes. Der Begriff Krise kommt aus dem Griechischen und bedeutet so viel wie Zuspitzung, entscheidende Wendung und Unsicherheit. Ursprünglich wurde er in Zusammenhang mit dem Verlauf einer Krankheit verwendet. Die Krise stellt den noch ungewissen Höhe- und Wendepunkt eines Krankheitsverlaufs dar. Der Ausgang kann sowohl positiv als auch negativ sein. Je nachdem, was unternommen wird, kann die Krise zur Genesung und sogar Stärkung oder im Extremfall zur Katastrophe, d. h. zum Tod, führen.

Gesellschaftliche Krisen werden in der Regel von einer Vielzahl unterschiedlicher Faktoren verursacht. Wirtschaftliche, politische, soziale und ökologische Aspekte stehen stärker miteinander in Verbindung, als wir gemeinhin denken. Der Zusammenhang zwischen Klimawandel, Naturkatastrophen, technischen Entwicklungen und die Beschaffenheit globaler politischer, wirtschaftlicher und sozialer Systeme wird leider noch viel zu stark unterschätzt. Wie klein die Welt sein kann und wie stark die globalen Zusammenhänge von Wirtschaft, Politik, Umwelt und Soziales uns alle betreffen können, zeigt die Corona-Krise eindrücklich.

Durch diese Komplexität und Dynamik sind Krisen von Natur aus mit einer fundamentalen Unsicherheit und mit einem Vertrauensverlust in die bisherigen Annahmen, Selbstverständlichkeiten, Praktiken sowie gängigen Konventionen und gesellschaftlichen Institutionen verbunden (Siegenthaler, 1993). Der Alltag ist voll von Annahmen und Selbstverständlichkeiten, die selten reflektiert werden und die ein Grundvertrauen in die Welt und in sich selbst ermöglichen. Was geschieht aber, wenn Dinge und Zusammenhänge, die man bis dahin unbewusst als logisch und gegeben betrachtete, von denen man ausging, dass sie halt so sind, wie sie sind, auf einmal ihre Gültigkeit verlieren? In einer Krise wird vieles von dem, was den Menschen bis jetzt selbstverständlich erschien, auf einmal infrage gestellt. Eine Wirtschafts- und Finanzkrise lässt beispielsweise Zweifel an das etablierte Finanzsystem aufkommen, und eine politische Krise löst Misstrauen in die politischen Institutionen aus.

Wenn die Welt sich anders entwickelt, als man es für möglich gehalten hat, beginnt das Vertrauen in die alten Regeln und Vorstellungen zu bröckeln. Die Verunsicherung, die von Krisen ausgeht, bezieht sich auf zwei Ebenen. Einerseits können Krisen einen enormen Schaden anrichten. Andererseits konfrontieren Krisen die Menschen mit einer bisher unbekannten und unberechenbaren Situation und stellen die geläufigen Denk- und Lösungsmuster teilweise radikal infrage. Zur Unsicherheit einer Krise gehört die Tatsache, dass man deren Verlauf und Auswirkungen kaum vorhersehen kann. Bei manchen Krisen weiß man eben nicht, ob es sich nur um eine momentane Erscheinung handelt oder um eine fundamental neue Entwicklung, eine tief greifende Veränderung, die das bisherige Wissen komplett über den Haufen wirft. Verhängnisvoll wird es, wenn man eine gänzlich neue Situation mit traditionellen Mitteln zu lösen versucht.

7.2   Offenheit für Neues und Fortschritt

Fortschritt ist häufig mit Krisen verbunden. Die wissenschaftlichen und wirtschaftlichen Entwicklungen des 18. Jahrhunderts haben die Französische Revolution begünstigt. Dadurch konnte eine neue politische, wirtschaftliche und sogar gesellschaftliche Ordnung entstehen. Ähnliches gilt für die beiden größten Krisen der letzten 100 Jahre: die beiden Weltkriege. Solche Krisen lösen häufig eine politische und ökonomische Neuausrichtung aus und bringen weitere soziale Folgen mit sich. So wurde nach dem Ersten Weltkrieg beispielsweise Agrarpolitik in verschiedenen Ländern Europas völlig neu konzipiert (Auderset & Moser, 2012). Vergleicht man Europa im 21. Jahrhundert mit Europa von 1920, werden die damals noch unvorstellbaren Fortschritte offensichtlich.

Jede Krise kann eine Gefahr darstellen und Ängste auslösen, sie kann aber auch neue Chancen eröffnen und die Menschen mit großer Hoffnung erfüllen. In jeder Krise sind neue Möglichkeiten enthalten, die uns das Leben bietet. Manchmal geschehen Dinge, die man in keiner Weise für möglich hielt und die einen dazu zwingen, bisherige Denkmuster zu revidieren. Wir können dadurch unsere Fehler erkennen und korrigieren und über uns hinauswachsen. Dies ist, was wir als wahren Fortschritt bezeichnen können. Dadurch können wir unser Leben und die Welt verbessern, was angesichts der aktuellen Situation in vielen Bereichen immer dringender und notwendiger wird (Hüther, 2016).

Eine fundamentale Krise stellt eine offene Situation dar, die mit althergebrachten Mitteln nicht bewältigt werden kann. Man kennt im Voraus weder den Verlauf, noch die Auswirkungen, noch mögliche Rezepte zur Lösung der Krise. Weil das Bisherige keinen Halt und keine Orientierung mehr bietet, ist man gezwungen, sich ganz neue Erklärungs- und Handlungsmuster anzueignen. Es müssen neue Wege und Lösungen ausprobiert werden, weil die bisherigen Praktiken zur Überwindung der Krise ungeeignet sind. Auf jeden Fall kann mit jeder Krise auch ein grundlegender Lernprozess einhergehen. Dies kann man allerdings nur, wenn man gewillt ist, das Alte infrage zu stellen und offen für Neues ist.

Neue Ideen und Ansätze können positive Impulse für eine tief greifende Veränderung der Welt als Ganzes setzen. Grundsätzlich muss man die Phase der Verunsicherung aushalten und auf die Entwicklungs- und Erneuerungskraft der menschlichen Gesellschaft vertrauen, alternative Vorstellungen, Konzepte und Handlungsoptionen zulassen sowie neue Gestaltungsräume öffnen. Schließlich geht es darum, die althergebrachten Wege zu verlassen und ganz neue Ideen zu entwickeln. Krisen öffnen den Horizont für neue Gestaltungsmöglichkeiten, wenn die gedankliche Offenheit dafür vorhanden ist. Wie können die Wirtschaft und das Geldsystem der Zukunft aussehen? Wie muss gebaut, produziert, konsumiert oder gehandelt werden, damit die ökologischen und sozialen Belastungen auf ein Minimum reduziert werden?

Die Auseinandersetzung mit Krisenpotenzialen soll der Erweiterung des eigenen Bewusstseins in Bezug auf aktuelle Zusammenhänge und auf unseren Platz in der Welt dienen. Krisen und Krisenbewusstsein sollen daher nicht zu Pessimismus, Mutlosigkeit, Niedergeschlagenheit oder gar Resignation führen, sondern uns aufrütteln und mobilisieren. Ein erhöhtes Bewusstsein über aktuelle Notstände und Risiken kann eine schöpferische Kraft entfalten, damit neue Lösungen zur Krisenabwehr und -bewältigung gefunden werden können.

Auf der Grundlage des Hoffnungsbarometers von November 2020 werden wir in den kommenden Kapiteln die wesentlichen Erkenntnisse vorstellen, wie die Menschen mit der COVID-19-Pandemie umgegangen sind und was sich Positives daraus entwickeln konnte. Auf psychologischer Ebene werden Krisen in Form von Verlust, Stress, Unsicherheit, Unkontrollierbarkeit und Überlastung erlebt, sodass wir uns zuerst mit der Wahrnehmung dieser Phänomene auseinandersetzen. Anschließend untersuchen wir die Bewältigungsstrategien der Bevölkerung, die zu einem konstruktiven Umgang mit den Ereignissen und Folgen der Pandemie geführt haben. Der Bedeutung von Hoffnung und der wesentlichen Quellen von Hoffnung für die Überwindung der Krise widmen wir ein eigenes Kapitel. Schließlich zeigen wir auf, welche positiven Entwicklungen die Menschen im Sinne eines sog. stressbedingten Wachstums erlebt haben und welche Schlussfolgerungen man für den Umgang mit zukünftigen Krisen daraus ziehen kann.

8

Wahrgenommener Stress

Im Jahr 2020 wurde die gesamte Welt mit einer der schwersten Pandemien der jüngeren Geschichte konfrontiert. Psychologisch gesehen werden die Folgen solcher Krisen als unvorhersehbar, unkontrollierbar und belastend wahrgenommen, was wesentliche Ursachen für Stresssymptome wie Nervosität, innere Unruhe und Überlastung darstellen. Aufgrund ihrer Erfahrungen, Lebenssituation und Bewältigungsmöglichkeiten erleben Menschen solche Ereignisse allerdings sehr unterschiedlich. Im November 2020 wurde bei rund 10.000 Menschen aus dreizehn Ländern das durch die Corona-Maßnahmen ausgelöste Stressempfinden untersucht. Auch wenn viele Menschen insbesondere in Ländern wie Spanien, Kolumbien, Indien und Portugal über ein stark ausgeprägtes Stressniveau berichtet haben, wies die Mehrheit der Bevölkerung trotz der alltäglichen Unsicherheit und Belastung auf eine erstaunliche Resilienz in der Krise hin. Junge Leute, Frauen sowie alleinstehende Personen fühlten sich von Maßnahmen wie dem Lockdown, dem Distance-Learning und dem Homeoffice überdurchschnittlich stark gestresst, konnten aber größtenteils auch positiv damit umgehen.

8.1 Die Covid-19-Krise

Die Jahre 2020 und 2021 werden als die COVID-19-Krisenjahre in die Weltgeschichte eingehen. Nahezu alle Menschen wurden durch die Pandemie und die damit einhergehenden Maßnahmen mehr oder weniger hart auf die Probe gestellt. Zu Beginn unserer Studie am 02.11.2020 befanden sich viele Länder mitten in der sogenannten zweiten Welle der weltweiten Pandemie. Im Verlauf vom November 2020 wurde in Europa ein neuer negativer Höhepunkt erreicht.

Um die Ausbreitung des Virus einzudämmen und den Empfehlungen der Weltgesundheitsorganisation zu folgen, riefen viele Regierungen offiziell den Notstand aus und verordneten tief gehende Maßnahmen, die in verschiedenen Ländern in unterschiedlichen Stufen später wieder aufgehoben wurden. Weltweit haben Regierungen weitgehende Einschränkungen des täglichen Lebens in Kraft gesetzt. Dazu gehören Selbstisolation von älteren Menschen, Quarantänen von Reisenden, Schließungen von Schulen, Universitäten und Freizeiteinrichtungen sowie die mehrmalige Stilllegung wirtschaftlicher und öffentlicher Aktivitäten. Die schnelle Ausbreitung und die Folgen des Virus sowie die vielfältigen Maßnahmen zu deren Eindämmung haben jeden Einzelnen, die Familien, die Wirtschaft sowie die Gesellschaft als Ganzes vor einer noch nie dagewesenen Belastung gestellt.

Die psychischen Folgen der COVID-19-Pandemie und der verschiedenen staatlichen Maßnahmen zur deren Bekämpfung sind enorm. Nebst den schwerwiegenden Folgen für die Volkswirtschaften hatten diese Maßnahmen sowohl unmittelbare als auch langfristige Auswirkungen auf die psychische Gesundheit der Bevölkerung. Einschlägige Studien haben über eine signifikante Zunahme von stressbedingten gesundheitlichen Problemen berichtet (de Quervain et al., 2020). Nebst der eigentlichen gesundheitlichen Bedrohung durch das Virus waren die Lockdowns und die damit verbundenen Probleme im Zusammenhang mit Homeoffice und der Kinderbetreuung sowie die soziale Isolation über einen längeren Zeitraum wesentliche Ursachen für einen Anstieg der allgemeinen Stressbelastung.

Jede Krise verursacht sog. stressbedingte Belastungsstörungen und hat das Auftreten von Phänomenen wie Sorgen, Ängsten und Depressionen zur Folge. Interessanterweise empfanden nicht alle Menschen diese Ereignisse gleich. In einer Schweizer Studie nach der ersten Pandemie-Welle im ersten Halbjahr 2020 berichtete ca. ein Viertel der Bevölkerung über keine Veränderung des Stressniveaus, ca. die Hälfte über einen Anstieg des Stressempfindens und ein weiteres Viertel sogar über eine Abnahme des Stresslevels (de Quervain et al., 2020). Während der letzten Jahrzehnte wurde vermehrt die Rolle positiver Faktoren wie persönliche und soziale Ressourcen zur Steigerung der Resilienz und zum konstruktiven Umgang mit Krisen erforscht. Darüber hinaus gibt es inzwischen mehrere Erkenntnisse, dass Krisen bei vielen Menschen ein Auslöser für psychologisches Wachstum sein können. Beispielsweise fanden viele Menschen während der Pandemie mehr Zeit für neue Projekte, für Hobbys zu Hause und für mehr körperliche Aktivitäten, was zeitweise zu einem erhöhten Wohlbefinden führte.

8.2   Was ist Stress?

Unter Stress wird eine psychische Belastung verstanden, die sich auf einen externen Zustand bezieht, die Person emotional berührt und von ihr eine übermäßige Anstrengung beansprucht (Lazarus, 1993). Stress wird einerseits von externen Ereignissen oder Zuständen ausgelöst, ist aber andererseits ein überaus subjektives Phänomen. Es entsteht in der Interaktion zwischen den externen Anforderungen und der individuellen Wahrnehmung, den Eigenschaften sowie den aktuellen Ressourcen und Mitteln der Person. Der psychologische Stress nimmt immer dann zu, wenn die Anforderungen, mit denen sich die Person konfrontiert sieht, ihre Möglichkeiten und Ressourcen übersteigen (oder zu übersteigen drohen). Verschiedene Personen können ein und dieselbe Situation unterschiedlich erleben, als mehr oder weniger stressig empfinden und auch anders damit umgehen.

Auslöser von Stress sind bestimmte externe Ereignisse und die persönliche Wahrnehmung bzw. Interpretation dieser Ereignisse seitens der Person. Im Allgemeinen betreffen die stressverursachenden externen Ereignisse drei verschiedene Aspekte: 1. Konkrete Schäden wie z. B. der Tod eines geliebten Menschen, eine belastende Krankheit oder ein finanzieller Verlust. 2. Die Gefahr oder Bedrohung möglicher zukünftiger Verluste. Beispielsweise der ungewisse Fortbestand bzw. die drohende Schließung eines Geschäftes. 3. Allgemeine Probleme und Hindernisse, die als belastend oder herausfordernd wahrgenommen werden.

All diese ungewissen und unkontrollierbaren Ereignisse werden durch die eigene Wahrnehmung als mehr oder weniger belastend empfunden. Dies bedeutet, dass die eigene Erfahrung der Krise vor allem eine emotionale Reaktion auf die „objektive" Situation ist. Das Ausmaß an empfundenem Stress hängt grundsätzlich von zwei persönlichen Einschätzungen ab: 1. Wie stark die Situation als verletzend, bedrohlich oder herausfordernd eingeschätzt wird und 2., ob man mehr oder weniger Widerstandsressourcen zur Bewältigung der Situation zur Verfügung hat.

Wichtig ist, dass die Reaktion eines jeden Menschen nicht allein auf die Intensität oder einer anderen objektiven Eigenschaft der Krise beruht, sondern stark von persönlichen und sozialen Faktoren abhängt. Die persönliche Bewertung der Situation ist immer der Vermittler zwischen den objektiven Ereignissen und der individuellen Reaktion darauf. Es ist vor allem die subjektive Einschätzung und nicht das objektive Ereignis, die die Reaktionen einer Person auf eine Stresssituation bestimmt. Beispielsweise wird der Verlust des Arbeitsplatzes von dem einen als existenzbedrohend und mit Gefühlen von Angst und Sorge empfunden und von jemandem anderen als neue Chance zur persönlichen Neuorientierung gesehen, was Gefühle der Neugier und der Vorfreude auf Neues auslösen kann.

Ein Großteil der als stressig empfundenen Situationen ist mit der Vorwegnahme zukünftiger Entwicklungen und Ereignisse verbunden. Stress bezieht sich auch auf eine bedrohliche Zukunft, dass eine belastende Situation weitergehen oder sogar schlimmer werden könnte, wodurch unsere Bewältigungsfähigkeiten überschritten werden könnten. Die vorausschauende Bedrohung verändert die aktuelle bewusste Verarbeitung und die emotionalen Reaktionen (Baumeister et al., 2018): Was werde ich in Zukunft tun? Wie kann ich in Zukunft meine Familie ernähren? Wie wird sich diese Situation entwickeln? Nebst aktueller Erfahrungen (z. B. dem Schmerz beim Verlust eines geliebten Menschen oder dem Druck in der Arbeit) sind es vor allem die Ungewissheit und die Unkontrollierbarkeit zukünftiger Ereignisse, die als bedrohlich empfunden werden.

8.3   Wahrgenommener Stress der Bevölkerung

Im Rahmen des Hoffnungsbarometers von November 2020 wurde das Stressniveau der Bevölkerung mit der Perceived Stress Scale (PSS) von Cohen et al. (1983) gemessen. Die PSS ist eines der am meist verbreiteten psychologischen Instrumente zur Messung der Stresswahrnehmung. Mit der PSS wird gemessen, inwieweit kritische Lebenssituationen als mehr oder weniger belastend eingeschätzt werden. Die Skala umfasst eine Reihe von direkten Fragen über das aktuelle Niveau des erfahrenen Stresses. Zudem erfassen weitere Fragen die Gründe von Stress, und zwar, wie unvorhersehbar, unkontrollierbar und überlastet die Befragten ihr Leben empfinden. Diese drei Punkte haben sich wiederholt als zentrale Komponenten des Stresserlebens erwiesen. Die Fragen sind so formuliert, dass sie von allgemeiner Natur und daher relativ frei von spezifischen Lebenssituationen sind. Die PSS eignet sich besonders gut zur Ermittlung von chronischem Stress unter lang andauernden Lebensumständen sowie von subjektiven Erwartungen bezüglich zukünftiger Ereignisse oder Entwicklungen.

Bei den zehn Fragen der PSS, die auf einer Skala von 0 (nie) bis 4 (oft) bewertet werden, geht es grundsätzlich um die Gefühle und Gedanken der Befragten während der letzten Monate. Die Menschen wurden also gefragt, wie oft sie sich in den letzten Monaten in einer bestimmten Weise gefühlt haben. Aufgrund vergangener Studien lässt sich das Stressniveau in drei Kategorien bzw. Normbereiche einteilen: 1) Geringes Stressniveau stellen

Mittelwerte zwischen 0 und 1,3 dar; 2) ein mittleres Stressniveau wird durch Mittelwerte zwischen 1,4 und 2,6 gekennzeichnet; in diesem Fall kann die persönliche Zufriedenheit und das Wohlbefinden bereits leicht bis ziemlich beeinträchtigt werden; 3) ein hohes Stressniveau oder eine Stressüberlastung bilden Werte zwischen 2,7 und 4,0 ab; hier wirkt sich das Stressempfinden stark auf die Zufriedenheit und das persönliche Wohlbefinden aus. Ein hohes Stressniveau kann auf die Dauer die körperliche und psychologische Gesundheit ernsthaft gefährden. Das „normale" oder geläufige Stressniveau in unserer westlichen Gesellschaft liegt in der Regel bei Mittelwerten von ca. 1,3–1,4 (Cohen et al., 1997).

In Abb. 8.1 werden die Mittelwerte des wahrgenommenen Stress-empfindens bei den dreizehn an der Umfrage teilnehmenden Ländern in abnehmender Reihenfolge präsentiert. Da die Samples keine repräsentativen Stichproben darstellen, geht es hier um eine allgemeine Einschätzung des generellen Stressempfindens als gering, mittel oder stark. Die zentrale Erkenntnis ist, dass sich die Stresswerte in all den untersuchten Ländern

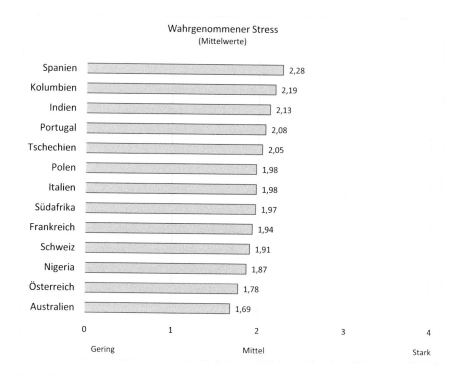

Abb. 8.1 Wahrgenommener Stress während der Corona-Pandemie nach Land (2020; N = 10.002)

offensichtlich innerhalb des mittleren Bereichs bewegen. Die allermeisten Menschen haben bis November 2020 ein Stressniveau empfunden, das deutlich über dem „normalen" Maß liegt, aber zu keiner schwerwiegenden Bedrohung ihrer körperlichen und psychischen Gesundheit geworden ist.

Dies darf allerdings nicht darüber hinwegtäuschen, dass es eine große Anzahl von Menschen gibt, die ernsthaft unter den damaligen Umständen gelitten haben. Konkret haben im Gesamtsample unserer Befragung um die 20 % der Menschen ein geringes, ca. 65 % ein mittleres und etwa 15 % ein hohes Stressempfinden gehabt. Allerdings ist die Verteilung je nach Land sehr unterschiedlich ausgeprägt. Während in Spanien und Kolumbien rund 28 % und in Portugal ca. 21 % der Befragten ein hohes Stressniveau empfanden, waren es in Australien und Nigeria lediglich 6 bis 7 %. Dies deutet nochmals darauf hin, dass die Ereignisse des Jahres 2020 in verschiedenen Ländern und Bevölkerungsgruppen sehr unterschiedliche Intensitäten und Auswirkungen auf die psychische Belastung gehabt haben.

Zur Veranschaulichung der Art von Fragen und der von den befragten Personen gegebenen Antworten werden in Abb. 8.2 vier ausgewählte Items zum empfundenen Stressniveau sowie zur Wahrnehmung von Unvorhersehbarkeit, Unkontrollierbarkeit und Überlastung am konkreten Beispiel der Schweizer Bevölkerung vorgestellt. Zudem sei gesagt, dass die Werte der Schweiz mit denen des gesamten internationalen Samples nahezu identisch sind.

Knapp über die Hälfte der Bevölkerung in der Schweiz hat sich während der letzten Monate des Jahres 2020 häufig nervös und gestresst gefühlt. Bei lediglich knapp 20 % war dies selten oder nie der Fall. Etwas 37 % der

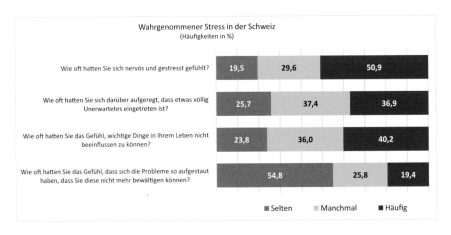

Abb. 8.2 Wahrgenommener Stress in der Schweiz (2020; N = 6968)

Bevölkerung war häufig und weitere 37 % manchmal mit unerwarteten Ereignissen konfrontiert. Bei ca. 26 % war dies selten der Fall. Rund 40 % der Menschen hatten häufig den Eindruck von Kontrollverlust, weil sie in den letzten Monaten wichtige Dinge im Leben nicht beeinflussen konnten. Allerdings hatten knapp 55 % der Studienteilnehmenden selten oder nie das Gefühl, dass sich die Probleme so aufgestaut haben, dass sie diese nicht mehr bewältigen konnten. Dieses Ergebnis zeugt bereits davon, dass viele Menschen über positive Widerstandsressourcen und wirksame Bewältigungsmöglichkeiten verfügten und damit die negativen Auswirkungen der Krise gut gemeistert haben.

Ein Vergleich zwischen den Geschlechtern offenbart, dass Frauen in nahezu allen Ländern eine signifikant höhere Stressbelastung empfanden als Männer (mit Ausnahme von Spanien). Der Grund dafür kann eine Mehrfachbelastung im Beruf und Haushalt sein. Allerdings haben Frauen bzw. Familien mit Kindern – entgegen unserer Vermutung – keine höheren Stresswerte aufgewiesen als Frauen und Familien ohne Kinder. Vor allem alleinerziehende Mütter (unverheiratet, getrennt, geschieden oder verwitwet) im Alter zwischen 18 und 39 berichteten über ein signifikant höheres Stressniveau.

Am stärksten ausgeprägt sind die Unterschiede, wenn man verschiedene Altersgruppen miteinander vergleicht. Abb. 8.3 zeigt anschaulich, wie das empfundene Stressniveau mit dem Alter kontinuierlich abnimmt,

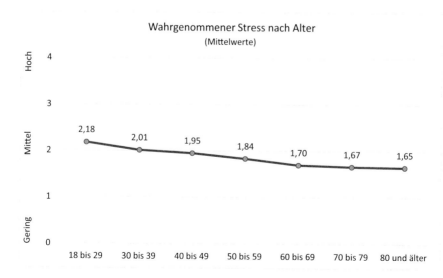

Abb. 8.3 Wahrgenommener Stress nach Alter (2020; N = 10.002)

obwohl rein körperlich gesehen für ältere Menschen die gesundheit-liche Bedrohung durch das COVID-19-Virus am stärksten ausgeprägt war (Risikogruppe). Dies ist der Fall, auch wenn sich in unserem Sample mit zunehmendem Alter das Verhältnis zwischen Männern und Frauen in Richtung Männer verschoben hat. In der statistischen Analyse unter Ein-bezug aller demografischen Variablen ist das Alter gefolgt vom Geschlecht der stärkste Prädiktor von wahrgenommenem Stress. Junge Frauen haben am stärksten und ältere Männer am wenigsten stark unter Stress gelitten.

Dieser Verlauf kann mehrere Gründe haben: 1) Mit zunehmender Lebenserfahrung werden kritische Situationen tendenziell weniger belastend wahrgenommen; 2) mit fortschreitendem Alter verfügen Menschen in der Regel über mehr materielle und soziale Ressourcen (Ersparnisse, materielle Güter, soziales Netzwerk etc.); 3) unter den jüngeren Generationen gibt es mehr Singles als verheiratete Personen; 4) jüngere Menschen zählen für ihre persönliche Entwicklung verstärkt auf ihr soziales Umfeld, welches während der Pandemie beeinträchtigt wurde.

9

Bewältigungsstrategien von Stress

Die Art und Weise, wie Menschen mit einer Krise umgehen, nennt man in der Psychologie Bewältigungsstrategien. Jeder Mensch besitzt verschiedene Möglichkeiten und Ressourcen für den Umgang mit einer Krise. Dabei kann zwischen problemfokussierten, emotionsfokussierten und dysfunktionalen Bewältigungsformen unterschieden werden. Die rund 10.000 befragten Personen konnten im Jahr 2020 an erster Stelle emotionsfokussierte Bewältigungsstrategien wie Akzeptanz der Situation und positive Neubewertung anwenden. Diese halfen bei der Lösung unerwarteter Probleme und schwieriger Situationen durch eine bewusste und aktive Selbststeuerung, Planung und Bewältigung. In Ländern außerhalb Europas waren soziale Unterstützung und religiöse Praktiken viel stärker ausgeprägt als in Europa. Frauen konnten etwas besser als Männer positiv auf die belastenden Situationen reagieren und die Unterstützung von anderen Personen annehmen. Nur eine Minderheit der Bevölkerung griff auf negative Praktiken wie Selbstvorwürfe, Alkoholkonsum, Verneinung und Desinteresse zurück.

9.1 Der Umgang mit Stress

Die Bewältigung von Stress ist ein dynamischer Prozess, der sich an immer neue Gegebenheiten anpasst und das Denken, Fühlen und Handeln der Menschen beeinflusst. Eine als Gefahr wahrgenommene Situation kann sich in eine Herausforderung verwandeln, wenn wir die Schwierigkeiten annehmen, Lösungen dafür suchen und konstruktiv damit umgehen. Solange etwas lediglich als Bedrohung wahrgenommen wird, entstehen negative Emotionen wie Angst und Sorge, was eine innere Blockade verursachen kann. Sobald die Bedrohung als Herausforderung neu interpretiert wird, werden neue Optionen erkundet und Lösungsansätze gesucht.

Die Art und Weise, wie Menschen mit Stress umgehen, nennt man in der Psychologie Bewältigungs- oder Coping-Strategien. Unter Bewältigung versteht man eine Reaktion zur Linderung des Stresses. Das wahrgenommene Stressniveau im Menschen wird – wie wir bereits gesehen haben – von zwei Empfindungen beeinflusst: 1. Als wie bedrohlich eine bestimmte Situation subjektiv eingeschätzt wird und 2. welche Widerstandsressourcen und Bewältigungsmöglichkeiten man zum Umgang mit der Situation zur Verfügung hat. Belastende und herausfordernde Ereignisse werden im Lichte der verfügbaren Bewältigungsmöglichkeiten bewertet und behandelt. Je positiver und stärker wir unsere Bewältigungsmöglichkeiten einschätzen, desto weniger bedrohlich erscheint die Situation und desto geringer ist das Stressempfinden.

Wenn wir unsere Bewältigungsressourcen effektiv mobilisieren und einsetzen, können bisher als Gefahr empfundene Situationen auf einmal als überwindbare Herausforderungen wahrgenommen werden. Stressbewältigung bedeutet, dass wir die Umstände, die wir erleben, oder die Art und Weise, wie wir diese betrachten, verändern können. Als belastend oder bedrohlich empfundene Situationen können wir durch unsere Einstellung, unsere Denkweise und unsere konkreten Handlungen bewältigen.

Der Umgang mit Stress kann grundsätzlich kognitiver (Wie denken wir über die Situation?), emotionaler (Wie können wir negative Gefühle reduzieren und positive Gefühle erzeugen?) und verhaltensbezogener (Was können wir in dieser Situation tun?) Natur sein (Carver et al., 1989). Zum Einsatz kommen dabei zwei verschiedene Arten von Bewältigungsstrategien: die problemfokussierte und die emotionsfokussierte Bewältigung.

Bei der problemfokussierten Bewältigung werden die Bedingungen und Situationen durch konkrete Aktivitäten positiv gestaltet. So werden die externen Rahmenbedingungen, die als belastend oder bedrohlich empfunden werden, durch unser Handeln aktiv beeinflusst.

Mit der emotionsfokussierten Bewältigung werden die Sichtweise, die Bewertung und die innere Einstellung umgeformt, sodass eine bestimmte Situation weniger belastend oder bedrohlich erscheint, womit negative Gefühle wie Angst und Sorge verblassen und Schritt für Schritt Raum für bessere und schönere Gefühle wie Mut und Zuversicht entstehen.

Es gibt allerdings nicht nur positive, sondern auch negative Bewältigungsformen. Während beispielsweise die Suche nach sozialer Unterstützung eine positive Reaktion darstellt, hat der übermäßige Alkoholkonsum zur Ablenkung von Sorgen und Problemen meistens negative Auswirkungen.

9.2 Bewältigungsstrategien während der COVID-19-Pandemie

Im November 2020 befragten wir die Bevölkerung über ihre Bewältigungsstrategien während der Pandemie. Das im Hoffnungsbarometer benutzte mehrdimensionale Coping-Inventar von Carver (1997) enthält 14 verschiedene Bewältigungsstrategien, die den drei oben genannten Kategorien zugeordnet werden. In den meisten Fällen können Menschen auf alle Bewältigungsstrategien zurückgreifen. Die problemorientierte Bewältigung kommt dann zum Einsatz, wenn die Person den Eindruck hat, sie könne etwas Konstruktives tun, um die Situation und die Quellen von Stress zu beeinflussen. Die emotionsorientierte Bewältigung überwiegt, wenn Menschen das Gefühl haben, vorerst nichts Konkretes gegen die Situation unternehmen zu können, aber gleichzeitig sich von der gegebenen Situation nicht erdrücken oder entmutigen lassen möchten. Die dritte Kategorie enthält sog. dysfunktionale Strategien, die das Problem in der Regel weder lösen noch dazu führen, dass man sich selber besser fühlt.

Im Detail werden die 14 Bewältigungsstrategien wie folgt beschrieben (Carver et al., 1989):

Bewältigungsstrategien

Problemfokussierte Bewältigungsstrategien

Aktive Bewältigung
Es werden aktiv Maßnahmen ergriffen, die eine bestimmte Situation verändern oder die negativen Auswirkungen mildern können.

Planung
Solange man noch keine konkreten Maßnahmen ergreifen kann, können mögliche Handlungsstrategien und zukünftige Schritte überlegt und geplant werden.

Selbststeuerung
Man fokussiert sich auf Dinge, die man beeinflussen oder tun kann (z. B. die eigenen Aufgaben in der Familie oder in der Arbeit). Damit wird das Problem zwar nicht unmittelbar gelöst, aber der Fokus wird auf das aktuell Machbare gerichtet.

Instrumentelle Unterstützung

Hier geht es um die Suche nach konkreter Unterstützung von anderen Menschen. Dies kann materieller Natur sein (z. B. Geld) oder sich auf die tatkräftige Hilfe bei der Bewältigung konkreter Aufgaben beziehen (z. B. Kinderbetreuung).

Emotionsfokussierte Bewältigungsstrategien

Emotionale Unterstützung

Die andere Form sozialer Unterstützung zielt auf die emotionale Ermunterung oder den persönlichen Beistand ab. Menschen brauchen in schwierigen Situation ein offenes Ohr, Verständnis und menschliche Nähe.

Akzeptanz

Die Realität wird so angenommen, wie sie ist, was meistens die Voraussetzung für einen aktiven und konstruktiven Umgang damit ist. Akzeptanz heißt daher nicht, dass man sich damit abfindet und sozusagen kapituliert. Das Gegenteil von Akzeptanz ist Verneinung.

Positives Refraiming (positive Neubewertung)

Es findet eine positive Neubewertung der Situation statt, ohne dass damit die negativen Aspekte geleugnet werden. Beispielsweise werden nicht nur die Probleme, sondern auch die Chancen in der Situation gesehen.

Humor

Man nimmt die Situation mit einer Prise heiterer Gelassenheit. Der Humor muss allerdings gesund und nicht schwarz oder fatalistisch sein.

Religion

Für einige Menschen sind der Glaube an Gott oder eine höhere Macht und die Zugehörigkeit zu einer religiösen Gemeinschaft wertvolle Ressourcen zur Bewältigung von Krisensituationen.

Dysfunktionale Bewältigungsstrategien

Disengagement

Disengagement ist genau das Gegenteil von Engagement und ein Ausdruck von Mut- und Hilfslosigkeit. Man verzichtet auf jeglichen Versuch, etwas zu verändern oder bestimmte Ziele zu erreichen.

Dampf ablassen
Negative Gefühle werden zugelassen und offen gezeigt. Eine solche Reaktion kann zeitweise nützlich sein, wenn sich die Person damit erleichtert fühlt. Über einen längeren Zeitraum überwiegen in der Regel die negativen Folgen.

Verneinung
Manchmal kann Wegschauen einen positiven Effekt haben, z. B. indem man sich weniger Sorgen über die Zukunft macht. Meistens schafft aber das Verneinen einer Realität nur noch zusätzliche Probleme, vor allem, wenn nichts unternommen wird, was die Situation verbessern könnte.

Selbstvorwürfe
In gewissen Situationen suchen manche Menschen die Ursachen für ihre Probleme nur bei sich selbst und fühlen sich daher schuldig. Vor allem, wenn das Selbstwertgefühl gering ist, neigen Menschen zu Selbstvorwürfen („Hätte ich nur nicht …").

Alkoholkonsum und Konsum anderer Rauschmittel
Bei Angst, Sorgen, Kontrollverlust und Überforderung greifen Menschen manchmal zu übermäßigem Konsum von Alkohol und anderen Rauschmitteln. Damit wird die Situation (die eigene Gesundheit, die sozialen Beziehungen etc.) in der Regel nur noch verschlechtert.

In Abb. 9.1 werden die Mittelwerte der 14 Bewältigungsstrategien für die Ländergruppen Europas und außerhalb Europas präsentiert. Die meisten Menschen haben während der Pandemie-Krise vor allem funktionale und nur wenige Personen dysfunktionale Bewältigungsstrategien wie Disengagement, Verneinung, Selbstvorwürfe und Alkoholkonsum gewählt. Akzeptanz, positive Neubewertung, aktive Bewältigung, Planen und Selbststeuerung sind die meistgenannten Bewältigungsstrategien in beiden Ländergruppen.

Um besser verstehen zu können, was diese Mittelwerte konkret bedeuten, gehen wir in Abb. 9.2 auf die Antworthäufigkeiten ausgewählter Aussagen ein. Drei Viertel der befragten Personen lernten, mit den belastenden Situationen während der Pandemie umzugehen. Zudem haben rund 60 % die Dinge von einer positiveren Seite betrachtet. Was die emotionale Unterstützung angeht, hat sich in unserem Sample je ca. ein Drittel kaum, etwas bis hin zu ziemlich von einem anderen Menschen getröstet und verstanden gefühlt. Etwa ein Viertel der befragten Personen (vor allem in nicht europäischen Ländern) hat regelmäßig Hilfe und Rat bei anderen Menschen gesucht.

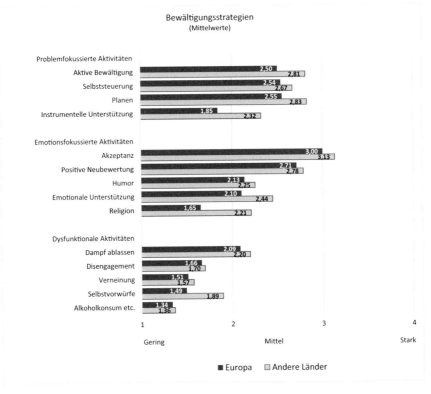

Abb. 9.1 Bewältigungsstrategien während der Corona-Pandemie (2020; N = 10.230)

Abb. 9.2 Umgang mit der Corona-Pandemie (2020; N = 10.230)

Ein Blick auf die unterschiedlichen Bewältigungsformen in Abb. 9.1 verrät einige Gemeinsamkeiten sowie auch bemerkenswerte Unterschiede zwischen den beiden Ländergruppen. Die emotionsfokussierten Bewältigungsstrategien der Akzeptanz und der positiven Neubewertung wurden ähnlich prominent von beiden Ländergruppen bevorzugt. In den nicht europäischen Ländern haben sich die Menschen anscheinend deutlich stärker aktiv engagiert (oder engagieren müssen), was die höheren Werte bei der aktiven Bewältigung und der Planung zukünftiger Aktivitäten verdeutlichen. Die signifikant höheren Werte können ein Hinweis für die stärkere Betroffenheit der Menschen in diesen Ländern sein. Vermutlich mussten die Menschen in Ländern wie Kolumbien und Indien sich noch aktiver mit den Folgen der Krise beschäftigen und individuelle Lösungen suchen, insbesondere wenn sie selbst über weniger finanzielle Reserven verfügten und der Staat kaum Ressourcen für Härtefälle bereitstellen konnte.

Besonders auffallend sind die signifikanten Unterschied bei den sozialen Bewältigungsstrategien. Personen in den außereuropäischen Ländern konnten oder mussten viel intensiver auf die praktische (instrumentelle) und emotionale Unterstützung anderer Menschen zurückgreifen. Die gegenseitige Hilfe, sei es im finanziellen Bereich, bei alltäglichen Aktivitäten wie das Einkaufen, die Pflege älterer Menschen und die Kinderbetreuung oder auch der emotionale Beistand in schwierigen Situationen durch persönliche Anteilnahme und Verfügbarkeit waren in den Ländern außerhalb Europas kulturell bedingt oder notgedrungen deutlich ausgeprägter. Dies gilt auch für den Bereich der Religion. Der religiöse oder spirituelle Glaube und die Zugehörigkeit zu einer religiösen Gemeinschaft waren in den Ländern wie Nigeria, Südafrika, Indien und Kolumbien wertvolle Ressourcen zur Bewältigung der Krise. Zu den emotionalen Reaktionen gehören allerdings auch die vermehrten Selbstvorwürfe, die sich eindeutig negativ auf das Stressempfinden auswirken.

Die nächste Frage lautet: Gingen Männer und Frauen unterschiedlich mit dem erlebten Stress um? Die Antwort darauf lautet ja und nein. Männer und Frauen haben die aktuelle Situation nahezu gleichermaßen angenommen, und beide Geschlechter sind bei der aktiven Lösung anstehender Probleme und Herausforderungen engagiert vorgegangen oder haben weiterführende Aktivitäten geplant. Die wesentlichen Unterschiede beziehen sich auf die emotionsfokussierten Bewältigungsformen. Frauen haben häufiger als Männer die erlebten Situationen in einem positiveren Lichte gesehen, und sie haben auch verstärkt praktische und emotionale Unterstützung von anderen Menschen angenommen. Der religiöse Glaube und die Glaubensgemeinschaft waren für Frauen ebenso wichtiger als für Männer. Zudem konnten Frauen auch etwas häufiger Dampf ablassen und ihre negativen Emotionen wie Frust, Überforderung, Sorgen etc. zum Ausdruck bringen.

9.3 Bewältigungsstrategien und Stressempfinden

Wie wichtig und wirksam die emotionsfokussierten Bewältigungsstrategien sind, konnte mit weiteren statistischen Analysen untermauert werden. In Abb. 9.3 werden die Zusammenhänge der verschiedenen Bewältigungsformen mit dem empfundenen Stressniveau dargestellt. Negative Werte stellen einen gegenläufigen und positive Werte einen gleichläufigen Zusammenhang dar. Unabhängig von Land, Alter, Geschlecht, Familienstand, Ausbildungsniveau und von der beruflichen Position sind zuallererst die positive Einstellung und die Akzeptanz die zwei stärksten Faktoren im Zusammenhang mit einem geringeren Stressempfinden. Die dysfunktionalen Bewältigungsstrategien wie Selbstvorwürfe, Alkohol-

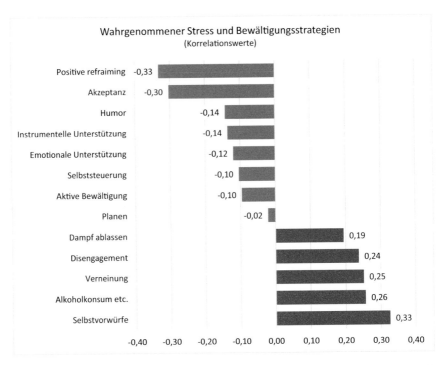

Abb. 9.3 Korrelationswerte zwischen dem wahrgenommenen Stress und den Bewältigungsstrategien (2020; N = 10.230)

konsum, Verneinung, Disengagement und Dampf ablassen haben den wahrgenommenen Stress deutlich verstärkt und möglicherweise bei den betroffenen Menschen eine Negativspirale in Gang gesetzt: Je höher der Stress, desto stärker die negativen Reaktionen, was wiederum zu mehr Stress führte usw.

Dies bedeutet grundsätzlich Folgendes: Man kann und muss die Realität schonungslos und in all ihrer Härte anerkennen und gleichzeitig positive Aspekte und neue Möglichkeiten identifizieren. Dadurch, dass viele Menschen nicht nur die belastenden, sondern auch die guten Seiten oder die neuen Chancen der Situation erkannt und genutzt haben (mehr Zeit für die Familie und für Hobbys, die Definition neuer Prioritäten, die Entwicklung neuer Interessen etc.), konnten sie ihre Einstellung zu den Ereignissen verbessern und die Situation als weniger bedrohlich oder belastend empfinden. Die niederschlagende Bedrohung wandelte sich zur überwindbaren Herausforderung, mit der man konstruktiv umgehen konnte. Die emotionsfokussierten Strategien sind deswegen so wichtig, weil sie meistens die Voraussetzung für die problemfokussierten Bewältigungsformen wie Engagement, Planung und Selbststeuerung sind. Anders gesagt: Wenn wir eine Situation verändern wollen, müssen wir diese zuerst annehmen und verstehen und dann unsere Einstellung ihr gegenüber verändern.

Ob die Menschen eher gut oder schlecht mit der Situation umgehen konnten, veranschaulichen auch die Zusammenhänge der einzelnen Bewältigungsstrategien mit dem Niveau der wahrgenommenen Hoffnung, des Wohlbefindens, der Einschätzung der eigenen Selbstwirksamkeit und der Empfindung von Angst und Niedergeschlagenheit (Symptome von Depression). Unabhängig vom Land, Geschlecht, Alter, Familienstand, beruflichen Status und Ausbildungsniveau besteht ein starker positiver Zusammenhang zwischen einer positiven Haltung (positiver Neubewertung) und dem Gefühl der Hoffnung sowie dem Wohlbefinden und der empfundenen Selbstwirksamkeit. Menschen, die eine konstruktive Haltung den Ereignissen gegenüber entwickelt haben, konnten auch positiver in die Zukunft schauen, haben sich glücklicher und ausgeglichener gefühlt und haben sich selbst auch mehr zugetraut. Ähnliche Effekte haben auch die Akzeptanz und die aktive Bewältigung gezeigt. Dagegen waren Angst und Niedergeschlagenheit vor allem mit Selbstvorwürfen, Alkoholkonsum, Verneinung und mangelndem Engagement verbunden.

Wie stressig Menschen belastende Situationen empfinden, hängt sowohl von den konkreten Ereignissen als auch von ihrer subjektiven Einschätzung ab sowie von den Widerstandsressourcen, über die sie zu deren Bewältigung verfügen. Zusammengefasst kann gesagt werden, dass viele Menschen in unserer Befragung konstruktiv mit der Krise umgehen konnten. Sie haben diese als solche annehmen, eine positive Haltung entwickeln und aktiv Lösungen für die anstehenden Herausforderungen finden können. Nur eine Minderheit hat eher schädliche Verhaltensweisen entwickelt wie Disengagement, Verneinung, Selbstvorwürfe und Alkoholkonsum. Frauen konnten stärker auf emotionale Unterstützung zurückgreifen und sich auf die positiven Aspekte der Situation fokussieren. Das emotionale Coping durch Akzeptanz und positives Reframing (positive Neubewertung) hat in der Regel Vorrang und ist meistens die Voraussetzung für problemorientierte Bewältigungsstrategien wie aktive Bewältigung, Planung und Selbststeuerung. Emotionale Bewältigungsstrategien wie soziale Unterstützung, positives Reframing und Religion werden häufiger von Frauen und von Personen in Ländern wie Südafrika, Nigeria, Indien und Kolumbien angewandt.

Wir dürfen eine Krise nicht ignorieren, aber auch nicht in Panik verfallen. Wenn wir so tun, als wäre alles in Ordnung, verleugnen wir unsere Sorgen und Ängste, d. h., wir kehren sie unter den Teppich, als wären sie gar nicht vorhanden. Dies kann für kurze Zeit hilfreich sein, aber auf die Dauer kann es verheerende Folgen haben. Dadurch werden die Ursachen der Krise nicht verschwinden, sondern ganz im Gegenteil, durch das Praktizieren von „mehr desselben" werden das Ausmaß und die Folgen der Krise noch verstärkt. Aus diesem Grund ist es wichtig, dass wir den Ernst der Lage anerkennen, eine konstruktive Haltung entwickeln und rechtzeitig neue Strategien zu deren Vermeidung und Bewältigung in die Wege leiten. Sobald neue Lösungen erscheinen, wird die bedrohliche Situation wieder mit Zuversicht betrachtet.

10

Hoffnung in der Krise

Für die Bewältigung der Krise hat das Phänomen der Hoffnung eine besondere Bedeutung. Von den Ende 2020 befragten Personen gaben mehr als drei Viertel an, Hoffnung sei wichtig für ihr Leben. Zudem berichtete mehr als die Hälfte, dass in ihrem Leben die Hoffnungen gegenüber den Ängsten überwiegen und sie auch in schwierigen Zeiten hoffnungsvoll bleiben können. Anders als die Hoffnung in Bezug auf gesellschaftliche Zusammenhänge ist die Hoffnung in Bezug auf das eigene Leben in allen Ländern überdurchschnittlich stark ausgeprägt. Menschen in Ländern außerhalb Europas (z. B. Nigeria, Israel, Indien, Südafrika) fühlen sich hoffnungsvoller als Menschen in Europa. Mit dem Alter nimmt die Hoffnungsfähigkeit kontinuierlich zu. Obwohl Frauen in 2020 eine höhere Stressbelastung erlebt haben, unterscheidet sich ihr Hoffnungsniveau nicht von dem der Männer. Die wichtigsten Quellen von Hoffnung sind die Unterstützung von Familie und Freunden, schöne Erlebnisse in der freien Natur und die Erfahrung, Gutes zu tun für einen sinnvollen Zweck. Menschen in nicht europäischen Ländern schöpfen vermehrt Hoffnung im Glauben an Gott und im Gebet.

10.1 Bedeutung von Hoffnung

Vor dem Hintergrund der belastenden Ereignisse und den zur Verfügung stehenden Ressourcen während des Pandemie-Jahres 2020 haben wir die Menschen nach ihrem Hoffnungsempfinden gefragt. Wir wollten wissen, welche Bedeutung Hoffnung für sie hatte, wie hoffnungsvoll sie waren, welche Einstellung sie der Zukunft gegenüber annahmen und was ihnen am meisten Hoffnung gegeben hat, d. h. wir fragten sie über ihre Quellen der Hoffnung. Was Hoffnung konkret bedeutet und welche Aspekte die

© Der/die Autor(en), exklusiv lizenziert durch Springer-Verlag GmbH, DE, ein Teil von
Springer Nature 2022
A. Krafft, *Unsere Hoffnungen, unsere Zukunft,*
https://doi.org/10.1007/978-3-662-64289-4_10

Hoffnung der Menschen beflügeln, werden im im dritten Teil des Buches vertieft behandeln.

Zur Erhebung von Hoffnung wurden zwei validierte Instrumente benutzt: die Perceived Hope Scale (Krafft et al., 2017) und der Herth Hope Index (Herth, 1992). In Abb. 10.1 werden die Antworten auf ausgewählte Fragen zur wahrgenommenen Hoffnung vorgestellt. Für mehr als drei Viertel der Menschen ist Hoffnung wichtig für ihr Leben. Bei rund 60 % der befragten Personen waren auch inmitten der Pandemie die Hoffnungen stärker als die Ängste. Mehr als die Hälfte bis nahezu zwei Drittel konnten auch in schwierigen Zeiten hoffnungsvoll bleiben. Allerdings ist für rund 20 % der befragten Personen (in Portugal und Kolumbien bis zu einem Drittel) dies alles eher nicht der Fall. Diese Personengruppe war wenig hoffnungsvoll und schaute eher ängstlich in die Zukunft, was wiederum mit einem höheren Stressniveau und mehr Angst verbunden war.

Diese Ergebnisse bezogen auf die schwierige und unsichere Situation Ende des Jahres 2020 sind ein Hinweis für die große Bedeutung und Stärke

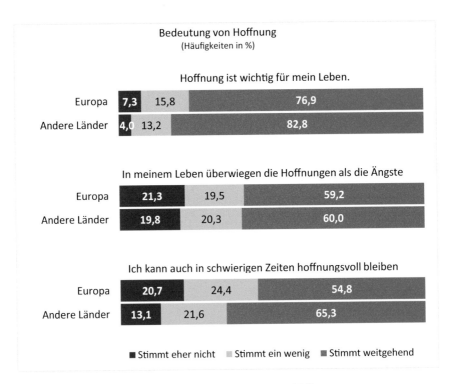

Abb. 10.1 Die Bedeutung von Hoffnung (2020; N = 10.230)

der Hoffnung und zeugen von einer ausgeprägten Hoffnungsfähigkeit vieler Menschen in der Krise.

10.2 Wahrgenommene Hoffnung

Wie sich die Hoffnung zwischen Ende 2019 und Ende 2020 entwickelt hat und welche Länder besonders hoffnungsvoll waren, sehen wir in der kommenden Abb. 10.2. Auf einer Skala von 0 (stimmt gar nicht) bis 5 (stimmt voll und ganz) zeigen alle Länder einen mittleren Wert von wahrgenommener Hoffnung zwischen 3 (eher hoffnungsvoll) bis 4 (ziem-

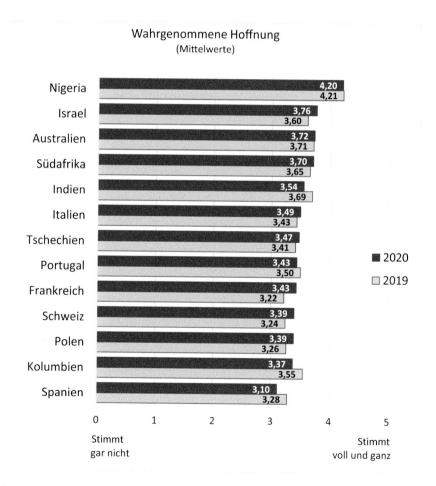

Abb. 10.2 Wahrgenommene Hoffnung 2019–2020 nach Land (N = 10.230 und N = 10.907)

lich hoffnungsvoll). Konkret haben rund 70 % der befragten Personen eine mittelstark bis stark ausgeprägte Hoffnung im Jahr 2020 empfunden. Die höchsten Hoffnungswerte wurden in Nigeria, Israel, Australien, Südafrika und Indien verzeichnet und die niedrigsten in Spanien, Kolumbien, Polen und der Schweiz. Im Vergleich zum Jahr 2019 haben Ende 2020 die Menschen in der Tschechischen Republik, Italien, Südafrika, Australien und Nigeria ähnliche, in Frankreich, der Schweiz, Polen und Israel leicht höhere und in Spanien, Kolumbien, Indien und Portugal leicht niedrigere Hoffnungswerte gehabt. Diese Ergebnisse dürfen allerdings nur als grobe Einschätzung und nicht als repräsentativ betrachtet werden.

Während zwischen Männern und Frauen trotz der stärkeren Stressbelastung von Frauen keine signifikanten Unterschiede festgestellt wurden, waren das Alter und der Familienstand die zwei wesentlichen demografischen Variablen (Prädiktoren) in Zusammenhang mit Hoffnung. Frauen haben signifikant höhere Stresswerte als Männer, aber dank stärkerer Bewältigungsressourcen wie positives Refraiming (positive Neubewertung), Selbststeuerung und emotionale Unterstützung die Hoffnung behalten können. Zudem haben Frauen signifikant spürbarere Veränderungen bei der Freundlichkeit und Hilfsbereitschaft gegenüber anderen Menschen wahrgenommen (siehe Kap. 11).

Wie in Abb. 10.3 ersichtlich wird, nimmt die Hoffnung mit dem Alter kontinuierlich zu. Auch dieses Ergebnis scheint im Jahr 2020, in dem ältere Menschen von der Pandemie stärker bedroht waren als jüngere Personen, paradox zu sein. Dies ist es allerdings nicht. Mit dem Alter nehmen zwar

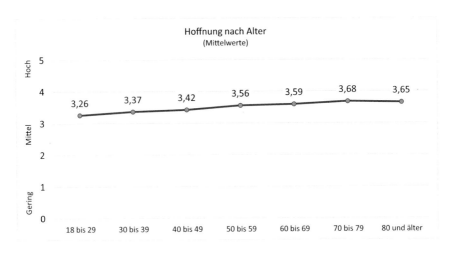

Abb. 10.3 Wahrgenommene Hoffnung nach Alter (2020; N = 10.230)

die gesundheitlichen Gefährdungen, aber ebenso die Lebenserfahrung, die persönlichen Fähigkeiten, die Bewältigungsmöglichkeiten und damit auch die positive Sicht in die Zukunft zu. Zudem haben junge Menschen stärker unter den Lockdowns und der sozialen Distanzierung und Isolation gelitten.

Das Alter ist die eine Komponente, die familiären Beziehungen sind die andere. Verheiratete und verwitwete Personen sind generell hoffnungsvoller als Alleinstehende bzw. Singles. Während bei den verwitweten Personen meistens das Alter (bzw. die Lebenserfahrung) ausschlaggebend für die Hoffnung ist, genießen verheiratete Personen die fürsorgliche soziale und emotionale Unterstützung des Partners und der Familie. Vor allem in Familien mit Kindern ist die Hoffnung besonders stark ausgeprägt.

Wie wichtig die Hoffnung in Krisensituationen ist, zeigen die Zusammenhänge zwischen Hoffnung und den Strategien zur Bewältigung von Stress. Grundsätzlich korreliert Hoffnung stark negativ mit den Gefühlen von Angst und Sorge. Daher wählen hoffnungsvolle Menschen häufiger konstruktive Bewältigungsstrategien wie positives Refraiming,

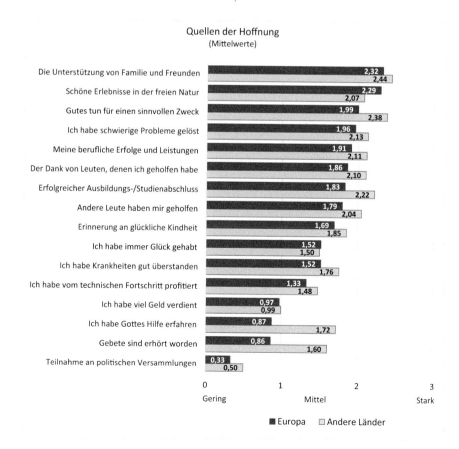

Abb. 10.4   Quellen der Hoffnung (2020; N = 10.230)

Akzeptanz, aktives Coping und Planung und viel seltener dysfunktionale Strategien wie Disengagement, Selbstvorwürfe, Verneinung und Alkoholkonsum, welche einen positiven Zusammenhang mit Angst und Sorge aufweisen.

10.3 Quellen der Hoffnung

Im November 2020 wollten wir ebenfalls erfahren, welche Erlebnisse und Erfahrungen die Hoffnung der Menschen während der Pandemie besonders gestärkt haben. Zu den Quellen von Hoffnung werden im Allgemeinen persönliche Fähigkeiten, soziale Beziehungen, positive Erfahrungen und der religiöse oder spirituelle Glaube gezählt (Krafft, 2019; Krafft & Walker, 2018).

In Abb. 10.4 stechen die Unterstützung von Familie und Freunden sowie schöne Erlebnisse in der freien Natur deutlich hervor. Gerade während des Lockdowns haben viele Menschen vor allem in Europa erneut erfahren, was für ein großer Kraftspender die Natur, mit ihren Seen, Bergen, Wäldern und Wiesen, ist. In der Natur finden viele Menschen Ruhe und die Verbindung zu einem größeren Ganzen. Gleichzeitig wurde den meisten Menschen

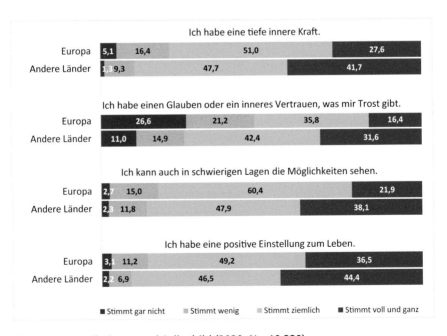

Abb. 10.5 Grundhaltung und Selbstbild (2020; N = 10.230)

nochmals bewusster, wie wichtig soziale Beziehungen, insbesondere die Familie und die engsten Freunde, im Leben sind.

Als weitere Quellen von Hoffnung erscheinen als Nächstes die persönlichen Fähigkeiten und die positiven Erfahrungen, die mit Hilfsbereitschaft, guten Taten sowie Dankbarkeit zusammenhängen. Von geringerer Bedeutung sind (wie bereits in den vergangenen Jahren) das Geld, religiöse Erfahrungen und politisches Engagement. Dies soll allerdings nicht heißen, dass Geld unwichtig sei. Im Vergleich zu anderen Quellen von Hoffnung ist Geld aber von nachgelagerter Bedeutung. In den Ländern außerhalb Europas erlebt man beispielsweise den Wert guter Taten für einen sinnvollen Zweck als auch einen erfolgreichen Ausbildungs- oder Studienabschluss als wichtigere Quellen von Hoffnung.

Zwei wesentliche Aspekte von Hoffnung, die im dritten Teil des Buches insbesondere in Kap. 13 noch näher erläutert werden, sind die persönliche Einstellung sowie der Glaube und das Vertrauen. Wie positiv die innere Einstellung und wie stark das Vertrauen der befragten Personen ausgeprägt sind, zeigen die Ergebnisse in Abb. 10.5. Knapp 79 % der Menschen in Europa und 89 % außerhalb empfinden eine tiefe innere Kraft. Ebenso eine große Mehrheit hat eine positive Einstellung zum Leben und kann auch in schwierigen Lagen neue Möglichkeiten sehen. In den Ländern außerhalb Europas, insbesondere in Afrika und Indien, schöpfen die Menschen Hoffnung aus ihrem religiösen Glauben. Drei Viertel der Menschen außerhalb Europas haben einen ausgeprägten Glauben oder ein inneres Vertrauen, was ihnen Trost gibt. In Europa empfindet dies lediglich etwas mehr als die Hälfte der Menschen.

In vielen Gesprächen und Interviews wurden wir häufig mit der Annahme konfrontiert, im Jahr 2020 müsse die Hoffnung der Menschen zurückgegangen sein. Diese Annahme hat allerdings nicht durchgängig gestimmt. Bei der Bewältigung der vielfältigen familiären und beruflichen Herausforderungen haben die meisten Menschen selten die Hoffnung verloren. Die Mehrheit der Menschen hat mehr Hoffnungen als Ängste bewahrt und konnte auch in schwierigen Zeiten hoffnungsvoll bleiben.

Hoffnung ist allerdings weder blinder Optimismus noch eine fatalistische Haltung. Hoffnung ist nicht einfach ein gutes Gefühl, sondern eine positive Einstellung der Zukunft gegenüber. Im vollen Bewusstsein der Schwierigkeiten und Hindernisse ist Hoffnung der Wunsch nach einer besseren Zukunft, gepaart mit dem Glauben an zukünftige Möglichkeiten und das Vertrauen in die eigenen Fähigkeiten sowie in fremde Hilfe und Ressourcen.

Auch wenn es paradox erscheint: In Krisensituationen ist Hoffnung besonders wertvoll und ausgeprägt. In einer Krise oder in einer schweren

Lage fangen wir Menschen häufig erst an, bewusst zu hoffen. Aufgrund ihrer inneren Kraft und guter sozialer Beziehungen können Menschen auch in schwierigen Lagen neue Möglichkeiten für die Zukunft sehen. Somit ist Hoffnung eine persönliche Haltung, die der Mensch aufgrund seiner eigenen Möglichkeiten annehmen kann. Und was besonders wichtig ist: Hoffnung ist nicht nur von Bedeutung für die Zukunft, sondern sie verbessert in unsicheren und belastenden Zeiten die Lebensqualität im Hier und Jetzt.

11

Stressbedingtes Wachstum

Menschen, die eine stressige Situation im Leben erfolgreich bewältigt haben, können an den gemeisterten Herausforderungen das Phänomen des persönlichen Wachstums erleben. Nebst den vielen Belastungen und Ärgernissen haben infolge der Corona-Pandemie viele Menschen ebenso etliche positive Erfahrungen gemacht. Sie haben sich selbst und ihre eigenen Stärken besser kennengelernt und dadurch an Selbstvertrauen gewonnen. In vielen Fällen hat der fürsorgliche und hilfsbereite Umgang mit anderen Menschen eine neue Qualität in die sozialen Beziehungen gebracht. Es wurde erkannt, wie wichtig es ist, auf die Unterstützung anderer Menschen zählen zu können und selber auch für andere da zu sein. Viele Menschen, vor allem in den nicht europäischen Ländern, entwickelten ein Gefühl der sozialen Zugehörigkeit und einer dankbaren Wertschätzung gegenüber den vielen kleinen guten Dingen im Leben. Es ist diese Art von Erfahrungen, die uns hoffnungsvoll stimmt und uns positiv in die Zukunft blicken lässt.

11.1 Bereiche inneren Wachstums

Die meisten Umfragen und Studien über die Auswirkungen kritischer Lebensereignisse, so auch in Zusammenhang mit der COVID-19-Pandemie, haben sich vor allem auf deren negativen Folgen fokussiert, wie z. B. auf körperliche und psychische Erkrankungen. Krisensituationen haben sowohl einen direkten als auch einen indirekten Einfluss auf die Menschen (Collins et al., 1990). Die direkten Auswirkungen sind primär negativ, weil sie Gefühle von Verletzlichkeit, Bedrohung, Verlust, Überforderung, Angst und Sorge auslösen. Die indirekten Auswirkungen erfolgen über die Reaktion der Person auf das Ereignis und können auch zu positiven Ergebnissen

© Der/die Autor(en), exklusiv lizenziert durch Springer-Verlag GmbH, DE, ein Teil von
Springer Nature 2022
A. Krafft, *Unsere Hoffnungen, unsere Zukunft*,
https://doi.org/10.1007/978-3-662-64289-4_11

führen, wie z. B. zur Anerkennung persönlicher Stärken oder zur Wertschätzung sozialer Beziehungen. Stressbedingtes Wachstum entsteht bei der Bewältigung stressiger Lebensereignisse.

Die Vorstellung, dass Menschen in Folge belastender Ereignisse auch positive Erfahrungen machen und daran wachsen können, ist seit einiger Zeit mehrfach empirisch belegt worden (Tedeschi & Calhoun, 1995). Stressbezogenes Wachstum geschieht vor allem dann, wenn Menschen konstruktiv mit den belastenden Ereignissen umgehen können. Mit stressbedingtem Wachstum werden die Erfahrungen von Menschen beschrieben, deren Entwicklung, zumindest in manchen Bereichen, die Lage vor dem Geschehen des Ereignisses übertrifft. Die Person hat sich nicht nur angepasst, sondern hat bedeutungsvolle persönliche Veränderungen wahrgenommen, die über den vorherigen Status quo hinausreichen. Dieses Wachstum ist nicht nur ein Zurück auf das gleiche Niveau wie vorher, sondern die Erfahrung einer positiven Entwicklung, die für manche Personen einen tief greifenden Charakter haben kann (Tedeschi & Calhoun, 2004).

Dieses innere Wachstum ist nicht eine direkte Folge der stressigen Ereignisse selbst, sondern ein Ergebnis des persönlichen Umgangs und der aktiven Auseinandersetzung mit diesen Ereignissen. Vergangene Studien haben gezeigt, dass stressbedingtes Wachstum am häufigsten auftritt, wenn Personen a) ein sehr belastendes Ereignis erleben, b) über ein hohes Maß an persönlichen und sozialen Ressourcen verfügen und c) konstruktive Bewältigungsstrategien anwenden (Ameli et al., 2001).

Tedeschi und Calhoun (1996, 2004) konnten aufgrund ihrer Untersuchungen fünf Bereiche von Wachstum nach einer belastenden Situation identifizieren und folgendermaßen beschreiben:

1. *Persönliche Stärke und Selbstwahrnehmung:* Menschen fühlen sich stärker und mit mehr Selbstvertrauen, weil sie wissen, dass sie mit schwierigen Situationen umgehen können; sie fühlen sich erfahrener; sie empfinden manchmal auch, dass sie innerlich gewachsen und zu besseren Menschen gereift sind.
2. *Beziehungen zu anderen Menschen:* Die Person erkennt, wie wichtig und wertvoll soziale Beziehungen sind; das Verhältnis zu Familienangehörigen wird tiefer und inniger; die Person kann engere und einfühlsamere Beziehungen zu anderen Menschen eingehen; sie empfindet mehr Fein- und Mitgefühl für andere; die Bereitschaft, zu helfen und Hilfe anzunehmen, nimmt zu.

3. *Neue Möglichkeiten:* Es werden neue Prioritäten im Leben gesetzt; man erkennt, was einem im Leben wirklich wichtig und wertvoll ist; es entwickeln sich neue Interessen; es eröffnen sich neue Wege und Perspektiven im Leben; das Leben bekommt eine neue Richtung; man möchte mehr Gutes im Leben tun und Dinge positiv verändern.

4. *Wertschätzung des Lebens und neue Lebensphilosophie:* Man betrachtet das Leben mit anderen Augen; man entwickelt eine neue Achtsamkeit und nimmt jeden Tag bewusster wahr; es wird einem klar, wie wertvoll das Leben ist; man empfindet Dankbarkeit für viele kleine und große Dinge im Leben; das Leben wird mit einer größeren Leichtigkeit genommen; man genießt jeden Augenblick und schätzt, was man hat.

5. *Spirituelles Wachstum:* Der eigene religiöse Glaube wird gestärkt; man entwickelt mehr Interesse und Verständnis für spirituelle Dinge; es findet eine stärkere Auseinandersetzung mit existenziellen Fragestellungen statt.

11.2 Stressbedingtes Wachstum während der COVID-19-Pandemie

In unserer Studie im November 2020 haben wir den Stress-Related-Growth-Fragebogen von Ameli et al. (2001) verwendet, mit dem wir sowohl positive als auch negative Auswirkungen während der Pandemie in den Bereichen Selbstwahrnehmung, Umgang mit anderen Menschen, persönliche Stärken, Optimismus, Umgang mit eigenen Emotionen (Affektregulation), Zugehörigkeit zu einer Gemeinschaft und Religiosität untersucht haben.

Bereiche von stressbedingtem Wachstum

Selbstwahrnehmung
Man akzeptiert sich so, wie man ist, und lässt sich weniger von externen Meinungen und Erwartungen beeinflussen.

Umgang mit anderen Menschen
Man begegnet anderen Menschen freundlicher, respektiert deren Gefühle und Überzeugungen und hilft ihnen in der Not.

Persönliche Stärken
Der Glaube an die eigenen Stärken, Kompetenzen und Fähigkeiten wird gestärkt, das Vertrauen in sich selbst nimmt zu, und man kann Entscheidungen selbstständig treffen.

Optimismus
Man kann Dinge auf positive Weise betrachten.

Affektregulation
Man lernt einen positiven Umgang mit negativen Gefühlen, ärgert sich weniger über die Dinge, die einem passieren, und lässt sich durch Kleinigkeiten nicht irritieren.

Zugehörigkeit
Man versteht sich als Teil einer Gemeinschaft von Menschen, die sich in schweren Zeiten um einen kümmert.

Religiosität
Der Glaube und das Vertrauen in Gott oder ein höheres Wesen nehmen zu.

Die Ergebnisse in Abb. 11.1 zeigen ein leicht positives Wachstum in nahezu allen Bereichen, allen voran im freundlichen Umgang mit anderen Menschen, der Wahrnehmung persönlicher Stärken, dem Optimismus und der Selbstwahrnehmung. In allen Kategorien haben die Menschen in den außereuropäischen Ländern über signifikant höhere Veränderungen im positiven Sinne berichtet. Am stärksten sind die Unterschiede im Umgang mit anderen Menschen, im Gefühl der Zugehörigkeit zu einer Gemeinschaft und im Bereich der Religiosität.

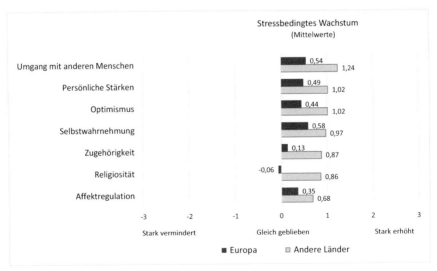

Abb. 11.1 Stressbedingtes Wachstum (2020; N = 10.230)

Was diese Ergebnisse im Detail ausdrücken, wird in Abb. 11.2 beispiel-haft verdeutlicht. Bei 45,5 % der befragten Personen hat sich durch die Krise das Selbstvertrauen leicht bis stark erhöht. Bei 41,5 % haben sich keine Änderungen ergeben, und bei lediglich 10,4 % hat das Vertrauen in sich selbst abgenommen. Diese Zahlen sagen nichts darüber aus, wie stark das Selbstvertrauen der Menschen tatsächlich ist, sondern lediglich, ob die Menschen aufgrund der Erfahrungen der letzten Monate eine Veränderung in sich selbst festgestellt haben.

Zudem empfinden 43,7 % der Befragten eine zunehmende Hilfsbereit-schaft gegenüber anderen Menschen. Nur 6 % haben den Eindruck, dass sie zurzeit anderen Menschen weniger hilfsbereit begegnen. Knapp ein Drittel nimmt positiver wahr, dass es Menschen gibt, die sich um sie kümmern.

Jede kritische Lebenserfahrung bringt nicht nur negative Folgen mit sich, sondern birgt auch Potenziale für persönliches und soziales Wachstum. Stressbedingtes Wachstum ist nicht lediglich das Gegenteil von Stress, sondern dessen Folge. Es sind die Interpretation und Sinngebung der neuen Realität nach der belastenden Situation, die persönliches Wachstum ermög-lichen. Erst mit einer fortschreitenden emotionalen Verarbeitung des Erleb-

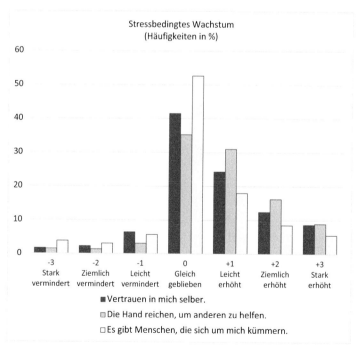

Abb. 11.2 Stressbedingtes Wachstum in verschiedenen Bereichen (2020; N = 10.230)

nisses können positive Veränderungen stattfinden (Linley & Joseph, 2011). Die positiven Folgen von Stress sind umso ausgeprägter, je mehr sich die Person mit der positiven Bewertung und der aktiven Bewältigung des Ereignisses beschäftigt. Vor allem, wenn Menschen die Hoffnung in die Zukunft nicht verlieren und positive Bewältigungsstrategien verwenden, können sie die eigene Situation verbessern und dabei innerlich daran wachsen. Auch während der COVID-19-Pandemie haben viele Menschen sich selber besser kennengelernt, den freundlichen und hilfsbereiten Umgang mit anderen Menschen weiterentwickelt und ihre persönlichen Stärken neu entdeckt.

Einen ähnlichen Wandel in den Köpfen der Menschen zeigt auch eine Studie des Schweizer Kompetenzzentrums FORS (Refle et al., 2020) im Frühjahr 2021. Die Welt nach der Pandemie ist für viele Menschen nicht mehr die gleiche. Vielen Menschen sind nach der Pandemie andere Dinge wichtiger als früher. Sie wünschen sich ein anderes Leben und wollen nicht zurück in die alte Normalität. Einige Menschen sind religiöser geworden, andere haben ihr Leben umorientiert, andere wiederum ihren Beruf gewechselt, und einige haben sogar eine eigene Firma gegründet. Besonders Menschen, die von der Pandemie hart getroffen wurden und ihre Arbeit verloren, haben im Nachhinein eine andere Vorstellung von einem guten Leben entwickelt.

11.3 Erkenntnisse aus der Krise

Die Corona-Pandemie hat die Menschen weltweit auf eine mittelstarke Stressprobe gestellt. Damit sollen die einschneidenden Veränderungen im Leben vieler Menschen und die teilweise tief greifenden Konsequenzen auf keinen Fall verharmlost werden. Selbstverständlich haben Millionen von Menschen (je nach Land bis zu einem Drittel der Bevölkerung) stark unter den gegebenen Umständen gelitten. Der Tod von Angehörigen, der Einkommensverlust, die soziale Trennung und vieles mehr haben viele Menschen hart getroffen. Diese Schicksale sind uns bewusst und wurden in den Medien auch gebührend hervorgehoben. Viele dieser Menschen haben konkrete materielle, soziale und auch psychologische Hilfe gebraucht. Die Werte und die Robustheit unserer Gesellschaft zeigen sich darin, in welchem Ausmaß hilfebedürftige Menschen das Mitgefühl, die Solidarität und die benötigte Unterstützung, sei es seitens des Staates oder auch ihres persönlichen, beruflichen und sozialen Umfeldes, erhalten.

Ein besonderes Augenmerk soll auf eine wenig beachtete Erkenntnis gerichtet werden. Auch wenn ein Großteil der Bevölkerung über mittlere bis höhere Stresswerte berichtete, konnten viele Menschen in ihrem Umfeld konstruktiv mit den Belastungen, den Schwierigkeiten und der Unsicherheit umgehen. Besonders Menschen, die auf robuste soziale Beziehungen zurückgreifen konnten (Familie, Freunde etc.), haben den allgemeinen Stress relativ gut bewältigen können. Vor allem ältere Menschen konnten aufgrund ihrer Lebenserfahrung und ihrer Bewältigungsressourcen besser mit dem Stress umgehen als jüngere Personen. Dies deutet auf eine gute Resilienz in weiten Teilen der Bevölkerung hin. Die meisten Menschen haben eine Krise wie die der Jahre 2020 und 2021 zum ersten Mal in ihrem Leben erfahren. Sie konnten aber auch erleben, dass sie durchaus in der Lage sind, solch herausfordernde Situationen gut zu meistern.

Solange man in der Krise steckt, wird die Situation als beängstigend und teilweise niederschmetternd erlebt. Insbesondere, wenn man über keine Erfahrung im Umgang mit Krisen verfügt, fühlt man sich überfordert und niedergeschlagen. Eine bessere Zukunft erscheint in weiter Ferne oder sogar unerreichbar. Wenn negative Gedanken und negative Gefühle sich einem bemächtigen, erlebt man alles um sich herum dunkel und schlecht. Nicht die negativen Folgen der Krise, die natürlich zu erwarten waren, sind für uns erhellend, sondern die Kraft und Resilienz, die Millionen von Menschen in dieser Situation entwickelt haben. Insofern kann uns diese Krise hoffnungsvoll stimmen. Die meisten Menschen konnten die belastenden und herausfordernden Situationen sowie die negativen Gedanken und Gefühle erfolgreich überwinden und neue Perspektiven für sich und ihre Familien schaffen. Was es dazu braucht, wird im dritten Teil dieses Buches erläutert.

Meistens sind Krisen die Voraussetzung für persönliches Wachstum, weil sie uns aus der Reserve locken und wir erfinderisch werden. Wenn sich in der Welt etwas grundsätzlich verändert hat, benötigt dies eine entsprechende Anpassung unserer Verhaltensmuster, wozu wir aber erst dann bereit sind, wenn es keine Alternative mehr zu geben scheint. Meistens müssen wir dann etwas ganz Neues ausprobieren, ohne zu wissen, ob es wirklich funktionieren wird. Dies gilt sowohl für das einzelne Individuum als auch für die Gesellschaft als Ganzes. Die prominentesten Quellen von Hoffnung sind die Natur sowie die Unterstützung von Familie und Freunden. Hier zeigt sich, wie wichtig unsere natürliche und soziale Umwelt für unsere eigene innere Kraft und Zukunftsgestaltung ist. Der Einsatz der eigenen Stärken und Fähigkeiten, um Gutes zu tun, sowie die Erfahrung von Hilfsbereitschaft und Dankbarkeit sind weitere Quellen von Hoffnung und die besten Voraussetzungen für emotionales, psychologisches und soziales Wohlbefinden.

Teil III

Zukunft gestalten

12

Was ist Hoffnung?

So wie Angst und Sorge ist auch die Hoffnung ein allgegenwärtiges und vielschichtiges Phänomen. Einerseits richtet sich die Hoffnung auf konkrete Wünsche und Ziele. Andererseits haben wir auch ein unspezifisches und grundlegendes Gefühl der Hoffnung im Leben, mit dem wir schwierige Situationen besser meistern können. Durch positive Gewohnheiten und Praktiken können wir unsere Hoffnung stärken. Hoffnung dient als Fundament für die persönliche Bereitschaft und Fähigkeit, sich zu engagieren und etwas zu unternehmen. Gleichzeitig beruht Hoffnung auf der Anerkennung unserer eigenen Grenzen und der Notwendigkeit, auf andere Menschen zu vertrauen. Zu den sechs wesentlichen Elementen der Hoffnung gehören 1. der Wunsch nach einem wertvollen Gut, 2. konkrete Ziele und Ideale, 3. der Glaube an neue Möglichkeiten, 4. das Bewusstsein über auftretende Schwierigkeiten, 5. das Vertrauen in eigene und fremde Fähigkeiten und 6. die Willenskraft zur Überwindung von Hindernissen und zur Verwirklichung unserer Hoffnungen.

12.1 Persönliche und gesellschaftliche Hoffnung

Seit einigen Jahren zeigen Studien in aller Welt eine große Diskrepanz zwischen den negativen Einschätzungen der Menschen in Bezug auf die Gesellschaft als Ganzes und den positiven Perspektiven bezüglich ihrer persönlichen Zukunft (Brunstad, 2002; Krafft, 2019; Nordensward, 2014; Rubin, 2002). Es besteht eine große Dissonanz zwischen was Menschen für ihr persönliches Leben erwarten und wie sie die globale Zukunft einschätzen: Optimismus in Bezug auf die persönliche Zukunft und Pessimismus bezüglich nationaler und globaler Entwicklungen.

© Der/die Autor(en), exklusiv lizenziert durch Springer-Verlag GmbH, DE, ein Teil von Springer Nature 2022
A. Krafft, *Unsere Hoffnungen, unsere Zukunft,*
https://doi.org/10.1007/978-3-662-64289-4_12

Wie bereits im ersten Teil dieses Buches gesehen, herrschte schon lange vor der Pandemie ein weit verbreitetes Gefühl der Krise sowie der politischen und gesellschaftlichen Perspektivenlosigkeit. Seit Jahrzehnten erleben wir terroristische Anschläge, Naturkatastrophen wie Erdbeben, Hurrikane und Überschwemmungen, globale Finanzkrisen, Flüchtlings-wellen und nun auch eine weltweite Pandemie. Allerdings sind es nicht nur die Ereignisse selbst, sondern die allgemeine Ratlosigkeit und Ohnmacht, die für die Krisen charakteristisch sind. Die Erlebnisse entwickeln sich zu einem Gefühl der allgegenwärtigen Ungewissheit, Unvorhersehbarkeit und Unsicherheit, weil man nicht weiss, wohin die Welt sich entwickeln wird oder entwickeln könnte. Weit entfernte Ereignisse haben unvorhergesehene lokale Folgen und lösen Gefühle der Unkontrollierbarkeit, Verletzlichkeit und Angst aus. Es ist nicht nur so, dass wir scheinbar nicht wissen, wohin wir gehen und wohin wir gehen könnten, sondern wir tappen auch im Dunkeln, wohin wir gehen sollten (Kleist & Jansen, 2016).

Diese generelle Unsicherheit stellt eine Krise der gesellschaftlichen Hoffnung selbst da, denn viele Menschen wissen nicht, wo sie neue Perspektiven für die Zukunft der Gesellschaft finden können. Gesellschaft-liche und ökologische Hoffnungslosigkeit beinhaltet die Überzeugung, dass die Mehrheit der Menschen ihr Verhalten nicht ändern und keine Fürsorge und Verantwortung für die Erde zeigen wird. Hoffnungslosigkeit bedeutet in diesem Fall Gleichgültigkeit und Rückzug. Es fehlt vielerorts der Glaube, dass Handeln einen Unterschied machen könnte, was wiederum dazu führt, dass notwendige Maßnahmen nur zögerlich ergriffen werden (Kretz, 2019). Somit ist Hoffnungslosigkeit sowohl die Ursache als auch die Folge von Gleichgültigkeit und Untätigkeit.

Möchte man positive Veränderungen bewirken, so ist Hoffnung für das notwendige Handeln unverzichtbar. Es ist gerade die Hoffnung, die gegen das kollektive Unbehagen, gegen Desillusionierung, gegen fatalistische Über-zeugungen bezüglich eines Mangels an Alternativen zur gegenwärtigen Situation und gegen pessimistische Prognosen aufmunternd wirken kann. An vielen Orten wird vermehrt die Frage nach dem Guten gestellt und der Wunsch nach einer besseren Welt entfacht (Kleist & Jansen, 2016; Kretz, 2019).

Hoffnung entsteht grundsätzlich, wenn Umstände als unbefriedigend empfunden werden (Lazarus, 1999). Ungewissheit und Unsicherheit sind zwar besorgniserregend, sie sind aber auch eine Voraussetzung für Hoffnung. Damit Hoffnungen auf eine bessere Zukunft überhaupt möglich sind, muss es ein gewisses Mass an Ungewissheit geben. Wir müssen uns dieser Unbestimmtheit bewusst werden und Bereitschaft zur Gestaltung der wünschenswerten Zukunft zeigen.

In den kommenden Kapiteln werden wir uns mit der Natur und den wesentlichen Voraussetzungen und Quellen von Hoffnung auf persönlicher und gesellschaftlicher Ebene auseinandersetzen. Wir werden eine pragmatische Perspektive einnehmen und uns mit Fragen beschäftigen über den existenziellen Wert der Hoffnung, darüber, wie wir hoffen, worauf wir hoffen und was es für ein hoffnungsvolles Leben und einer hoffnungsvollen Gesellschaft im Alltag braucht.

Das Phänomen der Hoffnung können wir in Anlehnung an Shade (2001) in drei Dimensionen einteilen:

1. Der allgemeine und fundamentale Wert der Hoffnung, unabhängig von bestimmten Zielen und Wünschen. Hoffnung ist eine grundsätzliche Haltung der Offenheit und der positiven Einstellung der Zukunft gegenüber, die bestimmt, wie wir auf die Situationen und Prüfungen des Lebens reagieren.
2. Besondere Ziele, Wünsche und Ideale, auf die wir hoffen und die wir verwirklichen möchten. Unsere Hoffnungen sind der Antrieb im Leben und die Motivationsquelle für die Gestaltung einer besseren Zukunft.
3. Gewohnheiten der Hoffnung sind die Mittel und Aktivitäten zur Verwirklichung unserer Hoffnungen und zur Stärkung unserer allgemeinen Hoffnungsfähigkeit. Dazu gehören beispielsweise Engagement, Einfallsreichtum, Ausdauer, Geduld und Mut.

12.2 Handlungsfähigkeit und ihre Grenzen

Alle unsere Handlungen, alles was wir tun, ist bewusst oder unbewusst mit der Hoffnung an das Gelingen verbunden (Dalferth, 2016). Wenn wir einen Kuchen backen, wenn wir ein berufliches Projekt anpacken, wenn wir heiraten, wenn wir in den Urlaub fahren oder wenn wir ein Buch schreiben, wir tun dies alles darauf hoffend, dass es gelingt. Somit ist Hoffnung eng mit unserer Handlungsfähigkeit verbunden und der Impulsgeber unseres Handelns. Wenn wir daran glauben, dass die Erfüllung eines erhofften Zustandes möglich ist, fühlen wir uns ermächtigt, etwas dafür zu tun. Die Hoffnung liefert den praktischen Grund für unsere Handlungen. Weil wir uns etwas wünschen und erhoffen, handeln wir. Oder umgekehrt gesagt. Sollten wir keine Hoffnung mehr haben (sei es weil wir uns nichts wünschen oder die Erfüllung unserer Wünsche als unmöglich betrachten) würden wir logischerweise nichts unternehmen. Wir würden beispielsweise keine Bewerbung schreiben wenn wir keine Hoffnung auf einen Job hätten oder

niemanden kennenlernen wollen wenn wir die Hoffnung auf eine Partnerschaft aufgegeben haben. Hoffnung ist die Voraussetzung für jede sinnvolle
und zielgerichtete Handlung. Wir alle haben es schon mal erlebt, wie es sich
anfühlt, wenn wir etwas tun, ohne die leiseste Hoffnung auf Erfolg. Jede
Handlung wirkt dann unecht, künstlich, demotiviert.

Der Wert der Hoffnung besteht in der Handlungsfähigkeit und damit
auch im Selbstvertrauen. Beim Hoffen erleben wir die Welt als offen für
ihre positive Gestaltung und Entwicklung und haben Vertrauen in die
Kräfte unseres Handelns (Webb, 2008). Bei der Hoffnung geht es daher
um viel mehr als um die Formulierung von Zielen und die Erfüllung von
Wünschen. Dank der Hoffnung lotsen wir unsere eigenen Fähigkeiten in
konkreten Aktivitäten aus und erkennen auch Potenziale, die noch entwickelt werden können. Bei Kindern kann dies am besten beobachtet
werden. Wenn sie sich etwas in den Kopf setzen, was ihnen besonders
wichtig ist, und auf sich vertrauen, nehmen sie Misserfolge als wertvolle
Erfahrungen für die Entwicklung ihrer eigenen Fähigkeiten in Kauf.

Dieses Beispiel zeigt uns, wie Hoffnung vor allem dort relevant wird,
wo wir an die Grenzen unserer eigenen Handlungsfähigkeit stoßen, sei es
weil uns gewisse Mittel und Möglichkeiten fehlen oder unsere Kräfte und
Kompetenzen begrenzt sind. In solchen Situationen können wir sowohl
unsere Handlungsmöglichkeiten als auch unsere Grenzen erkennen. Wir
erkunden die Möglichkeiten, die sich uns bieten, und finden heraus, was
wir damit tun können, und gleichzeitig stellen wir fest, wo wir momentan
nichts oder wenig tun können (Billias, 2010). Manchmal können wir
unsere Hoffnungen durch unser eigenes Tun und Handeln verwirklichen. In anderen Fällen sind unsere Hoffnungen völlig außerhalb unserer
Kontrolle und hängen vollständig von äußeren Faktoren und Umständen
ab. Beim Hoffen verlassen wir uns daher auf externe Kräfte und bleiben
abhängig und somit verletzlich. Das Bewusstsein über unsere eigenen
Grenzen und Abhängigkeiten öffnet uns wiederum für die Notwendigkeit
der Kooperation mit anderen Menschen. Gleichzeitig können wir unsere
Fähigkeiten im Prozess des Hoffens weiterentwickeln und erweitern (Shade,
2001).

Das Phänomen der Hoffnung ist so besonders, weil uns in solchen
Situationen auf der einen Seite die Begrenzungen unseres eigenen Handelns
aufgezeigt werden, andererseits wir vor dieser Tatsache nicht mutlos oder
ohnmächtig werden. Der Wert der Hoffnung liegt darin, dass wir uns
unserer Begrenzungen bewusst werden und uns dabei nicht von Gefühlen
der Enttäuschung und Niedergeschlagenheit überwältigen und lähmen
lassen. Bei Rückschlägen und Misserfolgen geben wir unsere Wünsche und

Ideale nicht auf, sondern erhalten uns den Glauben an zukünftige Veränderungen oder bessere Bedingungen. In Momenten des Misserfolgs oder der Machtlosigkeit kann die Hoffnung uns wieder aufrichten und uns für zukünftige Möglichkeiten empfänglich machen.

Victoria Mc Geer (2004, 2008) behauptet sogar, dass selbst in solchen Fällen, in denen wir mit unseren eigenen Kräften nichts direkt bewirken können, wir mit der Hoffnung unsere Aufmerksamkeit, Energie und Handlungsbereitschaft auf die Zukunft und das erhoffte Gut ausgerichtet halten. Indem wir hoffen, fokussieren wir unsere Sinne auf das Erhoffte. Mit der Hoffnung richten wir unsere Aufmerksamkeit sowohl auf das, was derzeit möglich ist, als auch auf das, was sein könnte, wenn wir unsere Fähigkeiten weiterentwickeln oder andere uns zur Hilfe kommen. Wir erkennen, dass das, was wir uns wünschen, häufig jenseits unserer derzeitigen Fähigkeiten liegt. Wir lernen dadurch unsere Grenzen kennen, behalten aber den Glauben an die Möglichkeiten der Zukunft. Obwohl wir manchmal wenig tun können, ist unsere Aufmerksamkeit und Energie immer noch auf unsere Wünsche und auf die Zukunft gerichtet.

Manchmal müssen wir geduldig sein, können dazu lernen, neue Ideen entwickeln, andere Menschen treffen, auf günstigere Momente warten. Indem wir nicht kapitulieren, sind wir mit der Hoffnung geistig aktiv und setzen uns weiterhin für unsere Träume und Wünsche ein. Auch in Zeiten der Hilfslosigkeit, dann wenn wir aus eigener Kraft wenig ausrichten können, hält uns die Hoffnung aufrecht und geistig aktiv. Wir geben nicht auf, sondern richten unseren Fokus weiterhin auf unsere Interessen, Sehnsüchte und Träume und werden handeln, sobald dies wieder möglich ist. In der Hoffnung lernen wir zu warten und gleichzeitig stellen wir uns vor, was wir in Zukunft tun und mit der Unterstützung anderer erreichen können. Obwohl wir beim Hoffen die Hindernisse und Grenzen unserer eigenen Handlungsfähigkeit anerkennen, werden unser Wille und Engagement neue Wege zu den gewünschten Zielen aufzeigen, womit wir unsere eigenen Grenzen erweitern können (Shade, 2001).

12.3 Elemente der Hoffnung

Seit vielen Jahrzehnten und sogar Jahrhunderten sind Dichter, Philosophen und Sozialwissenschaftler gleichermaßen vom menschlichen Phänomen der Hoffnung fasziniert und inspiriert. Hoffnung scheint ein existenzielles Bedürfnis in jeder Lebenssituation zu sein. Ohne Hoffnung könnten wir kein erfülltes Leben führen. Für Thomas von Aquin besteht Hoffnung aus der geistigen Energie und Willenskraft, die sich auf einen Wunsch richten, der schwer, aber nicht unmöglich zu erlangen ist. In Anlehnung an verschiedene philosophische und psychologische Theorien, lässt sich das Phänomen der Hoffnung auf sechs grundsätzliche Elemente zurückführen, die in Abb. 12.1 veranschaulicht werden.

1. Zu Beginn steht der Wunsch nach einem wertvollen Gut. In unseren Wünschen spiegeln sich unsere Werte, Sehnsüchte und Interessen wieder, weswegen wir sie auch als Herzenswünsche bezeichnen können. Wünsche sind die Voraussetzung für die Sinnhaftigkeit unseres Handelns.
2. Wünsche müssen in Form von Zielen oder idealen Zuständen konkretisiert werden. Erst wenn ein Wunsch in ein Ziel verwandelt wird, kann sich der Mensch dafür engagieren und seine Aktivitäten darauf ausrichten. Ohne ein konkretes Ziel bleiben unsere Vorstellungen häufig ein reines Wunschdenken. Andererseits sind Ziele ohne einem wertvollen Wunsch leer und sinnlos.
3. Für die Hoffnung braucht es den Glauben daran, dass die Verwirklichung unserer Wünsche und die Erreichung der Ziele wenn auch nicht unbedingt wahrscheinlich dennoch möglich ist. Dazu kommt die Überzeugung, dass uns die Zukunft neue Möglichkeiten bereitstellen wird. Der Glaube wird von unseren Welt- und Selbstbildern, von unseren Überzeugungen und Anschauungen genährt.
4. Beim Hoffen ist das Bewusstsein über die Schwierigkeiten und Hindernisse, die das Erreichen unserer Wünsche unsicher und anstrengend

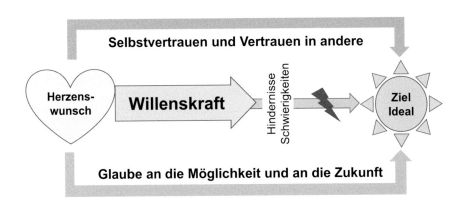

Abb. 12.1 Elemente der Hoffnung

machen, immer präsent. Damit ist die Hoffnung in einem klaren Realitätsbezug verankert.

5. Damit wir auch in Angesicht von Schwierigkeiten und Rückschlägen weiterhin an unseren Wünschen und Idealen glauben und festhalten können, braucht es das Vertrauen in unsere eigenen Fähigkeiten und/oder in die Fähigkeiten und die Fürsorge anderer (Familie, Freunde, der Staat, Gott, etc.), die bewirken können, dass wir die Möglichkeiten ergreifen und unsere Wünsche trotz widriger Umstände erfüllen können.

6. Das Zusammenspiel von Wünschen, Glauben und Vertrauen im vollen Bewusstsein bestehender Schwierigkeiten und Hindernisse beflügelt die Willenskraft zur Verwirklichung unserer Ziele. Die Willenskraft mit der man die Möglichkeiten ergreift und die Fähigkeiten und Ressourcen zur Erfüllung der Wünsche nutzt ist durch Engagement, Mut, Ausdauer, Beharrlichkeit und Geduld gekennzeichnet.

Hoffnung geht von einem Wunsch aus und von der Überzeugung, dass dieser Wunsch möglich ist auch wenn dies schwierig und nicht vollständig in der eigenen Macht liegt. Hoffnung ist daher kein reiner Optimismus. In Anerkennung der aktuellen Schwierigkeiten entwickeln wir mit der Hoffnung eine Haltung der Zukunft gegenüber, in der sowohl die Probleme als auch die Chancen, die Möglichkeiten und die Stärken gesehen werden. Hoffnung ist demnach eines der wesentlichen Voraussetzungen für die positive Bewältigung und Überwindung unsicherer Situationen und Lebenskrisen.

13

Zwischen Hoffnungslosigkeit und Optimismus

Den lebensnotwendigen Wert der Hoffnung erkennt man vor allem, wenn man mit Situationen der Hoffnungs-, Hilfs- und Mutlosigkeit konfrontiert wird. Angst und Sorge können Menschen aufrütteln, aber auch lähmen oder zu selbstsüchtigen Egoisten werden lassen. Hoffnung unterscheidet sich auch von weiteren Phänomenen wie das Wunschdenken und dem Aktionismus. Während das Wunschdenken an einem Mangel an Verantwortung und Engagement leidet, fehlt dem Aktionismus das Bewusstsein über die Grenzen der eigenen Handlungsfähigkeit. In der Hoffnung erkennen wir unsere eigenen Stärken an und werden uns bewusst, wie wichtig der Zusammenhalt und die Kooperation mit anderen Menschen sind. Hoffnung kann auch nicht mit positiven Erwartungen und einem unrealistischen Optimismus gleichgesetzt werden. Menschen hoffen nicht, weil sie erwarten, dass alles gut wird, sondern weil sie sich der Probleme und Schwierigkeiten bewusst sind und trotzdem ihre Wünsche und Ziele nicht aufgeben. Während der unrealistische Optimismus uns blenden kann, gibt uns die Hoffnung Mut und Kraft, etwas zu unternehmen.

13.1 Hoffnung und Hoffnungslosigkeit

Bei der Hoffnung geht es grundsätzlich um die Frage, wie wir in schwierigen Zeiten in die Zukunft blicken. Die Bedeutung von Hoffnung in Krisensituationen kann erst richtig verstanden werden, wenn man sich über das Fehlen von Hoffnung, d. h. über die Hoffnungslosigkeit, Gedanken macht. Sobald keine Hoffnung mehr da ist, fühlen sich Menschen hilf- und mutlos. Die Folge von Hoffnungslosigkeit sind Angst, Sorge, Niedergeschlagenheit und Verzweiflung. In solchen Fällen sieht die Situation oder sogar das gesamte Leben sinn- und aussichtslos aus. Menschen hören auf zu hoffen und geben ihre Wünsche auf, wenn sie nicht mehr daran glauben, dass ihre Wünsche in Erfüllung gehen können. Hoffnung ist daher vor allem dann relevant, wenn die Lebenssituation schwer ist, wenn Probleme und Herausforderungen uns zu erdrücken drohen, d. h., wenn es uns nicht gut geht. Gerade in solchen Situationen flammt die Hoffnung auf, damit wir nicht aufgeben, sondern nach vorne schauen und neue Wege aus der Krise suchen.

Angst und Sorge zeigen sich nicht nur während einer Krise, sondern meistens schon davor. Nicht nur die Krise selbst, sondern bereits die gedankliche Vorstellung und Antizipation einer möglichen Krise kann Sorgen im Menschen auslösen. Wir sorgen uns, wenn wir vor einer schweren Prüfung stehen, wenn wir nicht wissen, wie es um unseren Job steht, wenn der Ausgang eines Projektes ungewiss ist. Sorge ist häufig mit Ohnmacht und Orientierungslosigkeit verbunden. Je bedrohlicher die Situation empfunden und je größer die Überforderung erlebt wird, desto stärker entwickelt sich aus der Sorge ein Gefühl der Angst. Wenn die Situation als unlösbar oder unausweichlich wahrgenommen wird, gewinnt diese Angst immer mehr an Platz und Gewicht. Sie entwickelt sich zur Furcht und Verzweiflung und danach zur Hoffnungs- und Mutlosigkeit.

Hoffnung ist aber nicht nur das Gegenteil von Angst und Sorge, sondern auch die Folge davon, denn sie beflügelt in schwierigen Situationen den Glauben und das Vertrauen an die Erreichbarkeit einer besseren Zukunft. Dies ist vor allem im Rahmen einer menschlichen Gemeinschaft möglich, in der man sich auf die positiven Seiten des Lebens fokussiert, insbesondere auf die Hoffnung und die Zuversicht, dass es auch in schweren Zeiten trotz Problemen und Enttäuschungen möglich ist, ein erfülltes Leben zu führen, wenn man die entsprechende Haltung dazu einnimmt und sich gemeinsam dafür engagiert.

Zwischen dem Gefühl der Hoffnung und dem der Hoffnungslosigkeit besteht ein Zustand der Gleichgültigkeit. Man kümmert sich entweder nicht um sich selbst, um andere oder um das, was in der Welt geschieht. Es ist einem einerlei, ob man diesen oder einen anderen Job hat, mit wem man zusammen das Leben verbringt oder wer die Wahlen gewinnt. Eigentlich macht nichts mehr so richtig Sinn. Man lebt abgesondert von der Welt in einem Zustand des Desinteresses, der Indifferenz und der Resignation.

In der Hoffnung werden die vor uns liegenden Herausforderungen realistisch erkannt und die dafür notwendigen Maßnahmen ergriffen. In einem Zustand der Glaubens- und Hoffnungslosigkeit würde man diese Maßnahmen aber erst gar nicht in Erwägung ziehen. Wenn sich der Mensch ständig auf Probleme fokussiert und nicht ausreichend auf mögliche

Lösungen eingeht, dann entsteht eine negative Kultur, in der Zynismus und Apathie vorherrschend sind.

13.2 Hoffnung zwischen Wunschdenken und Aktionismus

Das Phänomen der Hoffnung muss in Anlehnung an McGeer (2004) von zwei weiteren Phänomenen klar unterschieden werden, nämlich vom Wunschdenken und vom Aktionismus. Häufig wird befürchtet, dass die Hoffnung dem Handeln im Wege stehen könnte, weil Menschen dann glauben, dass alles schon gut werden wird. Dieses Phänomen wäre allerdings ein klarer Fall von Wunschdenken und nicht von Hoffnung. Passivität und Gleichgültigkeit sind keine Folgen von Hoffnung, sondern von Trägheit und Verantwortungslosigkeit. Wer selbstgefällig bleibt und sich nicht an notwendigen Veränderungen beteiligen möchte, zeigt damit sein Desinteresse, seine Bequemlichkeit oder seine Ohnmacht und Hilflosigkeit.

Anders als bei der Hoffnung werden beim Wunschdenken die Verantwortung und die Notwendigkeit, sich für etwas aktiv zu engagieren, von sich gewiesen. Indem man sich auf andere oder auf äußere Zustände verlässt, bleibt man selber distanziert und unbeteiligt.

Dagegen ist das Hoffen eine aktive Orientierung zur Erlangung der erhofften Ziele oder Zustände. Die Arbeiten von Oettingen (2014) zeigen auf, dass Träume und Wunschvorstellungen nur dann funktionieren, wenn man konkrete Ziele zu deren Erreichung definiert und verfolgt werden (siehe Kap. 2). Solange man im Wunschdenken bleibt und keine konkreten Handlungen folgen lässt, entsteht Frustration. Das Wunschdenken mobilisiert nicht, sondern es lähmt. Man steckt keine Energie in die Verwirklichung des Wunsches und glaubt schließlich auch nicht besonders an dessen Erfüllung. Im Gegensatz zum reinen Wunschdenken steht hinter der Hoffnung ein Gefühl der Ermächtigung und Handlungsfähigkeit (Bovens, 1999).

Im anderen Extrem steht laut McGeer (2004) der Aktionismus. Sie spricht hier von einem blinden, zwanghaften und eigensinnigen Aktionismus, der den Menschen vereinnahmt und begrenzt. Man ist so sehr auf das Erreichen der eigenen Ziele fixiert, dass die vorhandenen Gegebenheiten ignoriert und andere Menschen als bloße Instrumente genutzt werden. Im Aktionismus kommen Willenskraft und Ausdauer zum Ausdruck, aber in einer egoistischen und selbstherrlichen Art und Weise. Die Verwirklichung der Ziele steht im Vordergrund, und dies rechtfertigt alle Mittel, unabhängig davon, welche unerwünschten Folgen diese mit sich bringen. Beim Aktionismus mangelt es an Reflexionsfähigkeit, Flexibilität und Offenheit für den Einfluss äußerer Umstände. Personen, die so getrieben sind, zeigen wenig Interesse und Verständnis für die Wünsche und Hoffnungen anderer Menschen und verlieren damit den Respekt und das Vertrauen der anderen. Reine Willenskraft kann nicht jedes Problem lösen. Es braucht ebenfalls die Mitwirkung und die Fürsorge anderer Menschen.

Psychologisch gesehen gründet der zwanghafte Aktionismus im Extremfall auf der Angst des Versagens und auf dem Bedürfnis nach Selbsterhöhung und Anerkennung (Schwartz, 2012). Das Wunschdenken wiederum gründet auf mangelndem Selbstbewusstsein. Während man sich beim Wunschdenken selber wenig zutraut und auf andere angewiesen ist, überschätzt man sich beim Aktionismus selbst und isoliert sich von den anderen. Hoffnung kann nicht mit erfolgreichem Handeln gleichgesetzt werden. Wir können nicht immer die Kontrolle haben, sondern müssen unsere Abhängigkeit und Begrenztheit akzeptieren. Wir können nämlich auch dann hoffen, wenn wir das erhoffte Ergebnis nicht aus eigener Kraft erreichen können. Selbstwirksamkeit und ein Gefühl der Kontrolle und Kompetenz begünstigen zweifelsohne die Hoffnung, sind aber für die Hoffnung nicht immer notwendig (Lazarus, 1999). Die goldene Mitte liegt in der Hoffnung, bei der man aktiv ist und gleichzeitig die eigenen Grenzen erkennt, womit man die Hilfe und Unterstützung anderer Menschen dankend annimmt.

13.3 Hoffnung und positive Erwartungen

Sehr eng mit dem Phänomen der Hoffnung verwandt sind Phänomene wie Erwartungen und Optimismus. Auch wenn diese Begriffe häufig als Synonyme verwendet werden, unterscheidet sich die Hoffnung darin, dass wir auch auf Dinge hoffen können, von denen wir glauben, dass sie ziemlich unwahrscheinlich (aber nicht unmöglich) sind. Dort, wo wir weder zuversichtlich noch optimistisch in die Zukunft schauen, können wir weiterhin hoffen. Im Gegensatz zu den positiven Erwartungen wie Zuversicht und Optimismus bezieht sich die Hoffnung sowohl auf das, was man glaubt, geschehen kann, als auch auf das, was man sich wünscht, geschehen soll, weil es einem besonders wertvoll ist.

In neuen Forschungsprojekten wurden diese Phänomene näher unter die Lupe genommen, und es wurde dabei festgestellt, dass bestimmte Situationen ein komplexes Zusammenspiel von Erwartungen und Hoffnungen beinhalten (Cristea et al., 2011; David et al., 2004, 2006;

Montgomery et al., 2003). Es wurde beispielsweise erkannt, dass vergangene Erfahrungen und Erlebnisse eine stärkere Wirkung auf Erwartungen und einen geringeren Einfluss auf Hoffnungen haben. Man könnte sagen, dass man trotz vergangener Erfahrungen verschiedene Hoffnungen haben kann bzw. über die Realität bisheriger Erlebnisse auf etwas Neues hoffen kann. Während Erwartungen häufig als vergangenheitsbezogene und in die Zukunft gerichtete Extrapolationen zu verstehen sind, werden Hoffnungen weniger von wahrscheinlichen Trends als von persönlichen Wertvorstellungen bestimmt. Dies bedeutet allerdings nicht, dass Erwartungen „realistischer" sind als Hoffnungen. In beiden Fällen hat man es mit subjektiven Bewertungen und unterschiedlichen psychologischen Mechanismen zu tun.

Die inhärente Unsicherheit, die der Hoffnung zugrunde liegt, enthält eine starke motivierende Kraft. Solange unsere Hoffnungen ungewiss sind, müssen wir beharrlich daran arbeiten. Dinge, von denen wir bereits erwarten, dass sie eintreten, erfordern dagegen keine weitere Initiative. Das Bewusstsein der Ungewissheit unserer Hoffnungen bedeutet außerdem, dass Hoffnungen oft dynamischer und anpassungsfähiger sind als Erwartungen. Bei der Hoffnung geht es sowohl darum, was wir erreichen wollen, als auch darum, wie wir den unsicheren Weg dorthin beschreiten können. Das bedeutet aber nicht notwendigerweise, dass wir immer klare Vorstellungen davon haben, wie wir unsere Hoffnungen erreichen können. Aber es bedeutet, dass wir uns der Hindernisse bewusst sind, die zwischen unserem gegenwärtigen Zustand und dem, was wir erreichen wollen, liegen, und dass wir häufig neue Wege finden müssen.

13.4 Hoffnung und Optimismus

Die allgemeine Haltung der Hoffnung unterscheidet sich grundlegend vom klassischen Optimismus. Eine optimistische Haltung ist zwar positiv, kann aber auch die Handlungsbereitschaft der Menschen untergraben, weil sie die Dringlichkeit der aktuellen Lage und die Schwierigkeiten nicht ernst nimmt. Der (amerikanische) Optimismus fördert laut Dewey (1916/1980) eine bequeme und teilweise fatalistische Zufriedenheit mit den Dingen so, wie sie sind bzw. so, wie sie sich angeblich von alleine entwickeln werden. Der Optimist nimmt manchmal die Rolle des Zuschauers ein, der sich auf eine positive Entwicklung verlässt. Unangebrachter Optimismus und übermäßig positive Botschaften sind nach Ansicht von Kretz (2019) genauso schädlich wie Mutlosigkeit und Pessimismus.

Der Hoffende nimmt dagegen die Haltung des Teilnehmers ein, der aktiv gegen die negativen Entwicklungen kämpft (West, 2009). In der Hoffnung werden die aktuellen Übel und Probleme deutlich anerkannt, und es werden gleichzeitig Energien entfaltet, mit denen diese beseitigt und überwunden werden können. Während der Optimismus behauptet, „alles wird gut", bemerkt die Hoffnung „wir können etwas verbessern". Die Art und Weise, wie wir mit den Hindernissen und Problemen in der Welt umgehen, wird von der Hoffnung auf eine Zukunft mit neuen Möglichkeiten bestimmt. Der hoffende Mensch glaubt nicht, wie ein Optimist, an einen unvermeidlichen Fortschritt, sondern ruft zum Handeln auf (McGeer, 2004).

Für Kadlac (2015) hat die Hoffnung daher folgende Vorteile: Sie verhilft zu einer realistischen Sicht der Gegenwart und der Zukunft und schützt uns vor zu viel Optimismus oder Pessimismus. Beim Pessimismus konzentriert man sich auf die schlechten Aspekte einer Situation und übersieht dabei die positiven. Beim Optimismus ist es umgekehrt. In der Hoffnung erkennt man den Ernst der Lage an, und gleichzeitig entwickelt man einen Wunsch, von dem man glaubt, dass er möglich, aber nicht sicher ist. Sie fördert den Mut gegenüber einer ungewissen Zukunft, und sie begünstigt die Solidarität mit anderen Menschen.

14

Wie wir hoffen

In der Hoffnung wohnen die Gabe der mentalen Vorstellungskraft, der Glaube an die Möglichkeiten der Zukunft, das Vertrauen in uns selbst und in andere sowie die motivierende Energie der Willenskraft und des Engagements inne. Mit unserer Fantasie können wir uns eine andere Zukunft als die aktuelle Realität vorstellen und danach streben. Die Fähigkeit, uns etwas vorstellen zu können, was noch nicht existiert, ist die Voraussetzung für persönliche und gesellschaftliche Veränderungen. Der Glaube an neue und bisher ungeahnte Möglichkeiten zur Verwirklichung unserer Wünsche verleiht uns die Kraft, uns dafür zu engagieren. In dieser Hinsicht ist der Glaube stärker als das Wissen über bekannte Fakten. Indem wir hoffen, schenken wir uns selber wie auch anderen Menschen das Vertrauen in unsere und ihre Fähigkeiten, Stärken und Fürsorge. Das in der Hoffnung lebende Vertrauen ist ein Ausdruck von Wertschätzung, Gemeinschaft und Solidarität. Selbstwert und Selbstbewusstsein verbinden sich mit der Anerkennung unserer Verletzlichkeit und gegenseitigen Hilfebedürftigkeit.

14.1 Mentale Vorstellungskraft

In Kap. 12 sagten wir, dass Hoffnung aus mehreren Elementen besteht: dem Wunsch auf eine bessere Zukunft, einem konkreten Ziel, dem Glauben an die Möglichkeiten zur Verwirklichung des Wunsches, dem Bewusstsein über bestehende Schwierigkeiten und Hindernisse, dem Vertrauen auf die Fähigkeiten zu deren Überwindung und der Willenskraft, aufgrund derer man sich für die Erreichung der Ziele engagiert. In diesem Kapitel werden wir zeigen, wie das Hoffen funktioniert und die Phänomene der mentalen Vor-

© Der/die Autor(en), exklusiv lizenziert durch Springer-Verlag GmbH, DE, ein Teil von Springer Nature 2022
A. Krafft, *Unsere Hoffnungen, unsere Zukunft,*
https://doi.org/10.1007/978-3-662-64289-4_14

stellungskraft, des Glaubens und Vertrauens sowie der Energie, Motivation und Willenskraft vertiefen.

Bei der Gestaltung und Realisierung unserer Hoffnungen erweist sich unser Wissen darüber, was möglich ist oder nicht, häufig als unzureichend. Manchmal liegen unsere Wünsche und Projekte jenseits des Horizonts des gegenwärtig Möglichen. Allerdings können wir uns neue Möglichkeiten gedanklich vorstellen. In Momenten, in denen wir auf etwas hoffen, entwickeln wir meistens eine mentale Vorstellung dessen, worauf wir hoffen. Die Grundlage für die Erkundung neuer Möglichkeiten sind unsere Fantasie und Vorstellungskraft. Für die Hoffnung sind die Vorstellungskraft und die Entwicklung neuer Ideen wichtig, weil wir dadurch die aktuelle Situation gedanklich überwinden können. Ohne die Fähigkeit, sich etwas anderes vorzustellen als das, was gerade der Fall ist, hätte die Hoffnung keine Richtung (Kretz, 2019). Dank unserer Vorstellungskraft überwinden wir aktuelle Begrenzungen und transportieren uns selbst in die Zukunft. Wir können mit der Vorstellungskraft über das hinausdenken und hinausgehen, was uns gegenwärtig bestimmt und neue Ideale und Ziele formulieren. Wir können mit unseren Gedanken spielen und uns etwas anderes und besseres für unser Leben und die Welt vorstellen. Mit unserer Vorstellungskraft gestalten wir alternative Zukunftsbilder und setzen uns dafür ein (Stitzlein, 2019).

Für Bovens (1999) hat die Vorstellungskraft der Hoffnung einen dreifachen Wert: Erstens ist bereits die mentale Vorstellung an sich etwas wertvolles, weil wir positive Gefühle wie Erleichterung, Interesse, Vorfreude oder Inspiration damit verbinden. Zweitens erweitert die mentale Vorstellung unser Bewusstsein und unser Selbstverständnis, denn wir stellen uns Dinge vor, die es noch nicht gibt. Drittens ist Hoffnung auch ein Akt der Liebe und der Fürsorge, entweder in Bezug auf sich selbst (als Ausdruck von Selbstwert) oder in Bezug auf jemanden anderen (als Ausdruck von Nächstenliebe). Indem wir über das Wohlergehen einer anderen Person nachdenken und darauf hoffen, entfalten wir eine mentale Energie, die nichts Geringeres ist als Liebe.

Die Wunschvorstellungen des Einzelnen können sich zu kollektiven sozialen Visionen darüber entwickeln, wie die Gesellschaft in Zukunft aussehen könnte. Laut Kretz (2019) müssen wir auch aus ethischen Gründen unsere Vorstellungskraft über das hinausgehen lassen, was im unmittelbaren und offensichtlichen Alltag liegt. Wenn wir nicht weit genug über den Stand der Dinge hinausdenken, werden wir die Veränderungen, die wir uns wünschen und die die Hoffnung vorantreiben kann, nicht verwirklichen können. Ein zu strikter Fokus auf die unmittelbare Realisierbarkeit kann die Kreativität und den Fortschritt behindern.

Für eine wachsende Hoffnung muss man manchmal die geläufigen Denkweisen durchbrechen, die sich im Laufe der Jahrzehnte eingeprägt haben und sogar für uns selbst unsichtbar geworden sind. Um einen besseren Horizont zu haben, auf den man hoffen kann, brauchen wir auch eine bessere Vorstellungskraft. Die Vorstellungskraft der Menschen erweitert sich, indem sie sich für alternative Ideen und Perspektiven öffnet. Wir verschieben damit die Grenzen dessen, was man sich vorstellen und erhoffen kann. Moralische Vorstellungskraft gibt uns die Fähigkeit, eine ganz andere Geschichte darüber zu erzählen, was die Zukunft bringen kann, und die Hoffnung gibt uns einen Teil der erforderlichen Motivation und der notwendigen Fähigkeiten, die uns dahin bringen können.

Mit konkreten Wunschbildern und Zielen können wir unsere Hoffnungen aufrechterhalten und unsere Handlungen darauf ausrichten. Allerdings müssen wir auch offen sein für neue Perspektiven und nicht zu stark an einer vorgefertigten Idee festhalten. Manchmal können uns unsere Vorstellungen auch einengen und lähmen. Indem wir uns zu stark auf unsere eigenen Vorstellungen fokussieren, können wir andere Möglichkeiten und Ideen außer Acht lassen, was uns wiederum einschränken kann. Hoffnung hat häufig mit Forschen und Experimentieren zu tun, weswegen wir auch offen für neue Dinge bleiben sollten (Stitzlein, 2019).

14.2 Glaube und Vertrauen

Zur Hoffnung gehört der Glaube daran, dass etwas Gutes, wonach wir uns sehnen, eintreten kann. Somit ist Hoffnung vielmehr als nur ein Wunsch. Sie erfordert den Glauben an die Möglichkeit eines günstigen Ausgangs (Lazarus, 1999). Hingegen versenkt uns der Glaube daran, dass wichtige Dinge im Leben für uns unmöglich sind, in Niedergeschlagenheit, Gleichgültigkeit oder Verzweiflung. Mit dem Glauben an die Unmöglichkeit unserer Träume sind wir nicht nur von unseren Wünschen, sondern auch von uns selbst und in vielen Fällen auch von anderen Menschen getrennt. In der Hoffnung lebt der Glaube darin, dass wir derzeitige Grenzen überwinden und uns selbst und die Welt verändern und weiterentwickeln können. Trotz schwieriger Umstände und negativer Erwartungen orientieren wir uns in der Hoffnung auf das gewünschte Ereignis und handeln entsprechend, wenn sich eine Möglichkeit eröffnet. Somit hält sich die Hoffnung an den Glauben an die Möglichkeit fest (Miceli & Castelfranchi, 2010).

Hoffnung ist grundlegend mit dem Glauben an das Gute verbunden (Krafft, 2019). Die Hoffnung auf Wachstum und Veränderungen gründet für Rorty (1999, S. 20) in Anlehnung an Dewey im „Glauben, dass die Zukunft unbestimmbar anders und unbestimmbar freier sein wird als die Vergangenheit". Würde man nicht an das Gute glauben, könnte man nicht hoffen. Somit impliziert Hoffnung für Meirav (2009) den Glauben an Kräfte, die jenseits der eigenen Kontrolle sind. Damit wir die Hoffnung aufrechterhalten können, müssen wir an eine gütige oder vorteilhafte äußere Instanz (die Natur, den sozialen Beistand, das Glück, das Schicksal, Gott etc.) glauben. Häufig hängt unsere Hoffnung vom Glauben an die Güte oder Fürsorge einer solchen externen Macht ab. Im Allgemeinen vertrauen wir dadurch auf das Gute in der Welt oder wie Tennen und seine Kollegen sagen würden (Tennen et al., 2002): Hoffnung erfordert ein Gefühl des Vertrauens, dass die Welt einen Sinn hat.

Glaube ist eine Überzeugung nicht darüber, wie die Dinge sind, sondern darüber, wie sie in Zukunft sein könnten, wenn wir uns dafür einsetzen. Glaube und Hoffnung sind eben nicht an irgendwelchen Fakten oder Wahrscheinlichkeiten gebunden. Hoffnung ist eine Haltung, mit der wir unseren Glauben an zukünftige Möglichkeiten sowie unser Engagement zu deren Realisierung zum Ausdruck bringen. Für den amerikanischen Philosophen William James (1979, S. 76, eigene Übersetzung) bedeutet Hoffnung „an etwas zu glauben, an dem theoretisch noch Zweifel besteht, und da ein Test für den Glauben die Bereitschaft zum Handeln ist, kann gesagt werden, dass Glaube die Bereitschaft ist, in einer Sache zu handeln, deren erfolgreicher Ausgang uns nicht im Voraus bescheinigt wird". In der Tätigkeit des Hoffens ist eine bestimmte Form des Glaubens enthalten, aufgrund dessen wir etwas für möglich halten und so handeln, als ob wir es erreichen könnten, von dem wir aber nicht wissen, ob es tatsächlich gelingt.

Der Glaube ist somit nicht schwächer als das Wissen, sondern ganz im Gegenteil. Er ist die Überzeugung davon, was dank unseres Einsatzes und unserer Ideale sein könnte. Glaube erfordert somit Mut, denn er zeigt unsere Bereitschaft an, gemäß unserer Überzeugungen auch entgegen aktueller Unsicherheiten und Schwierigkeiten an einem Ziel festzuhalten und uns entsprechend zu engagieren. Ohne den Glauben an zukünftige Möglichkeiten würden wir keine Wünsche aufnehmen und handeln. In dieser Hinsicht stellt der Glaube eine Vorstufe zum Wissen dar. Sobald ein Ziel erreicht und eine Möglichkeit realisiert worden sind, verwandelt sich der Glaube in Wissen.

Das Hoffen umfasst den Glauben an neue Möglichkeiten in der Zukunft. Der technologische, medizinische und soziale Fortschritt ist ein Beweis dafür. Was in der Vergangenheit für undenkbar gehalten wurde, wird auf einmal tatsächlich möglich. Auf der persönlichen Ebene entdecken wir häufig, dass wir zu mehr fähig sind, als wir eigentlich dachten. Die aktuellen Grenzen unseres Wissens und Handelns sind ja nicht für alle Zeiten festgeschrieben, sondern lassen sich weiterentwickeln und erweitern. Was wir bisher noch nicht konnten, können wir lernen und dann auch tun. Die aktuellen Tatsachen geben uns nur schlecht einen Einblick in die zukünftigen Möglichkeiten. Die Vergangenheit und die Gegenwart bieten uns nur eine unzureichende Basis für die Zukunft. Somit kann uns unser aktuelles Wissen sowohl begrenzen als auch neue Wege öffnen. Dafür braucht es aber Kreativität und „unrealistische" Vorstellungen für die Gestaltung neuer Ziele und Handlungsoptionen (Shade, 2001).

Der Glaube daran, dass ein Ziel wirklich möglich ist, stellt die Voraussetzung für das Vertrauen in sich selbst und in andere dar. Hoffnung beruht auch auf dem Glauben an die Möglichkeiten einer besseren Welt und auf dem Vertrauen, dass wir diese gemeinsam ergreifen können. Substanzielle Hoffnung, wie sie von McGeer (2008) genannt wird, impliziert ein substanzielles Vertrauen, d. h. ein Vertrauen, das unabhängig von negativen Fakten und Beweisen Bestand hat. Mit dem Vertrauen, sei es in uns selbst, in andere Menschen oder in eine universelle Macht, können wir an unseren Hoffnungen festhalten und weiterhin daran glauben, auch wenn wir derzeit mit Hindernissen, Schwierigkeiten und Rückschlägen konfrontiert werden. Beim Hoffen vertrauen wir grundsätzlich darauf, dass es Kräfte gibt, die die Verwirklichung unserer Hoffnungen möglich machen können.

Sobald wir unsere Hoffnung nicht nur darauf richten, was wir in einer bestimmten Situation tun können, sondern auch auf das, was andere für uns tun können, müssen wir den anderen unser Vertrauen schenken. In diesem Sinne vertrauen wir uns ihnen an, in der Hoffnung, dass sie uns in dieser Situation helfen werden. Während wir unser Vertrauen und unsere Hoffnung auf andere legen, schenken wir ihnen auch unsere Wertschätzung (Martin, 2019). Das hoffnungsvolle Vertrauen funktioniert gleichzeitig als Erwartung und als Geschenk. Wir erwarten von anderen Fürsorge und Unterstützung und schenken ihnen dabei ein fürsorgliches und hilfsbereites Bild von sich selbst. Unser hoffnungsvolles Bild von ihnen steckt sie an und mobilisiert in ihnen eine motivierende Energie und das Selbstbewusstsein ihrer eigenen Hilfsbereitschaft und Kompetenz (McGeer, 2008).

Denken wir, wie es ist, wenn andere Menschen für und auf uns hoffen und uns vertrauen. Indem andere Menschen an uns glauben und uns ihr Vertrauen schenken, werden wir innerlich gestärkt. Sie sagen uns damit, dass sie in uns Fähigkeiten sehen, die uns teilweise selber nicht bewusst sind oder an die wir noch nicht glauben können. Diese Wertschätzung stärkt unser Selbstvertrauen und entfacht unsere Bereitschaft zu hoffen. Wenn andere so an uns glauben, dann sollten wir sie nicht enttäuschen und auch an uns glauben. Im Dank der Menschen, denen wir geholfen haben, steckt eine wesentliche Quelle der Hoffnung, und zwar sowohl für den anderen als auch für uns selber.

14.3 Energie, Willenskraft und Engagement

In der Hoffnung liegt eine motivierende Kraft, ohne die wir uns kaum für etwas Neues oder Herausforderndes engagieren würden. Wir hoffen immer dann, so Thomas von Aquin, wenn wir unsere geistige Energie und Willenskraft auf einen Wunsch richten, der schwer, aber nicht unmöglich zu erlangen ist. Hoffnung ist Teil einer positiven, vorwärts gerichteten Perspektive, mit der die aktuellen, teilweise belastenden Lebensumstände ernst genommen werden, die aber offen ist für zukünftige Möglichkeiten. Pettit (2004) bezeichnet die Energie und Willenskraft, die in der Hoffnung enthalten sind, als „mentale Entschlossenheit". Diese mentale (kognitive) Entschlossenheit der Hoffnung beginnt mit einem Gedankenspiel, mit dem man sich ein Szenario des „Was wäre wenn?" vorstellt und dieses den aktuellen Bedingungen und Überzeugungen gegenüberstellt.

Besonders, wenn etwas mühsam ist, erforschen wir dank der Hoffnung, wie wir unsere Fähigkeiten erweitern und auf neue und kreative Weise ausüben können. Im Akt des Hoffens werden bestimmte Energien freigesetzt und unsere Fähigkeiten erweitert, damit wir über unsere bisherigen Grenzen hinauswachsen können. Auf der einen Seite erkennen wir in der Hoffnung unsere eingeschränkte Handlungsfähigkeit an. Auf der anderen Seite werden in der Hoffnung Energien für die Zukunft mobilisiert. Hoffnung heißt: „… wir engagieren uns in der Entwicklung eines Horizonts von sinnvollen, vielversprechenden Möglichkeiten" (Shade, 2001, S. 69, eigene Übersetzung).

Selbst wenn wir momentan nichts unternehmen können, um unsere Hoffnungen zu erfüllen, richtet die Hoffnung unsere Willenskraft auf den gewünschten Zustand aus, zwar nicht in Taten, sondern umso mehr in Gedanken. In der Hoffnung bewahren wir ein aktives Interesse an der Zukunft und an den Möglichkeiten, die sie uns bietet. Auch wenn wir manchmal wenig für die Verwirklichung unserer Hoffnungen aktiv tun können, hält uns die Hoffnung bereit zum Handeln, und zwar indem sie uns auf eine bessere Zukunft ausrichtet und wir uns in Gedanken dafür engagieren. Diese Energie und Willenskraft äußert sich sowohl in Form von Geduld, wenn wir auf eine günstige Bedingung warten, als auch in der Bereitschaft, uns zu engagieren, wenn sich eine Gelegenheit dafür anbietet. Wir können uns, wie McGeer (2004, S. 104, eigene Übersetzung) es formuliert, Folgendes sagen: „Obwohl es vielleicht nichts gibt, was wir derzeit tun können, um das herbeizuführen, was wir uns wünschen, ist unsere Energie immer noch auf die Zukunft gerichtet, ungeachtet der jetzigen Einschränkungen".

Hoffnung hält unsere Energie im Fluss und spielt eine entscheidende Rolle bei der Motivation zum Handeln (Calhoun, 2018; Kretz, 2019; Walker, 2006). Indem Hoffnung immer eine wünschenswerte Zukunft einschließt, ist damit auch die Vorstellung davon enthalten, was Menschen als Fortschritt ansehen, sowie die Einschätzung darüber, ob es sich lohnt, sich trotz der Unsicherheit und der großen Mühe dafür anzustrengen. Menschen, die den Wunsch nach einem besseren Leben beherzigen, erkennen auch die Möglichkeiten zu dessen Erfüllung und können eingefleischte Annahmen und Denkmuster aufbrechen und neue Ideen annehmen. Somit impliziert Hoffnung einen starken Motivationszustand. Diese Eigenschaften machen Hoffnung besonders wichtig, da sie bestimmen, ob Menschen bereit sind zu investieren, entweder in ihre Zukunft, in ein unsicheres Vorhaben oder in die Zusammenarbeit mit anderen.

15

Was wir hoffen

Unsere Wünsche und Hoffnungen sind ein Ausdruck unserer Werte, Bedürfnisse, Sehnsüchte und Interessen. Daher lautet die erste Frage nicht „Was dürfen wir hoffen?", sondern „Was wollen wir hoffen?" Mit unseren Hoffnungen bestimmen wir die Prioritäten in unserem Leben und entscheiden uns dafür, was uns wichtig und wertvoll ist. Zu den wichtigsten Hoffnungen der Menschen gehören eine gute Gesundheit, eine glückliche Familie, Ehe oder Partnerschaft, Harmonie im Leben, gute soziale Beziehungen, Selbstbestimmung sowie eine sinnerfüllende Aufgabe. Lernen und persönliches Wachstum wie auch Erfolg, Leistung und Karriere sind für junge Leute vor allem in aufstrebenden Ländern von besonderer Bedeutung. Bei der Vorstellung ihres bestmöglichen Selbst denken junge Erwachsene in der Schweiz kaum an materielle Güter und finanziellen Erfolg. Im Vordergrund stehen erneut Werte wie Harmonie, Wohlbefinden, Work-Life-Balance, eine glückliche Familie, freundschaftliche Beziehungen sowie eine erfüllende Tätigkeit für einen sinnvollen Zweck.

15.1 Wünsche und Werte

Es liegt in der Natur des Menschen, dass er seine Wünsche erfüllen und seine Ideale verwirklichen möchte. Unsere Hoffnungen sind immer auf ein wünschenswertes Gut ausgerichtet. Insofern sagt uns die Hoffnung viel darüber aus, was Menschen wirklich wollen und was sie zu einem bestimmten Verhalten motiviert. Die meisten Hoffnungstheorien ignorieren die Frage, welche Hoffnungen die Menschen haben und wie sie diese bestimmen. Häufig wird einfach angenommen, dass Menschen unterschiedliche Hoffnungen haben, für die sie sich emotional und aktiv engagieren.

© Der/die Autor(en), exklusiv lizenziert durch Springer-Verlag GmbH, DE, ein Teil von Springer Nature 2022
A. Krafft, *Unsere Hoffnungen, unsere Zukunft*,
https://doi.org/10.1007/978-3-662-64289-4_15

Persönliche Wünsche und Sehnsüchte werden im Lichte unserer Werte, Interessen und Ideale definiert. Konkrete Hoffnungen gründen darauf, was wir als gut, sinnvoll und erstrebenswert im Leben betrachten. In unseren Hoffnungen sind daher unser Selbstverständnis und unsere Identität verankert. Mit unseren Hoffnungen liefern wir ein offenes Bekenntnis dafür, was wir uns im Hier und Jetzt wünschen sowie welche erstrebenswerte Zukunft wir uns im Leben vorstellen. Hoffnungen geben unserem Leben einen Sinn und erkennen die Hindernisse an, die der Verwirklichung unserer Wünsche und Sehnsüchte im Wege stehen. Sie sind besonders wichtig und relevant, weil sie uns über die gegenwärtigen Grenzen unseres Daseins hinausführen und uns neue Horizonte aufzeigen. In der Verwirklichung unserer Hoffnungen erweitern wir unser Leben und blühen als Menschen auf.

Es stellt sich daher die Frage, welche Hoffnungen die Menschen für wichtig und erstrebenswert halten. Indem wir die Menschen fragen, was sie brauchen, was sie sich wünschen und was ihre Prioritäten sind, können wir den Fokus auf das wirklich Wichtige im Leben richten und zum Wohlbefinden und Aufblühen der Menschen beitragen. Dabei müssen wir zwischen individuellen, sozialen und kollektiven Hoffnungen unterscheiden. Individuelle Hoffnungen sind beispielsweise die eigene Gesundheit, der Erwerb materieller Dinge oder bestimmte persönliche Projekte. Soziale Hoffnungen fokussieren sich auf andere Menschen, z. B. auf unsere Familienangehörige und Freunde. Kollektive Hoffnungen beziehen sich wiederum auf politische, soziale, wirtschaftliche und ökologische Lebensbereiche und werden von einer Gruppe von Menschen geteilt (Webb, 2013).

Die Formulierung als auch die Verfolgung unserer Hoffnungen sollten wir mit großer Sorgfalt bedenken und die Erwünschtheit bestimmter Werte und Ziele bewusst beurteilen. Was wünsche ich mir wirklich? Was erhoffen sich verschiedene Menschen? Damit wir die übergeordneten gesellschaftlichen Hoffnungen der Menschen verstehen können, müssen wir zuerst die persönlichen Wünsche und Hoffnungen der Menschen kennenlernen. Was Menschen für sich hoffen, hängt einerseits von den individuellen Idealen, Vorstellungen und Werten, andererseits aber auch von den wirtschaftlichen, politischen und soziokulturellen Bedingungen unserer Zeit ab.

15.2 Persönliche Hoffnungen

So wie in den vergangenen zehn Jahren haben wir im November 2020, also während eines der Höhepunkte der weltweiten COVID-19-Pandemie, ca. 10.000 Menschen nach ihren persönlichen Wünschen und Hoffnungen gefragt. Persönliche Hoffnungen beziehen sich auf Lebensbereiche, die der Person besonders wichtig sind und die als möglich und erreichbar eingeschätzt werden, unabhängig von der subjektiven Erwartungshaltung und Einschätzung ihrer Realisierung. Somit spiegeln persönliche Hoffnungen bewusst oder unbewusst die Vorstellung wünschenswerter Zukünfte wider und prägen diese wiederum maßgeblich. Persönliche Hoffnungen sind eine Konkretisierung im Hier und Jetzt übergeordneter Träume, Sehnsüchte oder Herzenswünsche.

Die 17 Lebensbereiche, die den Befragten im Hoffnungsbarometer zur Bewertung vorgelegt werden, beziehen sich auf folgende sechs Kategorien, die auf einer Skala von 0 = „nicht wichtig" bis 3 = „sehr wichtig" bewertet werden können:

1. Persönliches Wohlbefinden (z. B. Persönliche Gesundheit, Harmonie)
2. Soziale Beziehungen (z. B. glückliche Ehe, Familie, Partnerschaft, gute Beziehungen zu anderen Menschen);
3. Erfolg und materielle Güter (z. B. mehr Geld, Erfolg, Leistung und Karriere);
4. Lust und Vergnügen (z. B. mehr Sex, romantische Erlebnisse, Freizeit);
5. Sicherheit (z. B. im persönlichen Umfeld oder am Arbeitsplatz);
6. Altruismus (z. B. anderen Menschen helfen können).

In Abb. 15.1 werden die Mittelwerte der persönlichen Hoffnungen der beiden Ländergruppen (Europa und außerhalb Europas) vorgestellt. Die Ergebnisse sind wie bereits erwähnt nicht repräsentativ der Gesellschaftsstruktur der betroffenen Länder, aber sie geben wertvolle Hinweise in Bezug auf die Gemeinsamkeiten sowie die unterschiedlichen Wünsche und Hoffnungen der Menschen. Eine individuelle Vorstellung der Ergebnisse der einzelnen Länder würde den Rahmen dieses Buches sprengen. Wir präsentieren an dieser Stelle die Ergebnisse und Erkenntnisse, die auch nach einer vertieften Auswertung und Analyse der statistischen Daten robuste Aussagen erlauben.

In beiden Ländergruppen gibt es unter den bedeutsamsten Hoffnungen der Menschen klare Favoriten und auch Bereiche, die eindeutig von nachgelagerter Bedeutung sind. Zu bemerken ist, dass die persönlichen Hoffnungen im Monat November des Pandemie-Jahres 2020 erhoben wurden. Verblüffend ist, wie über alle Länder hinweg die Mittelwerte der letzten zehn Jahre nahezu identisch ausfallen. Gemeinsam haben die Menschen in allen Ländern das Gewicht auf gute Gesundheit, auf eine glückliche Familie, Ehe oder Partnerschaft, auf ein harmonisches Leben,

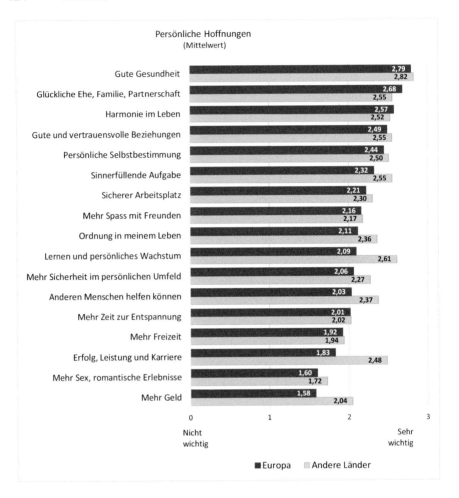

Abb. 15.1 Persönliche Hoffnungen (2020; N = 10.230)

auf gute Beziehungen zu anderen Menschen sowie auf eine sinnerfüllende Aufgabe gelegt. Diese Hoffnungen dienen dem persönlichen Wohlbefinden und der Stärkung der sozialen Beziehungen und entsprechen Bereichen im Leben, die offensichtlich überall auf dieser Welt tiefe universelle Werte und Wünsche zum Ausdruck bringen. Gleichzeitig erhielten die Kategorien Geld, Sex, Freizeit und Entspannung in allen untersuchten Ländern die tiefste Bewertung.

Vergleicht man die Hoffnungen Ende 2020 mit den Hoffnungen von 2019, fällt vor allem auf, dass die wichtigen Dinge im Leben noch wichtiger geworden sind und dass die weniger wichtigen Dinge wie Geld, Sex und Erfolg an Bedeutung verloren haben. In Krisenzeiten besinnen sich die Menschen auf das, was ihnen besonders wertvoll ist. Die weltweite Pandemie hat uns den überragenden Wert der Gesundheit für unser Leben nochmals deutlich vor Augen geführt. Die Gesundheit ist eine wichtige Voraussetzung für ein aktives, erfülltes und glückliches Leben. Zuallererst steht die Unversehrtheit unseres Körpers und unserer Psyche. Gleichzeitig hat die Gesundheit der Bevölkerung als Ganzes enorme Auswirkungen auf nahezu alle Lebensbereiche unserer Gesellschaft, was während der COVID-19-Pandemie schmerzvoll erkannt worden ist.

Eine weitere universelle Hoffnung bezieht sich auf den Wunsch nach einer glücklichen Ehe, Familie oder Partnerschaft. Nahezu alle Menschen sehnen sich nach einer liebevollen und stabilen Beziehung oder Familie. Die hohen Trennungs- und Scheidungsraten ändern nichts an diesem grundlegenden menschlichen Bedürfnis. Zu den wichtigsten Hoffnungen der Menschen gehören weiterhin ein harmonisches Leben sowie gute und vertrauensvolle Beziehungen zu anderen Menschen. Dies hebt das Bedürfnis nach innerem und äußerem Frieden und Gleichgewicht hervor. Die meisten Menschen empfinden den täglichen Stress sowie die Spannungen und Konflikte als belastend und sehnen sich nach Ruhe, Ausgeglichenheit und Zusammenhalt.

Des Weiteren ist die Hoffnung nach einem sinnerfüllten Leben ein universelles Bedürfnis. Den Menschen, dies gilt sowohl für die reichen als auch für die ärmeren Länder, ist der Wunsch nach einer sinnvollen Aufgabe in der Regel wichtiger als das Verlangen nach einem sicheren Arbeitsplatz oder mehr Geld. Dies war sogar während des Pandemie-Jahres 2020 der Fall, auch wenn die Hoffnung auf einen sicheren Arbeitsplatz oder mehr Geld in einigen Ländern wie Indien, Israel, Nigeria und Polen zugenommen hat. Je unsicherer die Aussichten in der Wirtschaft und am Arbeitsmarkt sind, desto wichtiger wird die Hoffnung auf Sicherheit. Schließlich gehören Autonomie, Unabhängigkeit und Selbstbestimmung ebenfalls zu einer universellen Hoffnung im Sinne eines Grundbedürfnisses des Menschen, der nach Freiheit strebt und selbstverantwortlich Entscheidungen im Leben treffen möchte.

Nebst diesen generellen Gemeinsamkeiten sind auch Unterschiede zwischen den Ländern sichtbar geworden. Am deutlichsten zeigen sich diese Unterschiede in sechs Bereichen, die in zwei Kategorien eingeteilt werden können. Die erste Kategorie bezieht sich auf die persönliche und materielle Entwicklung. In den Ländern außerhalb Europas sind das Lernen und persönliche Wachstum (an prominenter zweiter Stelle in der Rangliste), der persönliche Erfolg i.S. von Leistung und Karriere (an achter Stelle in der Rangliste) sowie mehr Geld signifikant wichtiger als für die

Menschen in Europa. Einerseits ist die demografische Struktur in diesen Ländern jünger, was auch in unseren beiden Gruppen zum Ausdruck kommt (im europäischen Sample ist das Durchschnittsalter bei ca. 46 und im außereuropäischen Sample bei ca. 37 Jahren). Gleichzeitig ist das durchschnittliche Einkommen (gemessen am Bruttoinlandsprodukt pro Kopf) in den Ländern außerhalb Europas im Schnitt deutlich niedriger als in den europäischen Ländern. Es ist daher verständlich, dass junge Menschen in ärmeren, aber zum Teil hochstrebenden Ländern wie Indien, Nigeria, Südafrika und Kolumbien begierig nach Wissen, Wachstumsperspektiven, Entwicklungschancen und materiellem Wohlstand sind. Dagegen sind diese Bereiche in einem alternden Europa, wenn auch nicht unwichtig, sichtbar weniger relevant, vor allem, weil ein Großteil der Menschen bereits vieles davon erreicht hat.

Die zweite Kategorie, bei der sich die Hoffnungen der Menschen innerhalb und außerhalb Europas signifikant unterscheiden, kann als sozialer Zusammenhalt bezeichnet werden. Dazu gehören die Bereiche Ordnung, Sicherheit und Hilfsbereitschaft anderen Menschen gegenüber. In Ländern, wo die wirtschaftlichen, politischen und gesellschaftlichen Rahmenbedingungen das Leben besonders schwer machen, sehnen sich die Menschen nach mehr Stabilität, Sicherheit und Solidarität zwischen den Menschen.

15.3 Das bestmögliche Selbst junger Erwachsener

Die persönlichen Hoffnungen der Menschen gewinnen bei der Gestaltung wünschenswerter Zukunftsbilder und persönlicher Lebensentwürfe eine wichtige Rolle. Unsere Hoffnungen bestimmen nicht nur, was wir tun, sondern auch, wer wir sind (Blöser & Stahl, 2017). Im Rahmen eines Masterkurses an der Universität St. Gallen haben die Studierenden eine Übung durchgeführt, mit der sie Bilder einer wünschenswerten Zukunft für sich selbst erarbeitet haben. Die Übung „Best Possible Self" (Sheldon & Lyubomirsky, 2006) wurde in der Positiven Psychologie entwickelt und mehrfach in der Praxis erprobt (z. B. Meevissen et al., 2011; Peters et al., 2010). Beim Entwurf eines bestmöglichen Selbst geht es grundsätzlich um die Frage, wie man sich selbst in 20 oder 30 Jahren sieht, wenn alles gut gelaufen ist und man alles erreicht hat, was man sich gewünscht hat. Dabei setzt man sich bewusst und aktiv mit den eigenen Werten, Interessen,

Träumen und Lebenszielen, aber zugleich auch mit der jetzigen Lebenssituation und den aktuellen Aktivitäten auseinander.

Die Teilnehmenden gaben Antwort auf die Frage: „Was ist das bestmögliche Leben, das ich mir in Zukunft für mich selbst vorstelle?" Sie sollten sich möglichst mit vielen verschiedenen Lebensbereichen wie Familie, Beruf, Karriere, Beziehungen, Hobbies und Gesundheit beschäftigen und sich dazu Gedanken machen, was in diesen Bereichen in einer bestmöglichen Zukunft geschehen soll. Festgehalten wurden dann die Vorstellungen darüber, wie es einem in Zukunft geht, was man tut, was man erreicht hat und was einem bis zu dem Zeitpunkt besonders wichtig ist.

Die Übung wird mit unterschiedlichen Schwerpunkten für ca. 15 min an fünf aufeinanderfolgenden Tagen durchgeführt. Die 13 Frauen und 17 Männer im Alter zwischen 22 und 41 (Mittelwert 25,4) konnten sich in ihr zukünftiges Selbst hineinversetzen und die spontan entstehenden inneren Bilder im Detail aufschreiben. Wichtig ist, dass die Gedanken über das bestmögliche Ich nicht nebulös bleiben, sondern dass konkrete Ideen und Möglichkeiten entwickelt und in einem logischen Zusammenhang gebracht werden. Man denkt und visualisiert, wie das bestmögliche Selbst aussehen kann bzw. soll, wenn man die eigenen Potenziale voll entfaltet, die wichtigsten Ziele erreicht und persönliche Lebensträume verwirklicht hat. Mit dieser Übung konkretisiert man die eigene Zukunft in Gedanken, was einem besonders wichtig ist, was man im Leben wirklich erreichen möchte und betrachtet den eigenen Lebensentwurf als Gesamtbild.

In diesem Kapitel werden die wesentlichen Erkenntnisse aus der Übung des bestmöglichen Selbst in allgemeiner und zusammengefasster Form dargestellt. Es werden die wiederkehrenden Gedankenmuster, die für die Gruppe bezeichnend sind, besprochen sowie zur Veranschaulichung der wichtigsten Inhalte einzelne Zitate wiedergegeben. Zur Wahrung der persönlichen Identität werden die Zitate in anonymer Form und mit der ausdrücklichen Zustimmung der Person veröffentlicht.

Bei den Zukunftsbildern der meisten Teilnehmenden hat der private Lebensbereich bedeutend mehr Raum eingenommen als die beruflichen Aspekte. Im Fokus stand eindeutig das Privatleben, und die Karriere wurde dabei verhältnismäßig seltener erwähnt. Es kamen weniger Bilder über ihren zukünftigen Job als darüber, wie sie sich in Zukunft fühlen wollten und was ihnen besonders wichtig war. Für die meisten Studierenden waren Lebensqualität, Wohlbefinden sowie eine erfüllende und zufriedenstellende Tätigkeit, die Freude bereitet und Sinn vermittelt, viel wichtiger als der monetäre Verdienst. Der Job wurde als ein Mittel zum Zweck für das Wohlbefinden und Glücklichsein erwähnt. Dabei kam die Erkenntnis, man habe sich als Student größtenteils mit Karrierefragen beschäftigt und andere essenzielle Bereiche im Leben bisher vernachlässigt.

> „Bei der Durchsicht des Tagesbuches wurde mir klar, dass die Hauptthemen, mit welchen sich meine Texte befasst haben, vor allem den Kategorien Wertschätzung, harmonische Beziehungen, Schaffung von Perspektiven und Erweiterung des Horizonts zugeordnet werden können."

Eine wesentliche Erkenntnis ist, dass das „bestmögliche Selbst" nicht käuflich ist. Oft wurde erwähnt, man sei sehr erstaunt gewesen, dass der materielle Erfolg beim bestmöglichen Selbst gar nicht erwähnt wurde. Themen wie ein guter Lebenszweck und immaterielle Werte waren wichtiger als Materielles. Geld spielt für die meisten interessanterweise eine völlig untergeordnete Rolle.

> „Während der Übung habe ich mich vor allem mit den immateriellen Werten meines bestmöglichen Ichs befasst. Die materiellen Eigenschaften meines zukünftigen bestmöglichen Ichs blieben bei der Reflektion eher im Hintergrund."

Zu Beginn ihrer Aufzeichnungen konzentrierten sich manche auf ihre berufliche Tätigkeit und Karriere. Dabei wurde explizit zwischen der mittelfristigen und der langfristigen Zukunft unterschieden. In den kommenden 5 bis 10 Jahren sind einigen der volle berufliche Einsatz und die Karriere als Zeichen des beruflichen Erfolges und Fortschritts wichtig. Man möchte nach dem Studium sich selbst und auch anderen beweisen, dass man es zu etwas bringen kann. Das psychologische Motiv dahinter nennt man in der Psychologie Accomplishment (Leistung) oder Achievement (Zielerreichung/ Erfolg). Menschen streben nach Herausforderungen, wollen erfolgreich sein, für sie wichtige Ziele erreichen und sich als kompetent und selbstwirksam erleben.

Wichtiger als die üblichen Motive Macht und Karriere sind vielen allerdings ein harmonisches Miteinander und ein respektvoller Umgang zwischen Kollegen. Junge Leute wollen in Unternehmen arbeiten, in denen soziale Werte einen hohen Stellenwert haben und der Fokus nicht ausschließlich auf Leistung gelegt wird. Sinnerfüllend ist eine verantwortungsvolle Aufgabe, die zur Berufung wird, bei der man die eigene schöpferische Kraft einsetzen und bei der man auch jeden Tag etwas Neues lernen kann.

„Eine Berufung, die einem das Gefühl gibt, richtig zu leben, eine bedeutungs- volle Tätigkeit für die Gesellschaft, eine Arbeit, die einem nicht den Eindruck vermittelt, in einem Hamsterrad zu stecken."

In 15 bis 20 Jahren sieht die Zukunft wiederum ganz anders aus. Der Beruf soll zur Berufung werden, aber gleichzeitig nicht zur Einseitigkeit führen und zulasten von sozialen Beziehungen und Hobbys gehen. Das Motiv der Work-Life-Balance stand auf einmal für alle im Vordergrund. Die Arbeit muss im Einklang mit den geistigen und körperlichen Ressourcen stehen. Zufriedenheit entsteht, wenn sich das „Ich" in einem inneren Gleich- gewicht befindet. Viele wurden sich bewusst, dass sie Karriereziele nicht über familiäre und soziale Bedürfnisse stellen möchten. Viele (auch Männer) stellen sich konkret eine geringere Arbeitszeit als bisher üblich vor, damit sie genug Zeit für ihre Familie, für die Kindererziehung, für Freunde und andere Aktivitäten haben.

„Die Work-Life-Balance. Diese nahm oft einen großen Bestandteil in meinen Berichten ein, da ich mich wohl am meisten davor fürchte, dass ich in 15 Jahren eines Tages aufwache und realisiere, dass ich aufgrund der Arbeit meine Familie vernachlässigt und das Aufwachsen der Kinder ‚verpasst' habe."

Für viele junge Menschen steht ihre körperliche, mentale, emotionale und soziale Gesundheit im Vordergrund. Dazu gehören eine bewusste Ernährung, der Konsum nachhaltiger Produkte, Sport und körperliche Bewegung, der Bezug zur natürlichen und sozialen Umwelt und die Pflege erfüllender Beziehungen.

„Für mich war ein häufig wiederkehrendes Motiv die Entspannung. ‚Ich fühle mich gelassen und ausgeglichen' oder ‚Ich fühle mich so, als wäre ich irgendwo angekommen' sind Sätze, die ich meinen Aufzeichnungen entnehme."

Immer wieder kam das Bedürfnis nach erfüllenden, harmonischen und stabilen sozialen Beziehungen und nach guter körperlicher und psychischer Gesundheit zum Ausdruck. Besonders charakteristisch für das bestmögliche Selbst sind wertschätzende Beziehungen zu sich selbst, zu anderen Menschen und zur Umwelt insgesamt. Gute Beziehungen zwischen Lebenspartnern, zu den Kindern, zu Familienangehörigen, Freunden, Arbeitskollegen und Vor- gesetzten. Zu einer guten Beziehung gehören gegenseitiges Vertrauen und Unterstützung sowie miteinander reden und aufeinander zugehen.

> „Mir ist insbesondere aufgefallen, dass das zentrale Leitmotiv der Verbunden-
> heit zu anderen Menschen immer wieder aufgekommen ist und dass die Vor-
> stellungen hinsichtlich Familie und Beziehung deutlich klarer waren als die
> Vorstellungen in den anderen Bereichen und die damit verbunden Gefühle
> mir einiges mehr gegeben haben."

Ein wiederkehrendes Thema ist der Wunsch nach innerer und äußerer
Harmonie. Harmonie zwischen den Lebensbereichen Familie, Arbeit und
Hobbys sowie Harmonie in den Beziehungen zu anderen Menschen und zur
Umwelt. Ein harmonisches Miteinander wird durch gegenseitige Akzeptanz,
Unterstützung und Fürsorge sowie durch Vertrauen, Achtsamkeit und Ver-
fügbarkeit gezeichnet.

> „Harmonie ist die zentrale Instanz meines bestmöglichen Selbst. Ein
> harmonischer Zustand mit der Familie, mit der Karriere, mit dem Geist und
> mit dem Körper."

Lebensglück, dies wurde häufig erkannt, wird kaum durch materielle Besitz-
tümer alleine erlangt. Häufig wurden Wert wie Integrität, Freundlichkeit,
Herzlichkeit, Verständnis, Hilfsbereitschaft, Dankbarkeit und Bewusstsein für Nachhaltigkeit erwähnt. Das eigene Glück kann vor allem erzielt
werden, wenn man die Zufriedenheit und Lebensqualität der Mitmenschen
erhöht. Zudem verspürte man das Bedürfnis, gewisse Dinge in der Gesellschaft verändern zu wollen. Indem man anderen Leuten hilft, gewinnt man
selbst an Lebensfreude und Lebensqualität.

> „Bei meinem bestmöglichen Selbst ging es weniger um materielle Wünsche.
> Vielmehr ging es mir um interpersonelle Beziehungen, tiefgründige und
> fruchtbare Gespräche, gesellschaftliches Engagement, (spirituelle) persön-
> liche Selbstentwicklung und Verwirklichung als auch um ein idyllisches,
> unabhängiges und harmonisches Leben im Einklang mit der Natur."

Zum Abschluss dieses Kapitels möchten wir diese Selbstporträts junger
Akademiker durch die repräsentativen Ergebnisse des in der Schweiz breit
durchgeführten Generationen-Barometers (Bühler, 2020) erweitern. Das
Generationen-Barometer hat die Träume und Erwartungen verschiedener
Altersgruppen in der Schweiz erhoben und analysiert.

In den vergangenen Jahrhunderten glaubte man, dass es jeder neuen
Generation besser gehen würde als der vergangenen. Dies sehen die jungen
Erwachsenen heute nicht mehr so. Die meisten 18- bis 24-Jährigen sind

der Ansicht, dass es ihre Eltern besser hatten als sie selbst. Aufgrund des steigenden Erfolgs- und Leistungsdrucks, der weniger attraktiven beruflichen Perspektiven und dem schlechteren Zustand der Natur glauben die jungen Erwachsenen nicht mehr an einen weiteren Fortschritt in Bezug auf die eigene Lebensqualität. Es besteht bei dieser Altersgruppe trotz des allgemeinen Wohlstands und der aktuellen Lebenszufriedenheit ein ausgesprochenes Hoffnungsdefizit. Eine Mehrheit leidet unter einer allgemeinen Ernüchterung und Perspektivenlosigkeit in Bezug auf die Zukunft.

Es scheint, als würden junge Erwachsene einiges in ihrem Leben vermissen, wie z. B. mehr Ruhe und Entspannung, eine erfüllende Partnerschaft und die Zuversicht in die Zukunft. Auffällig ist, dass unter den vier meistgenannten Träumen der jungen Erwachsenen keine materiellen Dinge dabei sind. Nebst dem Traum von einer großen Reise und einer guten Partnerschaft wünscht sich die junge Generation mehr sinnvolle Tätigkeiten, mit denen sie etwas Gutes für andere tun kann. So wünschen sich viele Jugendliche mehr Solidarität und ein größeres gesellschaftliches Engagement. Aufgrund ihrer großen Bedeutung werden wir in den kommenden Kapiteln die soziale und gesellschaftliche Dimension der Hoffnung beleuchten und die Voraussetzungen dafür erläutern.

16

Die soziale Dimension der Hoffnung

Hoffnung ist ein eminent soziales Phänomen. Wir hoffen am stärksten, wenn wir uns mit anderen Menschen verbunden fühlen, wenn wir mit und für andere Menschen hoffen und uns von anderen Menschen getragen und unterstützt fühlen. Einsamkeit ist dagegen der größte Feind der Hoffnung. Menschen, die sich in ihren Hoffnungen allein gelassen, nicht ernst genommen oder sogar abgelehnt fühlen, berichten über signifikant geringere Hoffnungswerte und leiden überdurchschnittlich stark an Zukunftsängsten und Depressionen. Hoffnung gedeiht im Gefühl der Geborgenheit, des Vertrauens und der Zugehörigkeit zu einer Gruppe von gleichgesinnten Menschen, die von Wertschätzung, Mitgefühl, Solidarität und gegenseitiger Hilfsbereitschaft gekennzeichnet ist. Unsere Hoffnungsfähigkeit wird nicht nur durch die Fürsorge und Unterstützung anderer gestärkt. Sie gedeiht ebenso durch unsere eigene Bereitschaft, für andere zu hoffen und ihnen in schwierigen Zeiten Mut und Selbstvertrauen zu vermitteln. Indem wir anderen Menschen tatkräftig zur Seite stehen, wenn sie uns brauchen, beflügeln wir unsere eigene Hoffnung und die der anderen.

16.1 Soziale Unterstützung

Eine wichtige Erkenntnis aus Psychologie und Philosophie ist der soziale Charakter der Hoffnung (Erikson, 1998; Marcel, 1949; McGeer, 2008). Hoffnung ist nicht nur ein privater mentaler Zustand. Die Aktivität des Hoffens gedeiht im Zusammenspiel zwischen der Person und ihrem sozialen und natürlichen Umfeld. Am prominentesten wurde der soziale

© Der/die Autor(en), exklusiv lizenziert durch Springer-Verlag GmbH, DE, ein Teil von Springer Nature 2022
A. Krafft, *Unsere Hoffnungen, unsere Zukunft,*
https://doi.org/10.1007/978-3-662-64289-4_16

Charakter von Hoffnung vom Philosophen Gabriel Marcel (1949) hervorgehoben. Gabriel Marcel betont eine Hoffnung, die auf die Gemeinschaft zwischen zwei Menschen ausgerichtet ist. Hoffnung ist für Marcel grundlegend beziehungsorientiert, d. h. eine Praxis des Lebens, die in Beziehungen begründet ist. Für Marcel ist Hoffnung jene Eigenschaft, durch die wir in der Lage sind, über uns selbst und unsere eigenen Grenzen hinauszusehen, und die unsere Aufmerksamkeit auf das lenkt, was mit der Hilfe anderer möglich ist. In der Hoffnung wird der Fokus nicht nur auf ein Objekt gelegt, sondern vor allem auf eine andere Person, mit der und für die wir hoffen.

Hoffnung entsteht somit durch das Band der Liebe und durch die Zuwendung zu einem anderen Menschen. Erst diese auf Liebe beruhende persönliche Beziehung ermöglicht die Entstehung einer robusten bis hin zur bedingungslosen Hoffnung. Wenn wir bedingungslos hoffen, hoffen wir nicht nur auf und für uns selbst, sondern wir hoffen auf, für und mit jemand anderem zusammen. Diese gemeinsame Hoffnung verleiht den Menschen eine besondere Kraft zur Überwindung von Mut- und Hoffnungslosigkeit. Die soziale Hoffnung ist vor allem im Fall von Krankheit und anderen Schicksalsschlägen von Bedeutung. In der Beziehung zu einem anderen Menschen wird Hoffnung geschöpft und den widrigen Situationen im Leben getrotzt und darüber hinausgewachsen. Dagegen sind destruktive Beziehungen sowie das Gefühl der Einsamkeit und sozialer Ablehnung besonders in schwierigen Lebensphasen ein Verstärker von Hilfs- und Hoffnungslosigkeit und somit von Angst und Sorge.

Im Hoffnungsbarometer von November 2019 haben wir zu aller erst das Gefühl sozialer Ablehnung mit der Scale von Cyranowski et al. (2013) in Zusammenhang mit Hoffnung sowie mit Angst und Depression (Kroenke et al., 2009) untersucht. Soziale Ablehnung findet statt, wenn Menschen den Eindruck haben, als wären ihre Hoffnungen für andere Menschen nicht wichtig, als würden diese sich nicht dafür interessieren. Man fühlt sich dann so, als wäre man einem anderen Menschen egal. Wenn man einen anderen um Hilfe und Unterstützung bittet, wird man entweder nicht ernst genommen oder man fühlt sich von dem anderen fallen gelassen.

Von den rund 10.000 befragten Menschen erleben ca. 12 bis 14 % eine massive soziale Ablehnung, und ca. ein Viertel der Bevölkerung fühlt sich manchmal alleingelassen und abgelehnt. Welchen Zusammenhang dies mit der Hoffnung und dem Gefühl von Angst und Depression hat, sieht man in Abb. 16.1. Je höher die soziale Ablehnung, desto niedriger ist die wahrgenommene Hoffnung, und desto höher sind Angst und Depression.

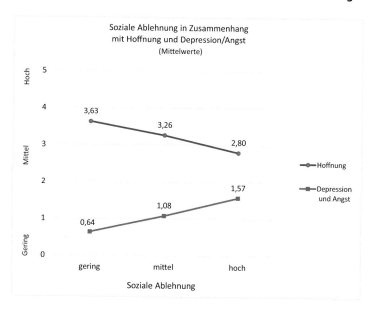

Abb. 16.1 Soziale Ablehnung in Zusammenhang mit Hoffnung sowie Depression und Angst (2019; N = 10.907)

In der Hoffnung können wir eine neue Art der Beziehung zu anderen herstellen. Hoffnung ist laut Kadlac (2015) eine Tugend vor allem dann, wenn sie Mitgefühl und Solidarität mit anderen erzeugt. Gute Hoffnung ist eine Hoffnung der gegenseitigen Fürsorge. Da unser Wohlbefinden eng mit unseren Beziehungen zu anderen Menschen zusammenhängt, wird Hoffnung eine fortlaufende soziale Aktivität sein (Stitzlein, 2019). Unsere Hoffnung wird gestärkt, wenn wir merken, dass andere sich um unser Wohlbefinden sorgen. Es wird uns dadurch bewusst, wie stark und belebend unsere gegenseitige Aufmerksamkeit, Ermutigung und Unterstützung für die Aufrechterhaltung unserer Hoffnungen und die der anderen ist.

Die Hoffnung und das Wohlbefinden des Einzelnen hängen mit dem Gefühl der Zugehörigkeit und des Vertrauens in sich selbst und in andere zusammen, verbunden mit der klaren Überzeugung darüber, worum es im Leben wirklich geht und wofür es sich lohnt zu hoffen (Braithwaite, 2004). Indem wir uns die Sichtweise anderer Menschen anhören, die sich um uns kümmern, können wir auch unsere Hoffnungen hinterfragen und korrigieren. Wir erweitern unsere Hoffnung durch die vertrauensvolle Verbindung mit anderen. Während uns die Angst entfremdet und trennt, schafft die Hoffnung ein Band der Wertschätzung und des Vertrauens, dank dessen wir uns für unsere Hoffnungen engagieren, aber auch neu ausrichten können, wenn bestimmte Hoffnungen scheitern. Aus diesem gemeinsamen Füreinanderdasein entsteht eine Gemeinschaft der Hoffnung (McGeer, 2004).

16.2 Unterstützung erhalten

Hoffnung ist zutiefst ein soziales Phänomen. Ohne die Unterstützung anderer Menschen wäre unsere eigene Handlungs- und Hoffnungsfähigkeit stark begrenzt. Auf der einen Seite werden wir uns bei der Gestaltung und Verfolgung unserer Hoffnungen auf unsere eigenen Fähigkeiten besinnen und diese aktiv entwickeln. Auf der anderen Seite müssen wir unsere Leistungsgrenzen anerkennen und die Verbindung zu anderen Menschen suchen, die uns bei der Verwirklichung unserer Hoffnungen praktisch und emotional zur Seite stehen.

Der soziale Wert der Hoffnung lässt sich grundsätzlich auf drei Ebenen feststellen: Erstens benötigen wir manchmal die tatkräftige Unterstützung und Hilfestellung anderer, mit der wir unsere Hoffnungen erfüllen können. Zweitens können andere Menschen für und mit uns hoffen. Durch den emotionalen Beistand und die persönliche Ermutigung gewinnen wir Selbstvertrauen und fühlen uns „empowert". Drittens geht es um die Bildung einer Gemeinschaft der Hoffnung, bei der Menschen zusammenarbeiten und sich für ihre gemeinsamen Werte, Interessen und Ideale für- und miteinander einsetzen.

Damit wir unsere Ziele erreichen können, müssen wir häufig mit anderen Menschen zusammenarbeiten, auf die Unterstützung anderer Menschen zählen und ihnen vertrauen. In der zwischenmenschlichen Hoffnung erweitern wir unsere eigene Handlungsfähigkeit, indem wir unsere Hoffnung in andere Menschen setzen, sei es in Familienmitglieder, Arbeitskollegen, Ärzte oder die Regierung (Martin, 2019). Bereits im Abschn. 10.3 haben wir festgestellt, dass die Unterstützung der Familie und von Freunden zu den wichtigsten Quellen von Hoffnung zählt. Die liebevolle Beziehung zur Familie und zu Freunden spielt eine besonders wichtige Rolle für alle Facetten der Hoffnung: Wir werden in unseren Wünschen bekräftigt, können an uns selbst und an neue Möglichkeiten glauben und vertrauen auf tatkräftige Unterstützung, wenn wir diese benötigen.

Wie stark die soziale Unterstützung in der Gesellschaft ausgeprägt ist, zeigen die Ergebnisse in Abb. 16.2 (gemessen mit dem Fragebogen von Cyranowski et al., 2013). Mehr als die Hälfte unserer Umfragepersonen hat jemanden, der ihnen zuhört, wenn sie über ihre Hoffnungen

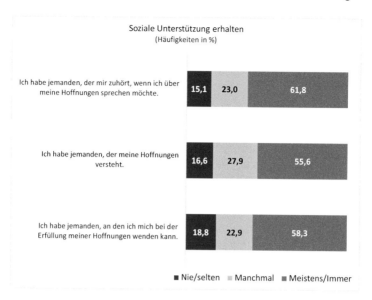

Soziale Unterstützung erhalten
(Häufigkeiten in %)

Ich habe jemanden, der mir zuhört, wenn ich über meine Hoffnungen sprechen möchte.   15,1   23,0   61,8

Ich habe jemanden, der meine Hoffnungen versteht.   16,6   27,9   55,6

Ich habe jemanden, an den ich mich bei der Erfüllung meiner Hoffnungen wenden kann.   18,8   22,9   58,3

■ Nie/selten   ■ Manchmal   ■ Meistens/Immer

Abb. 16.2   Soziale Unterstützung erhalten (2019; N = 10.970)

sprechen möchten, der ihre Hoffnungen versteht und an den sie sich bei der Erfüllung ihrer Hoffnungen wenden können. Bei etwa ein Viertel der Befragten ist dies manchmal, aber nicht meistens der Fall. Dagegen fühlen sich zwischen 15 und 20 % selten bis nie von jemandem anderen unterstützt.

Die soziale Dimension der Hoffnung ist vor allem dann von Bedeutung, wenn wir mit Schwierigkeiten und Enttäuschungen zu kämpfen haben. Besonders in schwierigen Zeiten benötigen wir die Verfügbarkeit und aufbauende Zuneigung anderer Menschen, die mit und für uns glauben, insbesondere dann, wenn wir es nicht mehr aus eigener Kraft können. Wir wissen dann, dass wir nicht alleine sind und dass, sollten wir einmal nicht mehr weiterwissen, andere für uns da sein werden, um uns Mut und Hoffnung zu geben. Angesichts der täglichen Aufgaben und Hürden bewahrt uns diese Gewissheit vor der drohenden Hilfslosigkeit und Verzweiflung. Mit der Gabe der Hoffnung sind wir beides, Gestalter unseres Lebens sowie dankbare Empfänger der fürsorglichen Zuneigung anderer Menschen. Wir verbinden damit Kraft und Demut, Tatendrang und Geduld, Geben und Nehmen.

Wenn andere auf und für uns hoffen, sehen sie uns so, wie wir sein könnten. Sie vermitteln uns Achtung und Wertschätzung. Sie glauben an uns, auch wenn wir es selber nicht mehr können, und lösen dadurch ein neues Selbstvertrauen in uns aus (McGeer, 2008). Andere Menschen bestärken unsere Hoffnungen durch ihre Ermutigung, ihre Präsenz und ihre aktive Unterstützung. Wenn andere Menschen für uns da sind, an uns glauben, uns ermutigen und sich für uns einsetzen, stärkt dies unsere Hoffnung, unseren Glauben und unsere Willenskraft. Sobald dies auf Gegenseitigkeit beruht, werden wir uns durch unsere Hoffnung selbst ermächtigen und gleichzeitig auch andere ermutigen (McGeer, 2004).

Wie wichtig die soziale Unterstützung für die Hoffnung ist, zeigt der nahezu lineare Zusammenhang dieser beiden Phänomene in Abb. 16.3.

Dank des Zuspruches anderer Menschen fühlen wir uns ermutigt, nehmen unsere Stärken selbstbewusster wahr und entwickeln eine positive und hoffnungsvolle Haltung gegenüber der Zukunft. Indem andere Menschen ihr Vertrauen in uns legen, befähigen sie uns und bekräftigen sie uns darin, was wir tun und sein können. Indem andere ihr hoffnungsvolles Vertrauen signalisieren, können wir auch für uns selber stärker hoffen. Die Wertschätzung, die uns andere durch ihren Glauben und ihr Vertrauen in uns signalisieren, belebt unsere allgemeine Hoffnungsfähigkeit und das Vertrauen in unsere eigenen Hoffnungen und Kräfte. Wir sehen unsere eigene Zukunft als etwas, was wir durch unsere eigene Handlungsfähigkeit und mit

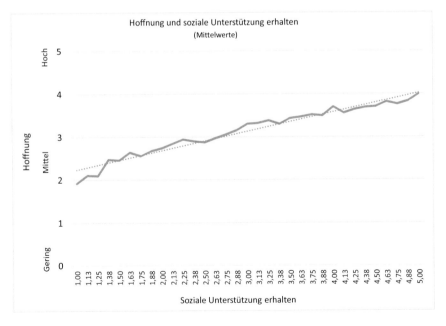

Abb. 16.3 Hoffnung in Zusammenhang mit sozialer Unterstützung erhalten (2019; N = 10.970)

Unterstützung anderer gestalten können. Daher sollten wir immer wieder andere suchen, die in der Lage sind, unsere Hoffnungen zu bekräftigen und gleichzeitig bereit sein, andere Menschen in ihren Hoffnungen zu bestärken.

16.3 Unterstützung geben

Manchmal sind es die anderen, die uns Hoffnung schenken. In anderen Situationen sind dann wir es, die den anderen Hoffnung geben können. Hoffnung ist ein Geschenk, mit dem wir andere Menschen befähigen und wir uns dadurch auch selbst befähigen, so wie beispielsweise Eltern für ihre Kinder hoffen (McGeer, 2004, 2008). Indem wir andere Menschen in ihrer Hoffnungsbereitschaft und -fähigkeit unterstützen, schenken wir ihnen unser Vertrauen in ihre Hoffnungen. Wir vermitteln ihnen damit das Gefühl, dass uns ihre Wünsche und Hoffnungen wichtig sind und schenken ihnen dadurch unseren Respekt und unsere Anerkennung. Alleine dadurch, dass wir uns um die Hoffnungen anderer kümmern und uns dafür interessieren, signalisieren wir ihnen, wie wertvoll ihre Hoffnungen sind, was ihren Hoffnungen neue Energie gibt. Durch unseren Glauben an sie bestärken wir zudem ihren eigenen Glauben an die Realisierbarkeit ihrer Wünsche und ermutigen sie darin, dranzubleiben und nicht aufzugeben. Menschen können dadurch eine hoffnungsvolle Energie entfalten, die wiederum andere anstecken kann und sie in ihren eigenen Hoffnungen bestätigt.

Marcels (1949) Begriff der „Verfügbarkeit" ist zentral für das Verständnis von Hoffnung. Häufig helfen wir einem anderen Menschen am besten, indem wir einfach da sind, ihm zuhören und eine emotionale Verbundenheit aufbauen. In der Hoffnung sind wir für andere Menschen offen und verfügbar. Sie können uns vertrauen und auf unsere Zuwendung und Unterstützung zählen. Damit wird die gegenseitige Abhängigkeit, die wir miteinander haben, anerkannt. Wenn wir uns einem anderen gegenüber öffnen und zur Verfügung stehen, tun wir dies im Glauben an den anderen. Daraus entstehen eine schöpferische Beziehung und das gemeinsame Engagement für eine Sache. Wir werden zu Hoffnungsträgern für unser Umfeld, indem wir gemeinsame Ideale hochhalten, an eine gute Zukunft für alle glauben, auf die Fähigkeiten der anderen vertrauen und sie bei der Verwirklichung ihrer Hoffnungen unterstützen.

Wie wichtig das Bedürfnis in den meisten Menschen vorhanden ist, für andere da zu sein, ihnen zuzuhören und ein Gefühl der Geborgenheit zu vermitteln, wird in Abb. 16.4 ersichtlich.

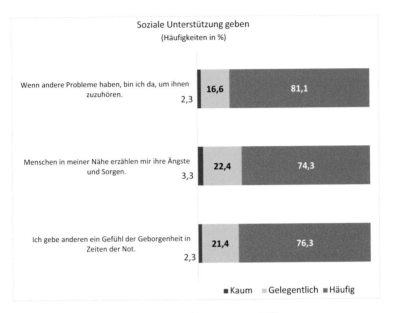

Abb. 16.4 Soziale Unterstützung geben (2019; N = 10.970)

Hoffnung lebt in konkreten Beziehungen, besonders in den Idealen und Werten, die wir mit Familie und Freunden teilen. Menschen, die eine gute Beziehung zu ihren Partnern, Familienangehörigen und Freunden pflegen, fühlen sich hoffnungsvoller. Zudem gehören eine glückliche Ehe, Familie oder Partnerschaft sowie gute und vertrauensvolle menschliche Beziehungen zu den wichtigsten persönlichen Hoffnungen der meisten Menschen (siehe Abschn. 15.2.). Der eigene Partner bzw. die eigene Partnerin und die Familie sind eine wesentliche Quelle und ein wichtiges Ziel der Hoffnung zugleich. Besonders relevant ist dabei die Erfahrung gegenseitiger Hilfsbereitschaft und Unterstützung, d. h. füreinander da zu sein, wenn der Partner/die Partnerin und die Familie es brauchen. Hoffnung steht hier mit Selbstlosigkeit in Verbindung. Schon allein das Sprechen mit dem Ehe- bzw. Lebenspartner kann als eines der wichtigsten Fundamente von Hoffnung verstanden werden.

Der signifikante Zusammenhang zwischen der eigenen Hoffnung und der Bereitschaft, für andere da zu sein und sie zu unterstützen, wird in Abb. 16.5 offensichtlich. Je mehr wir anderen zuhören, sie ermutigen und ihnen ein Gefühl des Vertrauens und der Geborgenheit vermitteln, desto stärker ist unsere eigene Hoffnung.

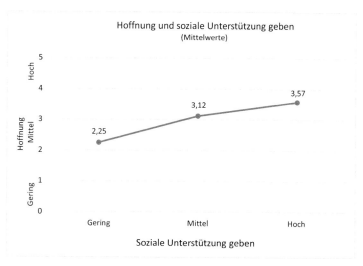

Abb. 16.5 Hoffnung in Zusammenhang mit sozialer Unterstützung geben (2019; N = 10.970)

All dies weist auf die Bedeutung von gegenseitiger Fürsorge und Hilfsbereitschaft für die Erhaltung der Hoffnung hin. Die konsequente Schlussfolgerung dieser Phänomene ist die, dass unsere jeweilige Hoffnungsfähigkeit und -bereitschaft davon abhängen, wie gut wir nicht nur für uns, sondern auch mit und für andere hoffen und somit eine Gemeinschaft der Hoffnung bilden können (McGeer, 2004). Sobald wir auf die Hoffnungen anderer eingehen, nehmen wir an deren Leben teil und öffnen unseren eigenen Horizont der Hoffnung. Wir müssen uns sowohl um uns selbst kümmern als auch um andere, was wiederum die wesentliche Rolle von Familie, Freunden und Gemeinschaft als Träger der Hoffnung betont (Snow, 2019). Wenn wir unsere Hoffnungen mit anderen Menschen teilen, dann hoffen wir aus Solidarität. Manchmal hoffen wir lediglich für andere, und zwar aus reiner Zuwendung. Wenn wir uns für das Wohlergehen anderer interessieren und einsetzen, z. B. für die Partnerin/den Partner, für die eigenen Kinder etc., dann hoffen wir für sie aus Liebe. Auf diese Weise entsteht ein Netzwerk von hoffnungsvollen Menschen, die füreinander da sind und sich gegenseitig helfen. Menschen mit gemeinsamen Zielen entwickeln dadurch eine kollektive Hoffnung (Martin, 2019).

17

Gesellschaftliche Hoffnung

Gesellschaftlicher Fortschritt, dies zeigt die Geschichte der Menschheit, wird durch gemeinsame Visionen einer besseren Welt und die pragmatische Hoffnung auf die individuelle und kollektive Gestaltbarkeit der Zukunft getragen. Auf der einen Seite braucht es klare Vorstellungen darüber, wie sich die Gesellschaft entwickeln soll. Anstatt dystopische Bilder einer zerfallenden Erde brauchen wir mehr realistische Utopien einer florierenden Welt. Um nicht in Mutlosigkeit und Ohnmacht zu verfallen, müssen diese Utopien mit der pragmatischen Vorstellung verbunden sein, dass wir die Welt, die wir uns wünschen, gemeinsam gestalten können. Gemeinschaften kollektiver Hoffnung werden durch geteilte Bilder einer wünschenswerten Zukunft und durch den Glauben an die Machbarkeit dieser Wünsche zusammengehalten. Solche Gemeinschaften der Hoffnung finden sich beispielsweise in gemeinnützigen und ehrenamtlichen Organisationen und Vereinen, die das Gemeinwohl zum Ziel haben und vom Engagement sowie von der gegenseitigen Unterstützung und dem Vertrauen ihrer Mitglieder untereinander leben.

17.1 Pragmatische Hoffnung

Der philosophische Pragmatismus und Meliorismus geht davon aus, dass die Welt nicht perfekt, aber die Zukunft auch nicht vorbestimmt ist, sodass wir gemeinsam die Welt besser machen können. Pragmatiker richten ihre Hoffnung auf das, was in der Gegenwart für die Zukunft getan und verbessert werden kann. Der Glaube an das Gute im Leben, so Dewey (1916/1980), dient als Voraussetzung für ein ernsthaftes Engagement für eine bessere Welt. Während eine Gesellschaft, in der die Angst vorherrschend ist, durch Egoismus und gegenseitiger Konkurrenz

© Der/die Autor(en), exklusiv lizenziert durch Springer-Verlag GmbH, DE, ein Teil von Springer Nature 2022
A. Krafft, *Unsere Hoffnungen, unsere Zukunft,*
https://doi.org/10.1007/978-3-662-64289-4_17

gekennzeichnet sein wird, führt eine Gemeinschaft der Hoffnung zu einem stärkeren Zusammenhalt, zu mehr Solidarität und Kooperation untereinander (Stahl, 2019).

Der Meliorismus à la Dewey beinhaltet den Glauben daran, dass wir die Zukunft zwar nicht voraussehen können, aber egal, welche Bedingungen in einem Moment bestehen, seien sie schlecht oder gut, diese in jedem Fall verbessert werden können. Unter Meliorismus versteht man „die Idee, dass es zumindest eine ausreichende Grundlage für das Gute im Leben und seinen Bedingungen gibt, sodass wir durch Nachdenken und ernsthaftes Bemühen die Dinge ständig besser machen können" (Dewey, 1916/1980, S. 294, eigene Übersetzung). Dazu gehören der Glaube an die Möglichkeiten, die uns die Zukunft bietet, und der Wille, diese Möglichkeiten gemeinsam zu ergreifen. Weder werden die Lebensbedingungen als gegeben und unveränderbar noch unsere eigenen Anstrengungen als vergeblich angenommen.

In schwierigen Zeiten können wir das eigene Leben und das Leben anderer verbessern und Verzweiflung oder Niedergeschlagenheit überwinden. Das Verständnis von Hoffnung als soziale Kraft besteht laut Dewey in der Fähigkeit, daran zu glauben, dass unsere gemeinsame Zukunft einfach anders, freier und besser sein wird als die Vergangenheit. Auch wenn wir nicht genau wissen, wie die Welt in zehn, zwanzig oder dreißig Jahren aussehen wird und wir uns kein präzises Bild der Zukunft machen können, können wir daran glauben, dass, wenn wir uns gemeinsam dafür einsetzen, wir eine bessere Welt gestalten können, und zwar unabhängig davon, wie schlimm die Situation momentan aussehen mag (Rorty, 1999). Wir müssen allerdings darauf vertrauen, dass wir nicht die einzigen sind, die die Welt verbessern möchten.

Damit wir gemeinsam etwas verändern können, benötigen wir konkrete Ideale. Diese Ideale dienen zur Erweiterung unseres Horizontes und unserer Perspektiven und müssen daher gemeinsam entwickelt und gepflegt werden. Je bewusster diese Ideale sind, desto mehr können sie uns zum Handeln und zur Zusammenarbeit motivieren. Für Rorty (1999) besteht sozialer Fortschritt, auf den wir unsere Hoffnungen setzen sollten, aus einer zunehmenden Sensibilität für die Bedürfnisse einer immer größeren Vielfalt von Menschen. Das Ideal der sozialen Demokratie betrachtet alle Menschen als gleichwertig, bringt ihnen den gleichen Respekt entgegen und sieht alle als Teil eines gemeinsamen Lebens. Die Hoffnung auf eine Welt, in der es mehr Gerechtigkeit und weniger Leid geben kann, richtet sich auf konkrete Anliegen wie beispielsweise, dass jeder Mensch genug zu essen, ein würdevolles Heim, Zugang zu medizinischer Versorgung und zu Bildung hat (Rorty, 2002).

Der Wert der Hoffnung liegt laut Rorty im Glauben daran, dass die Zukunft besser gestaltet werden kann als die Vergangenheit. In der Hoffnung leben eine unbestimmte Utopie, der Glaube an verschiedene Möglichkeiten, um diese zu realisieren, und das Vertrauen in die Kräfte des kollektiven Handelns. Hoffnung bedeutet für Rorty (1998, S. 138, eigene Übersetzung), „die Welt bei der Gurgel packen und darauf bestehen, dass es mehr in diesem Leben gibt, als wir uns jemals vorgestellt haben".

Die geteilte Hoffnung auf eine bessere Welt fördert die Zusammenarbeit zwischen den Menschen. Durch gemeinsame Erfahrungen, Werte und Interessen kann sich ein Gefühl der gegenseitigen Solidarität und der gemeinsamen Hoffnung entwickeln. Gesellschaftliche Hoffnung ist eine Reihe von positiven Gewohnheiten, die neue Möglichkeiten schaffen und in enger Zusammenarbeit mit anderen die Welt zu einem besseren Ort machen.

17.2 Kollektive Hoffnung

Kollektive Hoffnung stellt eine besondere Form der sozialen Hoffnung dar, nämlich gemeinsame Wünsche und Visionen von einem sinnvollen und würdevollen Leben innerhalb einer sozialen Gemeinschaft (Kleist & Jansen, 2016). Gemeinschaft ist eine Gesellschaft oder Gruppe von Personen, die von gemeinsamen Interessen und Werten zusammengehalten und geleitet wird (Stahl, 2019). Kollektive Hoffnung bezieht sich auf die Hoffnung, die Menschen gemeinsam mit anderen für die Umsetzung bestimmter Werte und Träume einer Gemeinschaft hegen. Wir sprechen von einer kollektiven Hoffnung, bei der eine ganze Gruppe von Menschen gemeinsame Überzeugungen und Wünsche hat und diese auf eine hoffnungsvolle Weise in Erfüllung bringt (Blöser & Stahl, 2019).

In einer Gemeinschaft der Hoffnungen werden zuerst einmal die Bedingungen geschaffen, aufgrund derer die gemeinsamen Hoffnungen Gestalt annehmen können. Eine wesentliche Frage ist daher, worauf wir gemeinsam hoffen können und welche Hoffnungen wir ineinander setzen sollen. Es findet eine Klärung über den Wert und den Sinn der anzustrebenden Hoffnungen statt. Der kollektive Prozess der Hoffnung beginnt mit einer gewünschten Vision des sozialen Wandels und der Ergreifung von Möglichkeiten zu ihrer Umsetzung (Braithwaite, 2004a).

Was Gesellschaften zusammenhält, sind gemeinsame Hoffnungen einer besseren kollektiven Zukunft (Rorty, 2002). Diese Art von Hoffnung verbindet uns mit anderen Menschen, mit denen wir ein globales Netzwerk der sozialen Hoffnung aufbauen können. Anstatt nur auf unsere individuellen Ziele zu achten, lassen wir uns auf eine größere Gemeinschaft mit übergeordneten sozialen, ökologischen oder auch materiellen Zielen ein und verfolgen diese gemeinsam. Im Zentrum steht das Interesse, die Welt positiv zu gestalten, damit wir alle besser leben können. Der Fokus liegt darauf, wie wir im Einzelnen lernen und uns verändern und somit auch die Welt um uns herum verbessern können.

Die Hoffnungen auf gesellschaftliche Veränderungen wie beispielsweise auf mehr Gerechtigkeit führen die Menschen zusammen, indem es ihnen das Gefühl einer gemeinsamen Mission gibt. Eine gemeinsame Vision der Zukunft und die Hoffnung auf ein besseres Leben verbinden uns mit anderen Menschen, fördern das Gemeinwohl und geben den Menschen einen Sinn im Leben (Stitzlein, 2019). In einer solchen Gemeinschaft der Hoffnung sind die Menschen psychologisch und praktisch durch die verbindenden Hoffnungen vereint.

Für eine Gemeinschaft der Hoffnung braucht es gemeinsame Werte und Ideale, aber auch ein gemeinsames Engagement. In dieser Form setzen sich die Mitglieder dieser Gemeinschaft für die Verwirklichung der gemeinsamen Ziele ein. Gemeinschaften sind besonders wichtig für die Überwindung von Hindernissen und Schwierigkeiten, womit sich eine verbindende Identität herausbilden kann. In der gesellschaftlichen Hoffnung erkennen wir die Schwierigkeiten der gegenwärtigen Umstände an und glauben gleichzeitig, dass die Dinge durch uns und andere verbessert werden können. In der Gemeinschaft werden die Voraussetzungen für ein gemeinsames Handeln erzeugt, und es werden bei auftretenden Schwierigkeiten der Glaube und das Vertrauen zur Verwirklichung der Hoffnungen gestärkt. Man könnte eine Gesellschaft als florierend betrachten, wenn sie Fortschritte bei der Verwirklichung ihrer gemeinsamen gesellschaftlichen Vision macht (McGeer, 2004).

Wahre Gemeinschaften sind durch eine echte Fürsorge ihrer Mitglieder füreinander charakterisiert. Eine Gemeinschaft der Hoffnung ist durch Praktiken der gegenseitigen Unterstützung gekennzeichnet. Sie bildet eine Einheit und Identität, dank derer sie positive zwischenmenschliche Beziehungen fördert. In einer Gemeinschaft geht es nicht nur um die gemeinsame Sache, sondern um den Respekt und die Befähigung jedes einzelnen Mitglieds. Eine Gemeinschaft der Hoffnung besteht darin, dass Menschen ihre Ideale und Werte teilen, an das Gute glauben, in ihre verschiedenen Fähigkeiten vertrauen und sich gegenseitig unterstützen. Anstatt Egoismus, Argwohn und Sorge herrscht in einer solchen Gemeinschaft der Geist der Fürsorge und des Zusammenhalts (McGeer, 2004).

Es ist wichtig, dass jede Person sich zu einer bestimmten Gemeinschaft verbunden fühlt, da sie dadurch ermächtigt und ermutigt wird. Sie kann sich einbringen und einen Beitrag leisten, den sie sonst nicht hätte leisten können. Mit der Zugehörigkeit zu einer sozialen Gemeinschaft werden die eigene Wirksamkeit als auch die Selbstachtung gestärkt. Mit der stärkenden Kraft der Gemeinschaft können wir unsere individuelle Handlungs- und Hoffnungsfähigkeit erweitern. Was uns alleine nicht gelingen würde, kann in der Zusammenarbeit einer Gemeinschaft durch die einzelnen Beiträge aller Mitglieder verwirklicht werden. In dem Maße, in dem gemeinsame Ziele und ein Gefühl der Ermächtigung die Gruppenidentität und -zugehörigkeit eines Individuums prägen, wird die Zusammenarbeit innerhalb dieser Gruppe gestärkt (Braithwaite, 2004a). Eine Gemeinschaft ist dann lebendig, wenn ihre Mitglieder ihre individuellen Beiträge leisten, ihre Persönlichkeit einbringen und weiterentwickeln können und von anderen geschätzt und unterstützt werden (Shade, 2019).

Am wertvollsten ist es, wenn eine Gemeinschaft der Hoffnung eine hoffnungsvolle Zukunftsperspektive unabhängig von konkreten Hoffnungen fördern kann. Dies nährt die Hoffnung über die individuellen Hoffnungen hinaus, die eine Gemeinschaft auch dann noch aufrechterhalten wird, auch wenn sich bestimmte Ziele vorerst nicht erreichen lassen oder ändern. Webb (2013) spricht von einer transformativen Hoffnung, bei der die Zukunft nicht als vorherbestimmt angesehen wird, sondern vom Menschen aktiv gestaltet werden kann. Transformativ ist die Hoffnung deswegen, weil sie die aktuelle Situation kritisch annimmt und vom Wunsch einer besseren Zukunft angetrieben ist. Sie fördert die Entwicklung neuer Möglichkeiten und das gemeinsame Vertrauen in die eigenen Fähigkeiten zu deren Verwirklichung. Die Grundbotschaft lautet: Wir können die Probleme der Menschheit in die Hand nehmen und gemeinsam etwas verändern.

17.3 Hoffnung und realistische Utopien

Mit der Hoffnung auf eine bessere Zukunft und die damit einhergehende kritische Auseinandersetzung mit aktuellen gesellschaftlichen Gegebenheiten und Trends verbindet sich das in der Zukunftsforschung verankerte utopische Denken. Ernst Bloch (1959) verband den Begriff der Utopie unmittelbar mit dem Phänomen der Hoffnung. Der Wert von Utopien liegt in der expliziten Auseinandersetzung mit aktuellen Zuständen und im Entwurf komplett neuer und bis zu einem gewissen Grad „unrealistischer" Zukunftsbilder. Aktuelle Probleme sollen gedanklich überwunden und der ideale Zustand einer perfekten Gesellschaft visualisiert werden.

Es war Frank Polak (1973), der mit seinem Werk „The Image of the Future" die große Bedeutung von Utopien im Zusammenhang mit der gesellschaftlichen und kulturellen Entwicklung der Länder hervorhob und damit die sozialwissenschaftliche Zukunftsforschung nachhaltig prägte. Seiner Erkenntnis nach hat utopisches Denken über die Zukunft maßgeblich zum Fortschritt des allgemeinen Denkens und Bewusstseins beigetragen. Die Aufgabe der Utopie besteht darin, den Menschen zwei Spiegel vorzuhalten: einen, der die gegenwärtige Situation reflektiert, und einen, der ein Gegenbild einer möglichen und besseren Zukunft widerspiegelt. Zu Beginn der Entwicklung einer Utopie steht die Bewusstseinsbildung für die Probleme und Schwierigkeiten einer Zeit, die man in der Hoffnung auf die Gestaltbarkeit der Geschichte überwinden möchte. Die Aufgabe von Utopien besteht in der kreativen Entwicklung positiver Zukunftsbilder. Mit der Vorstellung einer besseren Zukunft lassen Utopien den angeblichen Determinismus vorweggenommener Trends überwinden, und es wird der Horizont für neue Möglichkeiten geöffnet. Utopien dienen als Zukunftstreiber und als Auslöser von sozialem Fortschritt.

Konkrete Utopien zeigen sich historisch in latenten Trends. Sie sind historisch präsent als ein Element der Kultur, und sie verweisen nach vorne in die entstehende Zukunft. Reale Utopien befinden sich innerhalb des Realen und beziehen sich auf das, was Bloch (1949) Front und Novum bezeichnet. Reale Utopien zeigen die Richtung für den Fortschritt auf dieser Welt auf. Sie übersteigen die aktuelle Realität und kündigen eine neue Realität an. Was Bloch im sozialen Bereich beschrieben hat, nennt man in der Wissenschaft und Forschung heute „leading edge", die am weitesten fortgeschrittene Position in einem bestimmten Bereich. Es sind die Entwicklungen, die über den aktuellen „state of the art" hinausreichen und etwas teilweise komplett Neues zum Vorschein bringen. Die aktuelle Realität wird dadurch transzendiert, d. h. transformiert und überholt.

Mehrmals haben Utopien die gängigen Welt- und Menschenbilder infrage gestellt und verändert und dadurch einen großen Wendepunkt in der Geschichte herbeigeführt. Die Geschichte zeigt immer wieder, wie lange neue Ideen reifen müssen, bevor sie zum Gemeingut eines Volkes werden können. Viele utopische Ideen, die in der Fantasie entstehen, finden Jahrzehnte später ihren Weg in die soziale Realität einer Gesellschaft. Alle gesellschaftlichen Errungenschaften würden nicht existieren, wenn nicht schon lange vorher deren Grundzüge als Idee entworfen und dieses Ideal die Menschen zur Handlung motiviert hätten. Die Utopie ist als Gedankenexperiment der geistige Vater der modernen Gesellschaft.

Aufgrund der gescheiterten Experimente sozialistischer Utopien spricht man heute kaum mehr von Utopien, sondern viel lieber von Visionen einer wünschenswerten und nachhaltigen Welt (Costanza & Kubiszewski, 2014). Konkrete Ideen wie Menschenrechte, Gleichbehandlung, Umweltschutz, soziale Einrichtungen, humanitäre Hilfe usw. fanden ihre Vordenker bei gesellschaftlichen Visionären. Als Visionäre werden solche Menschen bezeichnet, die eine Idee haben, lange bevor diese zum Gemeingut der Gesellschaft geworden ist. Utopische Visionen sind die Vorläufer aller modernen Vorstellungen über Sozialpolitik, soziale Organisationen und Frieden. Das heute allgemein akzeptierte Konzept der sozialen Sicherheit nahm vor Jahrhunderten zunächst in utopischen Zukunftsbildern, einst angeblich Hirngespinste von Utopisten, Gestalt an. Ebenso die parlamentarische Demokratie, das allgemeine Wahlrecht sowie die Vertretung der Interessen der Arbeiter durch eine Gewerkschaft. Eine Utopie leitete die Emanzipation der Frau noch lange vor der Gestaltung der Frauenbewegung ein. Alle heutigen Konzepte der Arbeit, von der Länge der Arbeitswoche bis zur Gewinnbeteiligung, entstanden in einer Utopie. Utopien waren immer schon mächtige Hebel des sozialen Fortschritts. Praktisch alles, was der Mensch in den letzten Jahrhunderten im sozialen Bereich für anders und besser hält, war ursprünglich ein Teil oder die Frucht utopischer Visionen.

Für Rorty (2002) müssen wir die Zukunft erträumen. Mit utopischen Zukunftsbildern möchte man Träume einer besseren Welt festhalten und eine größere Anzahl von Menschen für deren Verwirklichung begeistern. Unser Glaube an die Möglichkeiten des erträumten Ziels liegt nicht in der Evidenz, sondern in der inspirierenden Qualität des Zieles selbst. Man möchte das scheinbar Unmögliche durch die Kraft der Hoffnung und Überzeugung, mit der das Neue geträumt und herangesehnt wird, Realität werden lassen. Für Gutierrez (2001) macht uns die Hoffnung frei. Visionen und Utopien bieten dem Menschen das Bild einer idealen Zukunft, für die man sich engagieren kann, und betonen die menschliche Freiheit und Würde. Der Mensch ist immer frei, sich eine komplett andere und bessere Welt vorzustellen und danach zu streben. In der utopischen Hoffnung wird die Welt nämlich als offen für gemeinschaftliche Gestaltung erlebt.

Eine Utopie ist laut Ernst Bloch ein Ausdruck von Hoffnung, aber nicht nur als Gefühl, sondern im Wesentlichen als eine leitende Vorstellung für eine aktive Gestaltung der Welt. Aus Sicht der realistischen Utopie fehlt dem reinen Wunschdenken der Wille zur Veränderung (siehe Abschn. 13.2.). Die Welt ist im Wesentlichen unvollendet, und die konkreten Utopien sind gerade deshalb wichtig, weil sie eine mögliche Zukunft darstellen, die innerhalb des Realen liegen. Das utopische Bild soll den Horizont der realen Möglichkeiten aufspannen und das Gefühl vermitteln, dass die Zukunft anders sein kann als die Gegenwart und dass der gewünschte Zustand sowohl erstrebenswert als auch realisierbar ist (Webb, 2013).

Die Utopie greift nach einer besseren Zukunft und nimmt sie somit vorweg. Sie beinhaltet nicht nur einen Traum, sondern auch den Willen zu deren Realisierung. Für Bloch wird durch die konkrete und hoffnungsvolle Utopie die Zukunft gleichzeitig antizipiert und gestaltet. Nur diese willensstarke Utopie trägt die Hoffnung in sich. Eine abstrakte Utopie beschreibt Bloch als unreife Fantasie und Träumerei, die sich nicht an realen Möglichkeiten orientieren. Mit der Hoffnung wird das utopische Wunschdenken in ein willensstarkes und wirksames Handeln verwandelt. Hoffnungsvolle Utopien beinhalten nicht nur die Vorstellung dessen, was in der Zukunft möglich sein kann, sie beinhalten auch die Mittel und Wege zu deren Verwirklichung.

17.4 Bedarf an utopischen Zukunftsbildern

Angesichts der unerwünschten Realitäten und Zukunftsbilder erscheint in der heutigen Zeit in vielen Bereichen ein neuer Bedarf an utopischen Visionen der Zukunft. Es werden alternative Ideen und Modelle gestaltet und für deren Realisierung geworben, womit diese sich zu gemeinsamen Utopien entwickeln können. Sowohl in den Schulen als auch in der Wirtschaft und anderen Lebensbereichen wird eine Vielfalt an alternativen Konzepten entwickelt, die als „die Schule der Zukunft" (Heinrich et al., 2020), „die Wirtschaft der Zukunft" (Felder, 2018), „die Landwirtschaft der Zukunft" (Gruber, 2009) oder im Allgemeinen „die Welt der Zukunft" bezeichnet werden. Es handelt sich um Träume von einem besseren Leben, die naturgemäß über die gegenwärtige Realität hinausgehen und in eine veränderte Zukunft reichen.

Zu Beginn des 21. Jahrhunderts haben diese oder ähnliche Utopien allerdings noch nicht das allgemeine Bewusstsein der Bevölkerung erreicht. Sowie Habermas (1985) eine „Erschöpfung utopischer Energien" konstatiert, stellen Gordin et al. (2010) fest, wir würden in der heutigen Zeit in einer postutopischen Gesellschaft leben. Im 20. und 21. Jahrhundert sind große gesellschaftliche Visionen eher Seltenheit geworden. Der fehlende Glaube an eine gesellschaftliche Utopie, d. h. an eine bessere Welt, habe in vielen Menschen eine pessimistische Haltung der Zukunft gegenüber entstehen lassen.

Aktuelle Studien zeigen eindrücklich, dass viele Menschen (insbesondere Jugendliche) in der heutigen Zeit mehr dystopische (negative) als utopische Zukunftsbilder im Sinne haben (Gordin et al., 2010; Nordensward, 2014). Auf der einen Seite haben wir in der modernen Gesellschaft viel erreicht. Viele Träume und Utopien der Vergangenheit sind wahr geworden. Wir leben länger, reisen weiter, und es geht uns besser als je zuvor. Aber die soziale Fähigkeit, neue und verschiedene Zukunftsbilder zu entwickeln, hat in den letzten 50 Jahren stark abgenommen (Slaughter, 1994). In vielen Bereichen mangelt es an positiven Leitbildern für die Zukunft, die sowohl Orientierung und Richtung geben können als auch das Vertrauen und den Glauben vermitteln, dass die aktuellen Probleme der Welt gelöst werden können.

Für Fred Polak (1973) sind Zukunftsbilder wie ein Spiegel des jeweiligen Zeitgeistes. Der Grad an Hoffnung oder Hoffnungslosigkeit ist ein Maßstab für die Gesundheit und das Wohlbefinden der Bevölkerung. Der Mangel an positiven utopischen Ideen stellt ein Hemmnis für den sozialen Fortschritt dar, insbesondere deswegen, weil die Zukunft dadurch zu einem Projektionsfeld von Ängsten anstatt von Hoffnungen wird. Man müsste sich laut Polak fragen, ob der Niedergang des utopischen Denkens nicht auch ein Niedergang des gesellschaftlichen Fortschritts selbst ist. Er ist der Überzeugung, dass die mangelnde Akzeptanz an utopischen Zukunftsbildern ein Zeichen für die Ohnmacht und den verlorenen Glauben an die Selbstbestimmung des Menschen in unserer Zeit ist. Während in vergangenen Jahrhunderten alte Weltbilder von neuen Zukunftsidealen abgelöst wurden, ist das Einzigartige an unserer gegenwärtigen Zeit der Mangel an utopischen Zukunftsbildern.

Laut Webb (2008) muss in unserer Zeit wieder der Rahmen geschaffen werden, in dem utopische Gedanken überhaupt entstehen können. Der Wert des utopischen Denkens hängt demnach nicht davon ab, ob „bessere" Zukunftsvisionen verbreitet werden, sondern in der Förderung von utopischen und transformativen Ideen selbst.

17.5 Institutionen der Hoffnung

In Institutionen der Hoffnung wie Schulen, Gemeinden, Vereinen etc. können Menschen den Glauben an die Zukunft lernen und sich aktiv für das Außergewöhnliche einsetzen (Braithwaite, 2004). Wir haben bereits wertvolle Gemeinschaften der Hoffnung, die sich in ehrenamtlicher und gemeinnütziger Arbeit in Gemeinden und Vereinen manifestieren. In einer repräsentativen Umfrage des Schweizer Generationen-Barometers (Bühler et al., 2020) war das Bedürfnis nach einer sinnhaften Tätigkeit oder Aufgabe die meistgenannte Sehnsucht überhaupt. Bei vielen Menschen besteht der Wunsch nach freiwilligem Engagement, um Gutes für andere zu tun. Eine große Mehrheit der Bevölkerung quer durch alle politischen Parteien in der Schweiz befürwortet sogar die Einführung eines obligatorischen Gemeinschaftsdienstes für alle.

Ehrenamtliche Organisationen (Hilfswerke, Vereine, Kirchen etc.) sind gelebte Gemeinschaften der Hoffnung, in denen das eigene Wirken und Handeln mit denen anderer verbunden ist. Grassroots-Initiativen für mehr Umweltschutz, Gerechtigkeit, Entwicklungshilfe und vieles mehr spiegeln einen Drang nach Veränderungen für eine bessere Zukunft wider. Solche Institutionen der Hoffnung entfachen eine Grundstimmung, dass bestimmte Ziele es wert sind, angestrebt zu werden, und erzeugen den Glauben an deren Verwirklichung (Braithwaite, 2004b; Green, 2008).

Institutionen der Hoffnung machen Menschen zu aktiven und verantwortlichen Gestaltern einer lebendigen Zivilgesellschaft. Hilfsorganisationen sind ein Beweis für die bewegende Kraft der Hoffnung, denn sie fördern durch ihr Engagement die Ideale von Hilfsbereitschaft, Gemeinsinn und Wachstum. Freiwilligenarbeit bedeutet aktives Engagement für Hoffnungen, deren Verwirklichung nicht nur oder nicht unmittelbar uns selbst betrifft. Wir können damit anderen helfen und sie inspirieren, sich für eine bessere Zukunft einzusetzen. Mit ehrenamtlichem Engagement investieren wir unsere Zeit in das Leben anderer, jenseits unseren persönlichen Hoffnungen. Der Dienst am Nächsten ist eine offensichtliche Äußerung von Hoffnung und Glauben. Er erweckt den Glauben an und fördert das Engagement für eine bessere Zukunft. Auf der einen Seite wecken solche Institutionen die Hoffnung in ein wertvolles Ziel oder Ideal, und auf der anderen Seite ermächtigen sie zum Handeln.

18

Die wünschenswerte Welt junger Erwachsener

Die Gestaltung der bestmöglichen Welt beginnt mit einer mentalen Reise in die Zukunft, bei der die persönliche Vorstellungskraft zur gedanklichen Überwindung aktueller Hindernisse und Probleme eingesetzt wird. Man entwirft in Gedanken die unterschiedlichen Lebenswelten wie Arbeit, Familie, Umwelt, Bildung, soziale Beziehungen etc. so, wie sie in 20–30 Jahren gemäß der eigenen Werte und Ideale aussehen sollen. Junge Universitätsstudenten geben offen Auskunft über ihre Zukunftsängste und -sorgen und skizzieren eine für sie bestmögliche Welt, in der sie leben, arbeiten und ihre Kinder großziehen möchten. Sie geben darüber Auskunft, was ihnen besonders wichtig ist, wie in ihren Augen sozialer und technologischer Fortschritt stattfinden soll und wie die Menschen zusammenleben und mit der Umwelt in Beziehung treten sollen. Die aktive Skizzierung einer bestmöglichen Welt lässt die Menschen verschiedene Register ziehen: Mentale Visionen werden von einem Cocktail an Gefühlen sowie von Selbstreflexion, grundsätzlichen Fragestellungen und einem energiegeladenen Tatendrang begleitet.

18.1 Die bestmögliche Welt

Die sozialwissenschaftliche Zukunftsforschung verbindet die individuellen Bedürfnisse der Menschen mit den sozialen und ökologischen Lebenswelten, womit die allgemeine Lebensqualität zum wesentlichen Fokus avanciert. Schon sehr früh hat die Zukunftsforschung erkannt, dass es wenig Sinn macht, sich nur auf Probleme zu fokussieren. Was uns vielmehr trägt, sind Hoffnungen und Träume in Form positiver Visionen und Zukunftsentwürfe einer lebenswerteren und nachhaltigeren Welt. Es sind die menschlichen Hoffnungen, die die Energie für eine bessere Zukunft freisetzen.

Die zweite Übung mit den Master-Studierenden der Universität St. Gallen bezog sich auf die Vorstellung und gedankliche Gestaltung einer bestmöglichen Welt. Bei dieser Übung, die ihren Ursprung in der sozialwissenschaftlichen Zukunftsforschung hat (Boulding, 1994; Eckersley, 1999; Hicks, 1994; Jungk & Müllert, 1989), liegt der Fokus nicht auf dem eigenen Leben, sondern auf der allgemeinen Lebensqualität und den relevanten sozialen und ökologischen Lebenswelten. Wenn man davon ausgeht, dass nicht nur die eigene Zukunft, sondern auch die allgemeine Zukunft aller Menschen gestaltbar ist, dann sollte die erste Frage lauten, welche Zukunft überhaupt wünschenswert ist. Daher geht es hier um Visionen einer besseren Welt. Dies erfordert eine normative Bewertung, d. h. eine Beurteilung darüber, was in unseren Augen richtig und was falsch, was gut und was schlecht ist, und zwar nicht nur für den Einzelnen, sondern für die Familien, die Gemeinschaften, in denen wir leben, sowie für die Gesellschaft und den Planeten als Ganzes. Wichtig ist, wie es das Wort „bestmöglich" bereits sagt, dass die Zukunftsvision als wünschenswert und gleichzeitig auch als möglich betrachtet wird.

Die Übung besteht darin, dass sich die Teilnehmenden auf eine mentale Reise in die Zukunft (in 20–30 Jahren) aufmachen. Der kreative Wert der Übung besteht in der Überwindung der aktuellen Realität und in der Entwicklung ganz neuer Vorstellungen und Wünsche. Indem sie an die Welt denken, in der sie gerne leben möchten, können die Personen ihrer Fantasie und ihren Träumen freien Lauf lassen. Sie werden gebeten, sehr genau hinzuschauen, um erkennen zu können, wie diese Welt aussieht. Was sind die wichtigsten Eigenschaften und Merkmale der bestmöglichen Zukunft? Welche Bereiche sind davon betroffen (Umwelt, Arbeit, Wirtschaft, Politik, Gesundheit, Familie, soziale Beziehungen, Bildung, Schulen, Universitäten etc.)? Was tun die Menschen, die Kinder, die Älteren, die Männer, die Frauen etc.? Wie sehen die Städte aus? Bei all diesen Fragen geht es letztendlich um die Schaffung einer lebenswerten Welt, in der nicht nur der wirtschaftliche Wohlstand, sondern auch das individuelle und soziale Wohlbefinden möglichst aller Menschen und zudem die natürliche Umwelt eine wesentliche Rolle spielen.

Bei der Entwicklung von wünschenswerten Zukunftsszenarien geht es in der Regel nicht um eine rein kognitive und rationale Übung. Wenn es um die Gestaltung alternativer Zukunftsentwürfe geht, gewinnen Kreativität und Intuition und somit Emotionen, Werte, Hoffnungen, Ängste, Träume und Sehnsüchte zunehmend an Bedeutung. Diese können mit verschiedenen Elementen wie farbigen Bildern, Zeichnungen, Collagen und Texten so kreativ wie möglich festgehalten werden.

18.2 Zukunftsängste und -sorgen junger Erwachsene

Bevor sie sich ihren wünschenswerten Zukunftsvisionen zuwandten, haben viele Teilnehmenden ihre Sorgen und Ängste reflektiert. Vor dem Hintergrund der aktuellen Weltlage erscheinen die Aussichten der Zukunft in den Augen vieler junger Leute desolat und erschreckend. Die Menschheit steht vor enormen Herausforderungen wie dem Klimawandel, der Armutsbekämpfung und der Lösung internationaler Konflikte. Die Ursachen dafür erkannten die Studierenden im Egoismus und der Geldgier eines rücksichtslosen Kapitalismus, in der Ignoranz und Respektlosigkeit vieler Menschen und im dominanten anthropozentrischen Weltbild. Die Vormachtstellung der westlichen (reichen) Länder gegenüber den Entwicklungsländern wird als Hemmnis gesehen, weswegen Güter und Lebensmittel, die eigentlich in Fülle vorhanden sind, nicht an die bedürftigen Menschen gelangen.

Junge Erwachsene betrachten die aktuelle politische und wirtschaftliche Entwicklung Europas mit Sorge. Der schwindende Zusammenhalt zwischen den europäischen Ländern, allen voran der Austritt Großbritanniens aus der EU, der Zuwachs rechtsorientierter Parteien und die EU-feindlichen Parolen mancher Politiker stellen eine Gefahr für die Stabilität, die Toleranz und den Frieden dar.

Der Zweifel an eine positive Entwicklung liegt für manche an der festgefahrenen Lage der aktuellen Gesellschaftsstruktur. Man stecke politisch und sozial fest und nehme in den letzten Jahren diesbezüglich keinerlei Fortschritte wahr. In Übereinstimmung mit den vorgestellten Ergebnissen in Kapiteln vier und fünf befürchten viele junge Menschen eine Verschlechterung der aktuellen globalen Probleme. Viele sind über die Umwelt, die Wirtschaft und die Arbeitslosigkeit besorgt und empfinden bewusst oder unbewusst unterschiedliche Ängste: einerseits die Angst vor der Zerstörung der Umwelt und somit unseres Lebensraums, andererseits die Angst vor Überforderung und persönlichem Scheitern. Gleichzeitig kommt Ohnmacht zum Ausdruck, weil viele den Eindruck haben, wenig dagegen unternehmen zu können.

Paradoxerweise hindert der Zweifel an die heutige Gesellschaft die Entstehung von Gedanken an eine bessere Zukunft, als verankere sich das Bild einer scheiternden Gesellschaft in das eigene Bewusstsein. Aufgrund der empfundenen Aussichtslosigkeit möchten manche junge Erwachsene keine Kinder mehr kriegen. Andere wiederum sind eher zuversichtlich, dass die Menschheit die aktuellen Probleme lösen werden kann. Besonders die Erfahrungen während der Corona-Krise haben die Solidarität und Hilfsbereitschaft der Menschen untereinander, aber auch deren Ängste offenbart.

18.3 Die bestmögliche Welt junger Erwachsene

Die bestmögliche Zukunft, darin sind sich alle einig, wird weder von Machtstreben, noch von Geldgier, noch von materiellem Besitz dominiert. In den Vorstellungen einer bestmöglichen Welt finden sich die Themen Umwelt und Soziales an prominentester Stelle. Nahezu alle Studierenden legten den Schwerpunkt ihrer wünschenswerten Zukunft auf eine grüne und soziale Welt. Die Bilder der wünschenswerten Welt beschäftigen sich mit der Behebung aktueller Probleme wie dem Klimawandel, der Umweltverschmutzung, der sozialen Ungerechtigkeit, des Rassismus sowie aktueller Arbeitsbedingungen. Die meistgenannten Themen waren Nachhaltigkeit, Zusammenhalt, Friede, Harmonie, Gerechtigkeit, Freiheit, Wohlbefinden und Freude. Gewalt und Unterdrückung haben in dieser Welt keinen Platz. Am allermeisten geht es den Jugendlichen um die natürlichen, menschlichen und teilweise auch spirituellen Aspekte im Leben.

> „Durch die Übung realisierte ich, dass die perfekte Welt weder viel Luxus noch diverse Science-Fiction-Technologien benötigt, um perfekt zu sein. Was in meiner bestmöglichen Welt zählt, ist, dass alle Menschen gleich und fair behandelt werden, zusammenhalten und einfach glücklich sind."
>
> „Je länger ich die Übung durchführte, desto lebhafter wurden die Bilder in meinem Kopf. Meine bestmögliche Welt ist grün und bunt, nachhaltig und liberal, sozial und ‚entschleunigt'."

Wiederkehrende Motive einer wünschenswerten Zukunft sind eine umweltfreundliche Wirtschaft (z. B. CO_2-neutral) und die Nutzung nachhaltiger Energiequellen sowie der Verzicht auf fossile Brennstoffe. Wünschenswert ist, es gäbe in Zukunft mehr Natur und Wildnis auf dieser Welt. Die Rücksicht gegenüber der Erde wird durch einen verantwortungsvolleren und vor allem verminderten Konsum attestiert. Der Wunsch richtet sich auf einen bewussten Konsum gesundheitsfördernder und umweltschonender Produkte. Die Menschen konsumieren nur das, was sie unbedingt brauchen und achten beim Kauf von Gütern auf die Umwelt. Beispielsweise würden

Informationen über Produkte vermehrt die Herkunft und die Herstellungs-
bedingungen offenlegen, damit die Kunden, die eigenen Mitarbeiter und die
Öffentlichkeit über die ethisch-moralischen Hintergründe Bescheid wissen.
Somit könnten der Konsum und das Engagement für das Unternehmen
bezüglich Nachhaltigkeit und Moral bewertet werden.

In einer wünschenswerten Welt werden dem Umweltschutz und der
Nachhaltigkeit in allen Bildungsstufen einen prominenten Platz eingeräumt.
Durch Bildung werden die Zusammenhänge unserer Handlungen und
der Umwelt verständlich. Themen wie Nachhaltigkeit und der Respekt für
andere Lebewesen werden vom Kindergarten, über die Schule bis in allen
Stufen der beruflichen Erwachsenenbildung vermittelt.

> „Wenn ich meine Augen schließe und mir eine schöne Welt vorstelle, dann
> sehe ich die Natur, beispielsweise grüne Wiesen, klare Seen, paradiesische
> Strände und einen strahlend blauen Himmel. Was ich auf keinen Fall sehe,
> sind große Städte, Produktionsanlagen oder Autobahnen. Alle meine Vor-
> stellungen der bestmöglichen Welt waren frei von materiellen Werten und
> Konsum. Es geht nebst der Umwelt in diesen Szenarien um glückliche und
> zufriedene Menschen, die genügend Zeit haben, ihr Leben und ihre Familie
> nebst der Arbeit genießen zu können."
>
> „Das Bild der bestmöglichen Welt allgemein war für mich ein überwiegend
> grünes. Gebäude, deren Dächer neben Baumkronen in die Landschaft
> einfließen, und Gewässer, die klares und sauberes Wasser transportieren."

Die Möglichkeiten und Auswirkungen des technologischen Fortschritts
werden teilweise positiv und optimistisch, teilweise auch kritisch oder
zumindest ambivalent eingeschätzt. Durch innovatives Denken werden
in Zukunft umweltfreundliche Lösungen gefunden. Technologische Entwicklungen sollen die Umwelt entlasten und die Gemeinschaft zwischen den
Menschen stärken (z. B. durch digitale Kommunikationsmittel). Umweltfreundliche Fahrzeuge und Fabriken sowie nachhaltige Energiequellen
könnten die begrenzten Ressourcen des Planeten schonen, die Umwelt-
belastung reduzieren und somit die Klimakrise überwinden.

> „Mir ist es wichtig, dass die wissenschaftliche Forschung nicht zu einem
> größeren wirtschaftlichen Erfolg beitragen soll, sondern zu einem besseren
> Leben für die Menschen."

Der technologische Fortschritt kann die Wirtschaft stärken und die Arbeitslosigkeit mit den damit einhergehenden sozialen Konflikten reduzieren.

Zudem können neue Technologien die Kluft zwischen Arm und Reich schließen, indem sie gesunde und nachhaltige Arbeitsplätze schaffen. Das Internet kann beispielsweise die Wissenskluft zwischen den Ländern reduzieren. Durch das Internet können Kinder in ärmeren Ländern besser unterrichtet werden und eine hochstehende Ausbildung erhalten. In ihren Zukunftsbildern hofften auch einige Studierenden darauf, der medizinische und technologische Fortschritt werde zur Heilung chronischer und bis jetzt unheilbarer Krankheiten führen. Diese Hoffnung ist ein Ausdruck von Menschlichkeit und Mitgefühl und wird von einem tief greifenden Wunsch getragen, betroffene Menschen und ihre Angehörige von ihrem Leid zu befreien.

> „Dank der Fortschritte in der Medizin sind die Menschen bis ins hohe Alter körperlich und geistig fit. Aufgrund der Automatisierung und des technischen Fortschritts steigt der Wohlstand nicht auf Kosten der Nachhaltigkeit an. Die Menschen konzentrieren sich wieder auf das Wesentliche und suchen vermehrt physische Beziehungen anstatt über Social Media und sind mehr verbunden mit der Natur."

Unser aktuelles Wirtschaftssystem hat zahlreiche negative Folgen mit sich gebracht, darunter eine Überanstrengung und Überlastung der Menschen durch den enormen Druck bei der Arbeit. Die psychischen und körperlichen Schäden der übermäßigen Arbeitsorientierung sind enorm. Neue Technologien wie die Digitalisierung könnten in Zukunft neue Werkzeuge und Arbeitsmodelle bereitstellen und ein harmonischeres Gleichgewicht zwischen Arbeitsleistung und persönlicher Gesundheit ermöglichen. Wenn ein besseres Gleichgewicht zwischen Wirtschaftsleistung und Arbeitsweise ermöglicht wird, könnten die aktuelle Arbeitsüberlastung und die damit verursachten gesundheitlichen Schäden behoben werden. Häufig erwähnt wurde die Vorstellung einer entschleunigten Welt mit einem stärkeren Fokus auf Gemeinschaft. Mechanische und repetitive Arbeiten wie die Bedienung einer Kasse oder das Auffüllen von Regalen können von Robotern übernommen werden, damit sich die Menschen auf sinnstiftende Aufgaben für die Gesellschaft und die Umwelt fokussieren können.

> „In meiner idealen Zukunft habe ich immer wieder Grünflächen in Städten gesehen und Menschen, welche sich darin bewegen. Sie wirken dabei deutlich ausgeglichener als heute. Weiter hat sich auch die Arbeitswelt verändert, von einer kapitalistisch-getriebenen Immer-mehr-Arbeitswelt zu einer Arbeitswelt, in welcher sich die Menschen ausleben können ohne Druck, nicht zu genügen bzw. zu wenig produktiv zu sein."

Andererseits wird der technologische Fortschritt dem Fortschritt im menschlichen Bewusstsein gegenübergestellt. Die einseitige Fokussierung auf das Technologische würde dem Menschen nicht dienen, wenn dieser sich nicht bewusster um eine ausgewogene Ernährung, um nachhaltiges Wirtschaften, um harmonische Beziehungen zu anderen Menschen und um seine körperliche, emotionale und mentale Gesundheit kümmern würde. Im Vordergrund steht nicht die Frage, wie noch bessere und effizientere Technologien entwickelt werden können, sondern wie sich der Mensch körperlich, mental und sozial zu einem besseren Menschen weiterentwickeln und einen Beitrag für eine bessere Welt als Ganzes leisten kann.

Daher sollten wir uns weniger um neue Technologien und um materielle Güter kümmern als um uns selbst, um unsere Gesundheit, um unsere menschlichen Werte sowie um andere Menschen, auf die wir fürsorglich achten können. Fortschritt wird nicht durch neue Technologien und Wettbewerb, sondern durch gemeinsames Handeln erzielt. Im Vordergrund stehen gegenseitiges Verständnis und ein respektvoller Umgang miteinander als Grundlage für Harmonie, Sicherheit und Vertrauen.

> „Ferner hat die Menschheit ihre Abhängigkeit zur Natur, aber auch zueinander verstanden und sich vom schnellen und oberflächlichem Leben befreit. Sie hat erkannt, dass sie Teil von etwas Größerem ist und damit ein höheres Bewusstsein erlangt."

In der wünschenswerten Zukunft ist jeder Mensch nicht nur für sein eigenes Glück verantwortlich, sondern trägt auch zum Gemeinwohl, d. h. zum Glück der anderen Menschen sowie zum Wohlbefinden von Tieren und Pflanzen, bei. Die Abkehr vom rücksichtslosen Egoismus bedingt, dass die Menschen ihre eigenen Bedürfnisse (zumindest teilweise) zurückstellen und sich für das Wohlergehen ihrer Mitmenschen interessieren. Konkret werden die Menschen sich generell gegen Leid und Ungerechtigkeit einsetzen. Wenn das Gemeinwohl über das persönliche Wohl gestellt wird, werden Gewalt und Kriminalität verschwinden. In den Zukunftsvorstellungen wird Gemeinsinn durch Solidarität, Nächstenliebe und Harmonie gekennzeichnet.

Die Solidarität zwischen den Generationen wird in einer idealen Welt besonders ausgeprägt sein. Jede Generation hilft mit ihren eigenen Fähigkeiten der anderen. Die ältere Generation gibt ihre Erfahrungen und ihr Wissen an die jüngere weiter. Im Gegenzug nutzt die jüngere Generation ihre Kraft und Energie zur Unterstützung der älteren Menschen bei der Verrichtung körperlicher Arbeiten und Aktivitäten.

Nebst der Umweltthematik beschäftigten die soziale Ungerechtigkeit und die Gleichberechtigung die Studierenden am meisten. Für eine
große Mehrheit gibt es in der idealen Welt keine Ungleichheit und keine
Ungerechtigkeit mehr. Gleichberechtigung bezieht sich auf alle Bereiche des
Lebens wie z. B. Arbeit, Gesundheit und Bildung. Sie wünschen sich eine
bestmögliche Welt mit sozialer und finanzieller Gerechtigkeit und den
gleichen Chancen unabhängig von Nationalität, Hautfarbe, Geschlecht oder
sexueller Orientierung. Hinter dem Wunsch nach Gerechtigkeit und Gleichbehandlung verbirgt sich das Motiv der Fairness. Jeder Mensch soll fair
behandelt werden. Wenn Ungleichheiten, Rassismus und gegenseitige Miss-
gunst überwunden werden, können alle glücklich sein. Alle Menschen sollen
in Zukunft zur Schule gehen und eine Ausbildung gemäß ihrer Fähigkeiten
und Interessen erhalten, damit sie durch ihren Beruf aufblühen und glücklich sein können.

> „Meine bestmögliche Zukunft wäre eine Welt, in der es selbstverständlich
> ist, dass man sich gesund ernährt, sich um seine Mitmenschen kümmert,
> in der es egal ist, wo man geboren ist, in welcher man von vornherein weiß,
> dass Menschen verschieden sind, differenzierte Kulturen und Gewohnheiten
> haben, man diese aber niemandem aufzudrücken versucht, sondern neutral
> darüber redet, ohne Wertung."

Gerechtigkeit bedeutet auch die Überwindung der globalen Armut. Ein
wesentliches Merkmal einer wünschenswerten Zukunft besteht aus dem allgemeinen Wohlbefinden der Menschheit und dem Rückgang der Ungleichheit zwischen Arm und Reich. Im Vordergrund steht nicht der materielle
Reichtum weniger Leute, sondern das individuelle und soziale Wohlbefinden der gesamten Menschheit. Niemand muss sein Leben geben, nur
weil ihm die Grundrechte auf Wasser und Essen verwehrt bleiben. Zwischen
den Ländern herrscht eine größere Gleichheit, weil Reichtum und Know-
how gerechter verteilt sind.

Gerechtigkeit bezieht sich ebenfalls auf die Gleichbehandlung von
Männern und Frauen insbesondere bezüglich der Gehaltsstruktur und dem
Zugang zu Führungspositionen. In der bestmöglichen Welt haben Frauen
und Männer die gleiche Stellung und teilen sich die Aufgaben der Kinderbetreuung und der beruflichen Entwicklung.

Ein weiterer Wunsch betrifft die Abkehr vom Nationalismus mit
seinen Spannungen und Konflikten, die eine Folge von Wettbewerb und
Individualismus sind. Anstelle einer Politik des Wettbewerbs, der Entfremdung und der Abschottung ist eine Politik der Integration und des

Zusammenhalts zwischen den Ländern dieser Welt wünschenswert. Wenn der Fokus auf ein solidarisches Miteinander zwischen den Staaten gelegt wird, kann eine harmonische Weltgemeinschaft Realität werden. Diese großen Ziele müssen aber bereits im Kleinen umgesetzt werden. Vielen Studierenden war es besonders wichtig, dass niemand diskriminiert oder benachteiligt wird. Alle Menschen werden akzeptiert, respektiert und gleich behandelt.

Für die überwiegende Mehrheit der Studierenden ist Harmonie in Form gegenseitiger Wertschätzung, eines respektvollen Miteinanders, gegenseitiger Hilfsbereitschaft und eines ausgeprägten sozialen Verhaltens einer der wichtigsten Aspekte einer idealen Zukunft. Harmonie zwischen Wirtschaft und Natur, Harmonie und Wertschätzung zwischen unterschiedlichen Kulturen und Nationen sowie Harmonie zwischen den Generationen. Nahezu jeder hat das Bedürfnis und den Wunsch nach einem harmonischen Leben mit der Umwelt und einem harmonischen und ausgeglichenen Mit- und Füreinander mit seinen Mitmenschen und im Einklang mit der Natur. Sehr ausgeprägt ist der Wunsch nach Respekt, Toleranz und Fürsorge anderer Menschen gegenüber, d. h. Ausländern, Menschen anderer Hautfarbe oder Konfession, aus anderen Kulturen und mit verschiedenen Gewohnheiten. Unabhängig von ihrer Herkunft, ihrer Religion und ihres Status in der Gesellschaft begegnen sich Menschen mit Respekt, Achtung und auf Augenhöhe.

„In meiner bestmöglichen Welt ist das Zusammenleben der Menschheit von Harmonie geprägt. Die Basis hierfür bilden die von Respekt und Toleranz sowie von gegenseitiger Hilfsbereitschaft und Fürsorglichkeit geprägten sozialen Beziehungen."

18.4 Der Effekt wünschenswerter Zukunftsbilder

Im Anschluss an die beiden Übungen zur Gestaltung des bestmöglichen Selbst und der bestmöglichen Welt konnten die Teilnehmenden über ihre persönlichen Erfahrungen, darüber, welche Wirkung diese Übungen auf sie hatten, sowie über den Wert dieser Interventionen reflektieren. Die wesentlichen Erkenntnisse aus dieser Reflexion werden hier zusammengefasst dargestellt.

Mit den Übungen zur bestmöglichen Zukunft konnten sich die Studierenden über das große Ganze, über die Probleme der Gegenwart und den bevorstehenden Herausforderungen sowie über verschiedene Aspekte der Lebensqualität und des Wohlbefindens Gedanken machen. Viele haben die Durchführung der Übungen als einen anstrengenden, schmerzvollen und zugleich befreienden Prozess empfunden. Mehrere von ihnen gaben zu, die Vorstellung einer wünschenswerten Zukunft für sich und die Welt sei für sie eine regelrechte Herausforderung gewesen. Einige haben sich sogar zu Beginn überfordert gefühlt und mussten die Übung mehrmals abbrechen, weil die Vorstellung einer idealen Welt fast unmöglich erschien. Manchmal konnte die aktuelle Realität nicht überwunden und der Fantasie freien Lauf gelassen werden. Die Auseinandersetzung mit dem zukünftigen Selbst fiel vielen schwer, weil sie sich im Alltag vor allem mit dem Hier und Jetzt und kaum mit der längerfristigen Zukunft beschäftigten.

Auch die geläufige Erwartung an sich selbst, man müsse allen Anforderungen gerecht werden und sich als perfekt und makellos darstellen, habe eine Blockade beim Visualisieren dessen erzeugt, was man in Wirklichkeit für gut und richtig hält. Erst als man solche (falschen) Vorstellungen losließ, man sich dem bisher Ungewissen öffnen und auf die eigene Intuition und innere Stimme hören konnte, wurde das Bild eines erfüllten Selbst und einer lebenswerten Welt überhaupt erlebbar. Das Nachdenken über die eigene Zukunft und über die Zukunft der Welt und die daraus entstandenen Erkenntnisse haben in manchen Fällen die Einstellung zu den eigenen Denkmustern, zur Gesellschaft und zur persönlichen Rolle darin tief greifend beeinflusst.

> „Es tat gut, mir diese Auszeit am Abend zu gönnen, die jetzige Realität zu pausieren und in eine Welt zu treten, für die ich heute vielleicht noch zu feige bin. Sich eine Zukunft vorzustellen, in der ich den Mut habe, wirklich ich selbst zu sein und die mein Herz höher schlagen lässt, war sehr fesselnd."

Bei der Gestaltung einer idealen Zukunft kamen bei vielen Studentinnen und Studenten völlig gemischte Gefühle auf. Einigen von ihnen hat das Zukunftsdenken zuerst einmal Angst und Sorge bereitet und verschiedene negative Gefühle wie Wut, Trauer und Ohnmacht ausgelöst. Sie sind sich bei der gedanklichen Entwicklung einer idealen Welt zuerst einmal bewusst geworden, dass wir eben noch lange nicht in einer solchen Welt leben und dass Werte wie Gleichberechtigung, Gerechtigkeit und Toleranz in vielen Bereichen und Weltgegenden noch weit entfernt erscheinen. Der fehlende Glaube daran, Menschen und Länder würden an einem Strang ziehen und sich für Klima und Umwelt einsetzen, erschwerte die Vorstellung einer besseren Zukunft.

„Diese Übung löst eine gewisse Trauer aus, weil sie mir aufzeigt, dass die bestmögliche Welt nur ein Traum der Menschheit bleibt, weil der Weg dorthin
Verzicht fordert, zu dem die Menschheit nicht bereit ist.“

Des Weiteren wurden den Teilnehmenden die Zielkonflikte zwischen den
Zukunftsvisionen und dem modernen Lebensstil bewusst. Beispielsweise
kollidiert der Wunsch nach einer intakten Natur und einer nachhaltigen
Lebensweise mit dem Verlangen nach Konsum, Wohlstand und Mobili-
tät. Die Diskrepanz zwischen wie man leben müsste und wie man tatsächlich lebt, erzeugt eine kognitive Dissonanz, die schlechtes Gewissen
erzeugt und schwer zu ertragen ist. Diese negativen Gefühle haben aber
auch eine positive Wirkung, indem sie die Person wachrüttelt und sie auf
die nötigen Änderungen in der eigenen Lebensweise aufmerksam machen.
Die Komplexität und Reichweite der aktuellen Probleme und Herausforderungen wurden durch diese Spannungsfelder erst richtig klar. Auf der
Grundlage dieser beunruhigenden Gefühle konnte allerdings eine ehrliche
und persönliche Zukunftsvision überhaupt entstehen.

„Die Übung der ‚bestmöglichen Welt‘ empfehle ich besonders Menschen, die
negative Zukunftserwartungen haben. Meiner Ansicht nach kann anhand
dieser Übung die ‚innere, pessimistische Barriere‘ überwunden werden.
Darauffolgend entstehen möglicherweise positive Impulse, die zu einer
erhöhten Motivation für zukünftige Veränderungen beitragen können.“

Herausgefordert wurden die Studierenden, auch weil sie sich über
ihre innersten Werte, Wünsche und Lebensziele bewusst Gedanken
machen mussten. Die Vorstellung einer idealen Zukunft für sich selbst und
die Welt war der erste Schritt zur bewussten Ausrichtung und Orientierung
des eigenen Lebens. Es hat die Auseinandersetzung mit dem eigenen wahren
Selbst ermöglicht. So konnte man sich selbst überhaupt erst kennenlernen
und auch besser verstehen, was einem wirklich wichtig ist und was man im
Leben erreichen möchte. Die Teilnehmenden konnten sich Gedanken über
ihre wahren Werte, Leidenschaften und Interessen machen und worauf sie
im Alltag ihre Prioritäten setzen wollten.

„Die umschriebene Vision erscheint mir nicht absurd, willkürlich, verrückt
oder gar unrealistisch. Ich glaube, das könnte daran liegen, dass sie mir nicht
völlig fremd ist, sondern vielmehr bekannt, aber entfremdet. Ich kann mir gut
vorstellen, dass ich damit meine Sehnsüchte oder Dinge, die ich im Moment
oder bislang vernachlässigt oder unterdrückt habe, visualisiert habe. Es sind
Dinge und Themen, die mich zwar im Leben begeistern, aber für die ich im
Alltag kaum noch mehr Zeit finde oder schaffe.“

Beispielsweise haben materielle Werte keinen hohen Stellenwert erhalten. Sich selbst treu zu bleiben, gelingt, wenn Werte wie beispielsweise Nächstenliebe, Hilfsbereitschaft und Familie sowie auch Minimalismus statt übermäßigem Konsum im Vordergrund stehen. Indem man niemanden diskriminiert und sich nach den Prinzipien einer sozialgerechten und nachhaltigen Entwicklung verhält, trägt man zur Verwirklichung des persönlichen und des allgemeinen Idealzustandes bei. Somit reflektieren sie nicht nur darüber, was sie erreichen wollen, sondern darüber, wer sie heute sind, wer sie in Zukunft sein wollen und was sie tun können, und haben dadurch an Selbstbewusstsein gewonnen, welches ihnen neuen Mut und Antrieb für gute Entscheidungen und Initiativen im Leben gegeben hat.

> „Die Möglichkeit an einer Verbesserung unserer Welt mitzuwirken und den Prozess zur Erreichung meiner bestmöglichen Welt beschleunigen zu können, hat neue Energie und Motivation in mir entstehen lassen."

Die Übung war auch deswegen wertvoll, weil sich die Teilnehmenden nicht nur kognitiv und rational in die Zukunft hineingedacht, sondern auch emotional in diese hineingespürt und hineinversetzt haben. Die kreative Gestaltung des wünschenswerten Zukunftsszenarios in Form einer bunten Collage hatte einen besonderen Effekt. Das entstandene Bild konnte durch den Einsatz künstlerischer Elemente besser verinnerlicht und dazu ein tiefer Bezug hergestellt werden. Indem man sich auf die Übung kreativ einließ, konnten die Grenzen des eigenen Denkens überwunden werden. Man hat den gewünschten Idealzustand nicht nur vor sich gesehen, sondern man konnte ihn auch spüren.

> „Es hat mir große Freude bereitet, meiner Kreativität freien Lauf zu lassen. Es ist wichtig, dass wir an unsere Fähigkeit glauben, die zukünftige Welt zu prägen. Wir können sie bereits schon prägen, indem wir die Werte, die uns wichtig sind, vorleben. Mir hat die kreative Übung geholfen zu erkennen, welche Gesellschaftswerte ich mir für unsere zukünftige Welt wünsche und dass ich nach diesen leben möchte."

Dadurch konnten die meisten dann vielmehr positive und erhebende als negative und erdrückende Gefühle empfinden, als würden sich auf einmal neue Tore und Perspektiven für einen eröffnen. Bei manchen sei sogar eine emotionale Aufwärtsspirale in Gang gesetzt worden. Durch die „gezwungene" Fokussierung auf das Positive wurden die Teilnehmenden Schritt für Schritt offener und optimistischer. Die Vorstellung einer bestmöglichen Welt wurde mehr und mehr als schön und ermutigend empfunden. Sie verspürten auf einmal Freude und Zuversicht. Durch die Vorstellung einer bestmöglichen Zukunft wurde es ihnen bewusst, wie schön das Leben und die Welt sein kann, wenn man sich dafür einsetzt.

Die Studierenden gelangten zur Erkenntnis, Wunschbild und Realität seien kein Widerspruch in sich und Utopien müssten keine unerreichbaren Träumereien bleiben. Sobald man den eigenen Gefühlen und der Intuition vertraut, statt diese zu ignorieren, bekommt die bestmögliche Zukunft einen ganz neuen Realitätsbezug. Die Gestaltung eines Bildes über die ideale Welt wurde keineswegs als naive und haltlose Fantasterei empfunden. Sie hat die Augen dafür geöffnet, was momentan nicht gut läuft und wie die Welt in Zukunft aussehen soll. Das „unrealistische" Denken sei erwünscht und wertvoll. Man denke nur 30 Jahre zurück: Wer hätte damals Mobiltelefone mit Internet- und Zahlungsfunktion als realistisch eingeschätzt? Unrealistisch heißt nicht unmöglich, sodass es auf den Glauben und die eigene Überzeugung ankommt, mit denen man Berge bewegen und über sich selbst hinauswachsen kann. Vorhaben und Ziele, an die man nicht glaubt, werden schwerlich erreicht. Es sind gerade diese „unrealistischen" Visionen, die den Fortschritt bewirken und die Lebensqualität verbessern.

> „Mich würde interessieren, wie schnell sich die Welt wohl verbessern könnte, wenn die Tendenz zu negativen und pessimistischen Zukunftsvisionen nicht so verbreitet wäre. Es ist Aufgabe der ganzen Menschheit, dieser Tendenz aktiv entgegenzuwirken. Deshalb sollte nicht nur die Politik solche Themen ansprechen, sondern auch die Eltern zu Hause und die Lehrer in der Schule."

Auch wenn gewisse Vorstellungen utopisch und unrealistisch erscheinen, dienen sie als Inspiration und Orientierung für das eigene Verhalten zur Erreichung des Idealbildes. Die ganze Welt wird man nicht verändern können, aber man kann im kleinen Rahmen dazu beitragen. Die Visualisierung dieser Welt hat bei vielen eine bisher unbekannte Klarheit erzeugt und den Wunsch nach persönlichem Engagement geweckt. Abstrakte Begriffe wie Gemeinsinn wurden auf einmal konkret und greifbar, weil man diese auf den eigenen Wohnort, auf persönliche Begegnungen mit anderen Menschen und auf praktische Initiativen und Projekte beziehen konnte. Erst als man sich auf das Bild einer bestmöglichen Welt konzentriert hat, wurden die Chancen und die Wege für eine aktive Mitgestaltung so richtig bewusst.

Die Auseinandersetzung mit positiven Zukunftsbildern weckte in vielen Studierenden daher den Drang, etwas dafür zu unternehmen. Dabei geht es nicht um radikale und pionierhafte Umwälzungen, die man als große Leader vorantreiben muss. Die Teilnehmenden erkannten, dass es vor allem um ein grundsätzliches Bewusstsein und Umdenken sowie häufig um kleine Gesten und Aktivitäten geht. Das Beste ist, wenn man sich auf das konzentriert, was man selber beeinflussen kann und sich nicht von den negativen Nachrichten aus aller Welt entmutigen lässt. Auch wenn der eigene Beitrag noch so bescheiden ist. Sobald alle gemeinsam in dieselbe Richtung denken und handeln, kann die Welt zu einem besseren Ort gemacht werden. Wenn jeder das tut, was in der eigenen Macht liegt, kann der Fortschritt enorm sein.

Zudem wurden sich viele bewusst, dass sie doch viel mehr dazu beitragen können, als sie bisher vermutet haben. Es beginnt beim Überdenken des eigenen Konsumverhaltens wie zum Beispiel weniger Fleischverzehr und unnötige Flugreisen vermeiden oder nur Produkte konsumieren, die von Firmen stammen, die einen eindeutigen Beitrag zur gerechten Behandlung von Mitarbeitern, Lieferanten und anderen Geschäftspartnern leisten. Einige möchten sogar ihren beruflichen Schwerpunkt auf einen Bereich setzen, bei dem ein Beitrag zur nachhaltigen Entwicklung der Erde geleistet werden kann. Manche haben sich sogar die Sinnfrage gestellt, was ihre persönliche Aufgabe und ihr Lebensbeitrag auf dieser Welt sei. In manchen Gesprächen mit Kollegen seien sogar die Grundlagen für konkrete nachhaltige Projekte entstanden.

> „Hierdurch hat sich während der Übung auch mein persönliches Bedürfnis verstärkt, mich zukünftig in sozialen Projekten zu engagieren, die beispielsweise die Bildung von Kindern in Entwicklungsländern fördern. Mit der Zeit habe ich erkannt, dass die Übung mich optimistischer macht. Dies zeigte sich dadurch, dass ich mit schwierigen Situationen besser umgehen konnte, da ich das langfristig positive Ziel präsent hatte."

Letztendlich geht es um ein konsistentes Handeln in Übereinstimmung mit den eigenen Idealvorstellungen über die Welt. Wie Mahatma Gandhi sagte: „Sei Du selbst die Veränderung, die Du Dir wünscht für diese Welt". Nur über das eigene Verhalten kann man die Welt gestalten, die man sich herbeisehnt. Wenn man die eigenen Werte anderen Menschen vorlebt, wird man auch durch das eigene Vorbild die Welt positiv prägen und Schritt für Schritt verändern.

19

Hoffnungsvoll leben

Nebst den besonderen Wünschen und Idealen, auf die wir hoffen, besteht im Leben auch eine allgemeine, fundamentale oder radikale Hoffnung, die besonders in Zeiten der Krise, der Ungewissheit und der Orientierungslosigkeit von existenzieller Bedeutung ist. Diese fundamentale Hoffnung unterscheidet sich von konkreten Hoffnungen darin, dass sie sich nicht an der Verwirklichung konkreter und spezifischer Ziele orientiert. Die fundamentale Hoffnung richtet sich auf das Leben als Ganzes und ist unabhängig von der Verwirklichung einzelner Wünsche. Sie bezieht sich auf die innigste Sehnsucht nach einem guten, glücklichen und erfüllten Leben.

19.1 Fundamentale und radikale Hoffnung

Zur fundamentalen Hoffnung gehören laut Blöser und Stahl (2017) jene Hoffnungen, die unsere eigene Identität bestimmen, d. h. die Art und Weise, wie wir uns selbst sehen. Die Hoffnung von Eltern für ihre Kinder ist ein solches Beispiel. Eltern wollen und müssen für ihre Kinder hoffen, damit sie sich als gute Eltern begreifen können (Hinds et al., 2009). Diese Art von Hoffnung ist schon dadurch wertvoll, weil sie die Art und Weise definiert, wie Menschen ihr Leben gestalten. Mit dem Verlust dieser fundamentalen Hoffnung würden wir auch einen Teil unserer Identität aufgeben. Wenn wir den Glauben und das Vertrauen an unsere Kinder verlieren, fühlen wir, als hätten wir als Eltern versagt. Damit lässt sich beispielsweise auch erklären, wieso schwerkranke Patienten trotz jeder negativen Prognose immer noch hoffen können. Ihre Würde und Identität hängen nämlich mit der Hoffnung

© Der/die Autor(en), exklusiv lizenziert durch Springer-Verlag GmbH, DE, ein Teil von Springer Nature 2022
A. Krafft, *Unsere Hoffnungen, unsere Zukunft*,
https://doi.org/10.1007/978-3-662-64289-4_19

auf Leben zusammen. Dies gilt aber auch für weniger existenzielle Fälle. Ein Fußballspieler hofft darauf (zumindest als Stürmer), Tore zu schießen, ein Feuerwehrmann hofft darauf, Feuer löschen zu können, und ein Koch hofft darauf, ein gutes Gericht zubereiten zu können. Sobald der Stürmer keine Tore mehr schießt, der Feuerwehrmann keine Feuer mehr löschen und der Koch keine guten Gerichte mehr kochen kann, hören diese auf, ein Stürmer, ein Feuerwehrmann und ein (guter) Koch zu sein. Indem sie ihre Hoffnungen aufgeben, verlieren diese Menschen einen wichtigen Teil ihrer Identität.

Dies bedeutet im Umkehrschluss, dass, indem wir uns für bestimmte Wünsche und Hoffnungen entscheiden, wir uns gleichzeitig dafür entscheiden, welche Person wir sein wollen. Bei dieser fundamentalen Hoffnung geht es um das Selbstverständnis, das Selbstbewusstsein und den Selbstwert der hoffenden Person selbst. Wir nehmen bewusst oder unbewusst eine bestimmte Identität und die damit verbundenen Wertvorstellungen und Hoffnungen an. Sobald wir diese Hoffnungen aufgeben, sei es, weil sie uns nicht mehr wichtig sind oder weil wir nicht mehr an deren Verwirklichung glauben, verändern sich unser Selbstverständnis und unsere Identität. Das Aufgeben von diesen fundamentalen Hoffnungen kann einen natürlichen Entwicklungsprozess darstellen (beispielsweise wechselt eine Person den Beruf von „Musikerin" zu „Rechtsanwältin") oder auch eine Identitätskrise auslösen, wenn jemand eine Identität annimmt, deren Hoffnungen nicht realisiert werden können.

Neben den besonderen Wünschen und Idealen, auf die wir hoffen, besteht im Leben auch eine allgemeine, fundamentale oder radikale Hoffnung, die besonders in Zeiten der Krise, der Ungewissheit und der Orientierungslosigkeit von existenzieller Bedeutung ist. Diese fundamentale Hoffnung unterscheidet sich von konkreten Hoffnungen darin, dass sie sich nicht an der Verwirklichung konkreter und spezifischer Ziele orientiert. Die fundamentale Hoffnung richtet sich auf das Leben als Ganzes und ist unabhängig von der Verwirklichung einzelner Wünsche. Sie bezieht sich auf die innigste Sehnsucht nach einem guten, glücklichen und erfüllten Leben.

Mit einer hoffnungsvollen Haltung im Leben sind wir offen und aufmerksam für neue Möglichkeiten und lassen uns von den aktuellen Hindernissen und Schwierigkeiten nicht bedrücken. Damit wird die Hoffnung resistent gegen kurzfristige Enttäuschungen. Die fundamentale Hoffnung ist eine Eigenschaft, die uns trägt, wenn einzelne Hoffnungen scheitern. Auch wenn manche Hoffnungen enttäuscht werden können, was ja häufig der Fall ist, liegt die Macht der fundamentalen Hoffnung darin, dass wir immer wieder neuen Sinn und somit neue Hoffnungen im Leben finden können.

In dem Moment, wo bestimmte Hoffnungen misslingen, bewahrt uns eine tiefere Hoffnungsfähigkeit vor einer generellen Hilfs- und Mutlosigkeit, gibt uns Halt und lässt uns in schwierigen Zeiten durchhalten. So wie Angst und Sorge zu einer Gewohnheit werden können, kann die Hoffnung auch zu einer allgemeinen Haltung dem Leben und der Zukunft gegenüber gedeihen (Shade, 2001).

Von besonderer Bedeutung ist auch die „radikale" Hoffnung. Jonathan Lear (2009) beschreibt radikale Hoffnung als eine Hoffnung, die uns in kritischen und krisenhaften Lebenssituationen über die Grenzen dessen hinausführt, was wir bisher gewusst haben. Radikale Hoffnung ist Offenheit für neue und bisher ungeahnte Möglichkeiten. In ungewohnten und extremen Situationen suchen wir nach komplett neuen Wegen. Wir halten Ausschau nach Führung, Erleuchtung, Inspiration oder der Kraft, die uns durch die schweren Zeiten hindurchführen. Radikale Hoffnung entsteht daher, wenn der bisherige Sinn- und Bedeutungsrahmen verloren geht und man auf eine transzendente Macht hofft. Radikal ist diese Hoffnung auch, weil die Zukunft, auf die man hofft, die eigene Vorstellungskraft übersteigt. Wenn Lear recht hat, können wir durchaus auf Dinge hoffen, die wir uns momentan noch gar nicht vorstellen können. Dies ist eine Art von Hoffnung, die den Verlust aller individuellen Hoffnungen überleben kann und uns offen und empfänglich für unbekannte Möglichkeiten macht. Wir wissen nicht, wie wir aus einer bestimmten Situation herauskommen werden, können aber trotzdem glauben und vertrauen, dass es irgendwie möglich sein wird.

19.2 Hoffnung in der Gegenwart für die Gegenwart

Hoffnung ist im Leben allgegenwärtig, und deshalb beachten wir sie kaum mehr. Wahrscheinlich erkennen wir den Wert der Hoffnung in unserem täglichen Leben nicht, weil diese so allgegenwärtig und so selbstverständlich ist wie die Luft für uns Menschen oder das Wasser für den Fisch. Deswegen sagt man auch, „wo es Leben gibt, gibt es Hoffnung". Wenn wir in der Hoffnung leben, leben wir mit einem Interesse daran, wie unser Leben und das der anderen verlaufen wird. Es ist uns nicht egal, sondern wir kümmern uns darum, wie sich das Leben entfalten und wie sich unsere Vorstellungen und Pläne sowie auch die anderer Menschen entwickeln. Wenn wir diese grundlegende Hoffnung verlieren, wird das Leben bedeutungslos (Callina et al., 2018).

Bei dieser Hoffnung geht es daher nicht um eine Zukunftsvision, sondern vielmehr um eine Art, in der Gegenwart zu leben. In diesem Sinne können wir auch in und für die Gegenwart hoffen und nicht nur in der Gegenwart für eine weit entfernte Zukunft (Herth & Cutcliffe, 2002). Wir alle hoffen mehr oder weniger auf die Erhaltung der Gesundheit, auf eine glückliche Ehe, Familie oder Partnerschaft, auf ein harmonisches Leben, auf gute Beziehungen mit anderen Menschen, auf Selbstbestimmung und auf eine sinnvolle Aufgabe im Leben (siehe Abschn. 15.2). Hoffnung hängt in diesem Sinne mit der Verbundenheit zu anderen Menschen zusammen und wird nicht von der Verwirklichung zukünftiger Ereignisse bestimmt. Folgender Spruch bringt diese Art von Hoffnung wahrscheinlich am besten zum Ausdruck: „Solange wir gesund und mit unseren Liebsten zusammen sind, kann kommen, was wolle".

Wie Benzein und seine Kollegen (Benzein et al., 2001) erkannt haben, kann Hoffnung als eine innere Kraft auf unser Leben im Hier und Jetzt gerichtet sein. Dieses tiefere Gefühl der Hoffnung im Leben ist viel mehr als die Hoffnungen, die wir in konkreten Situationen haben. Es besteht daher ein Unterschied zwischen „auf etwas hoffen" und „in Hoffnung leben". Wir müssen nicht unbedingt auf ein materielles Ziel hin hoffen. Oft reicht es auch, einfach hoffnungsvoll zu leben. Wir sind hoffnungsvolle Menschen, wenn wir uns ein gutes, erfüllendes und gemeinsames Leben wünschen sowie daran glauben und darauf vertrauen, dass dies auch möglich ist. In diesem Sinne richtet sich die Hoffnung weniger auf zukunftsorientierte Ziele als auf einen Zustand, der sich von der Gegenwart in die Zukunft erstreckt.

Hoffnung ist ein wesentlicher Bestandteil unseres Lebens, weil wir mit der Hoffnung ein besseres und reicheres Leben haben können, das auf umfassendere Werte ausgerichtet ist. Ein Leben ohne Hoffnung wäre, wie McGeer (2004) betont, eigentlich kein menschliches Leben. Die Hoffnung ist eine lebenserhaltende psychologische Ressource. Dank der Hoffnung, die wir in und für die Gegenwart haben, können wir morgens aus dem Bett steigen, uns auf den neuen Tag freuen, unsere Aufgaben erledigen und unser Leben bestmöglich führen. Ohne sie gäbe es wenig, was uns aufrechterhalten könnte, weswegen wir auch in den trostlosesten Situationen die Hoffnung nicht aufgeben dürfen (Lazarus, 1999).

In der Hoffnung zu leben, bedeutet, dass, egal was uns der Tag bereiten wird, wir dankbar für jede Erfahrung sind und das Vertrauen haben, mit jedem Problem positiv umgehen zu können. Die Hoffnung in der Gegenwart hält uns offen für die unmittelbaren Erlebnisse und Überraschungen des Alltags. Sie fokussiert sich auf das Sein und weniger auf das Tun, auch wenn man für die Erhaltung eines positiven Zustandes selbstverständlich etwas tun muss. Sie ist eine generelle Ausrichtung auf das Leben und die Zukunft, die bestimmt, wie wir auf die Prüfungen des Lebens reagieren und dadurch die Gegenwart gestalten. Wir bleiben damit offen für neue Erfahrungen und beherzigen den Glauben, dass wir die Widrigkeiten des Lebens überwinden und das Leben zu unserem Vorteil verändern können. Diese Art von Hoffnung, schreibt Shade (2001), erfordert mentale Flexibilität und emotionale Widerstandsfähigkeit. Sie ist resistent gegen Enttäuschungen und passt Ziele und Mittel den gegebenen Umständen an.

Anders als die zielgerichtete Hoffnung liegt die allgemeine Hoffnung in der Bedeutung, die dem Leben beigemessen wird (Parker-Oliver, 2002). Hoffnung ist eine Voraussetzung für ein sinnvolles menschliches Leben und Handeln. Hoffnungslos werden wir, wenn wir die Welt um uns herum nicht mehr verstehen, wenn die Welt für uns keinen Sinn mehr ergibt, wenn alles, was wir tun, keine Bedeutung mehr hat. Hier ist Hoffnung vor allem durch eine positive Einstellung dem Leben gegenüber gekennzeichnet. Sinn und Hoffnung sind dabei miteinander verwoben, weil Hoffnung einerseits die Voraussetzung für ein sinnvolles Leben ist und der Sinn im Leben wiederum die Grundlage für eine hoffnungsvolle Einstellung ist. Die hoffende Person verleiht der gegenwärtigen Situation einen Sinn und schöpft daraus eine innere Kraft. Wie der ehemalige tschechische Präsident Václav Havel einmal sagte:

> „Hoffnung ist nicht die Überzeugung, dass etwas gut ausgeht, sondern die Gewissheit, dass etwas Sinn hat, egal wie es ausgeht. (…) Je mehr ich darüber nachdenke, desto mehr neige ich zu der Meinung, dass das Wichtigste vor allem ist, die Hoffnung und den Glauben an das Leben selbst nicht zu verlieren. Wer das tut, ist verloren, ganz gleich, welches Glück ihm widerfährt. Andererseits kann derjenige, der sie nicht verliert, niemals ein schlechtes Ende nehmen. Das bedeutet nicht, die Augen vor den Schrecken der Welt zu verschließen – ganz im Gegenteil: Nur wer Glaube und Hoffnung nicht verloren hat, kann die Schrecken der Welt mit echter Klarheit sehen." (Havel, 1990, S. 141).

19.3 Hoffnung und persönliches Wachstum

Das Leben ist nicht statisch, sondern es bedeutet Veränderung, Entwicklung und Wachstum. Hoffnung ist für Rorty (1999) die Voraussetzung und Bedingung allen Wachstums. Die Hoffnung befähigt uns zu einer kreativen Transformation. Die Haltung der Hoffnung ist, wie Marcel (1949) sagt, eine mysteriöse Kraft, mit der wir den Widrigkeiten im Leben begegnen und dunkle Zeiten bewältigen können. Hoffnung ist keine Flucht vor den aktuellen Gegebenheiten, sondern eine Überwindung und Umwandlung derselben. Die Kraft der Hoffnung liegt darin, die Welt (und dabei auch uns selbst) zum Besseren zu verändern, anstatt ihr zu entkommen.

Wir müssen laut Shade (2001) Hoffnung im Leben als einen Entwicklungsprozess verstehen. Ein hoffnungsvolles Leben ist ein Leben des Wachstums und des persönlichen und gesellschaftlichen Fortschritts. Indem wir hoffen, festigen, entwickeln und transformieren wir unsere grundlegenden Fähigkeiten, erweitern dabei unseren Horizont und bereichern unser Leben. Die Hoffnung bezieht sich nicht nur auf unsere aktuellen Fähigkeiten, sondern sie ist die treibende Kraft für die Weiterentwicklung unserer Stärken und das substanzielle Vertrauen in unsere Potenziale. Besonders klar können wir dies bei Kindern beobachten. Kinder erkunden nicht nur ihre Umwelt, sondern auch ihre eigenen Fähigkeiten. Wenn wir unseren Kindern das grundsätzliche Vertrauen schenken, unterstützen wir ihre Hoffnung, stärken ihren Glauben an sich selbst und fördern die Erweiterung ihres eigenen Handlungsrepertoires.

Shade (2001) beschreibt die Natur der Hoffnung als die der bedingten Transzendenz. Hoffnung ist bedingt, weil sie aus unseren aktuellen Lebensumständen entspringt, aber sie ist auch eine Form der Transzendenz, weil wir durch das Phänomen des Hoffens die aktuelle Lage und die bisherigen Beschränkungen überwinden können und nicht in ihnen gefangen bleiben müssen. Entscheidend für die Hoffnung ist die ständige Überwindung von negativen Emotionen wie Enttäuschung, Frustration und Niedergeschlagenheit. Hoffnung kann als eine Form des Springens, des Überwindens, des Wachsens und des Ausdehnens verstanden werden. Hoffnung transformiert uns und führt uns über die aktuellen Bedingungen hinaus. Dank der Hoffnung zapfen wir bisher unbekannte Energiequellen an. Auch wenn es unsere aktuellen Bedingungen und Fähigkeiten übersteigt, lassen wir uns auf die Wünschbarkeit und Realisierbarkeit einer besseren Zukunft ein. Indem wir hoffen und neue Hoffnungen aufnehmen, erweitern wir unseren Horizont, verschieben unsere Grenzen, finden neue Chancen und schaffen neue Stärken und Bedingungen, und zwar durch unser Engagement und unser Vertrauen.

Das Herz der Hoffnung, wie Shade (2001) sagt, wird in der Intimität konkreter Beziehungen geboren und eröffnet neue Horizonte, die sich über die Grenzen unserer gegenwärtigen Bedingungen und Begrenzungen erstrecken. Hoffen ist eine Aktivität, die das individuelle und kollektive Wachstum fördert, indem wir uns gegenseitig helfen und unterstützen. Wir wachsen durch die Verbindung und das Vertrauen zu anderen Menschen. Wir können unseren Wirkungsraum erweitern und die Verwirklichung unserer Hoffnungen fördern, indem wir mit anderen Menschen zusammenhalten. Hoffnung bedeutet also die Überwindung von Grenzen durch Zusammenarbeit und Kooperation.

Hoffnung ist im Wesentlichen die Art und Weise, wie wir das Selbst dank der Beziehung zu anderen Menschen erweitern, sei es in Gedanken oder in Taten. Mit der Energie und Kraft der Hoffnung gestalten wir unser Leben und die Welt. Wir begnügen uns nicht mit dem aktuellen Zustand, sondern streben nach mehr, nach einem besseren Zustand, für uns und für die anderen. Indem wir hoffen, erkunden wir mit unserer Fantasie und Vorstellungskraft, was wir im Leben bewirken können und was in der Welt und im Leben anderer Menschen alles noch geschehen kann. Unser Bewusstsein und unser Horizont erweitern sich, und wir sind neugierig und offen für neue Ideen und Möglichkeiten, die wir zusammen mit anderen Menschen verwirklichen können. Wir wachsen damit über unsere eigenen Begrenzungen hinaus und erweitern unsere Kräfte.

Hoffnung kann für McGeer (2004) in einer gewissen Hinsicht auch bedingungslos sein. In der bedingungslosen Liebe (wie die zu unseren Kindern) schenken wir anderen Menschen unsere bedingungs- und grenzenlose Hoffnung. Die Grundlage dafür ist, nebst der Liebe, der fundamentale Glaube und das Vertrauen in die wertvolle Einzigartigkeit und Gestaltungskraft der anderen Person. Durch die bedingungslose Hoffnung glauben und vertrauen wir uneingeschränkt an ein gelingendes Leben der geliebten Person.

20

Hoffnung entfalten

Unser Leben, so wie wir es im Alltag leben, wird von bewussten und unbewussten Gewohnheiten bestimmt. Diese Gewohnheiten spiegeln unsere Vorlieben und bisherigen Erfahrungen wieder. Sie entstehen im sozialen Kontext der Familie, der Freunde, der Schule und der Arbeit und entwickeln sich zu allgemeinen und oft unhinterfragten Selbstverständlichkeiten. Leider sind nicht alle unsere Gewohnheiten positiv und vorteilhaft für ein gelungenes und erfülltes Leben. Phänomene wie negative Gedanken, Vorurteile, Sorgen, Kritik und mangelndes Selbstvertrauen werden häufig zu hemmenden und nahezu unüberwindbaren Gewohnheiten, die unsere Sicht in die Zukunft und unsere Hoffnung trüben. Diese gilt es zu überwinden und durch positive Gewohnheiten zu ersetzen. Zu den Gewohnheiten der Hoffnung gehören Offenheit für Neues, Einfallsreichtum, Mut, Entschlossenheit, Engagement, Ausdauer aber auch Geduld, Solidarität und Hilfsbereitschaft und vor allem der Glaube an das Gute im Menschen und das Vertrauen in uns selbst und in andere.

20.1 Die Macht der Gewohnheit

Damit wir unsere Hoffnungsfähigkeit entfalten können, müssen wir gewisse negative Gewohnheiten über Bord werfen und uns positive Gewohnheiten aneignen. Dewey (1922) stellt in seiner Philosophie dar, dass ein Großteil unseres gewöhnlichen menschlichen Verhaltens überhaupt nicht überlegt oder geplant ist, sondern vielmehr aus Gewohnheiten besteht. In unseren Gewohnheiten spiegeln sich bestimmte Vorlieben und Abneigungen wider, die von früheren Erfahrungen und Aktivitäten beeinflusst sind. Auch

© Der/die Autor(en), exklusiv lizenziert durch Springer-Verlag GmbH, DE, ein Teil von Springer Nature 2022
A. Krafft, *Unsere Hoffnungen, unsere Zukunft*,
https://doi.org/10.1007/978-3-662-64289-4_20

wenn Gewohnheiten bis zu einem gewissen Grad automatisiert sind und unbewusst funktionieren, sind es trotzdem Handlungen, die willentlich ausgeübt werden. Gewohnheiten entstehen aus einer aktiven Entscheidung dafür, was man im Alltag regelmäßig tun will. Sobald aber gewisse Gewohnheiten lieb gewonnen und im Alltag verankert werden, laufen diese unbewusst ab und prägen den Charakter einer Person.

Gewohnheiten sind allerdings nicht rein individuell, sondern sie entstehen in einem sozialen Kontext. Wir erwerben unsere Gewohnheiten durch den Kontakt und die Interaktion mit anderen Menschen. Insbesondere entstehen Gewohnheiten durch die Nachahmung früherer Gewohnheiten. Beispielsweise übernehmen Kinder die Gewohnheiten ihrer Eltern und führen sie dadurch fort. In dieser Hinsicht können bestimmte Gewohnheiten sozusagen geerbt, d. h. durch Sozialisation weitergegeben werden. Wenn mehrere Menschen mit den gleichen Situationen konfrontiert werden und sie auf eine ähnliche Weise darauf reagieren, entstehen kollektive Gewohnheiten, die sich zu sozialen Mustern entwickeln.

Gewohnheiten bestehen aus routinemäßig durchgeführten Verhaltensweisen und lassen mit der Zeit eine bewusste Reflexion über Ziele und Zwecke außer Acht. Im Leben ändern sich aber die Umstände und machen bestimmte Gewohnheiten nutzlos oder sogar schädlich. In solchen Situationen stellt sich die Frage, ob man die bisherigen Gewohnheiten umstellen und sich neue Gewohnheiten aneignen kann. Aufgrund dessen, dass wir Menschen eine emotionale Bindung zu unseren Gewohnheiten aufbauen und dadurch an Sicherheit gewinnen, lassen sich diese in der Regel schwer verändern, insbesondere wenn damit vorherrschende gesellschaftliche Normen verbunden sind.

Aus diesem Grund setzt Dewey auf die Entwicklung von positiven Gewohnheiten in der Erziehung der Jugend. Kinder und Jugendliche haben noch nicht so starre Gewohnheiten und können sich durch unabhängiges Denken, kritisches Hinterfragen, kreatives Experimentieren und dank ihrer Vorstellungskraft und des Mitgefühls mit anderen gute Gewohnheiten zur Gestaltung der Zukunft aneignen. Was sind nun negative Gewohnheiten, die unsere Hoffnungsfähigkeit hindern und gute Gewohnheiten, die uns hoffnungsvoll stimmen?

20.2 Negative Gewohnheiten überwinden

Unser Denken und Handeln wird häufig von unreflektierten Gewohnheiten und mangelnder Achtsamkeit und Wertschätzung geprägt. Einige unserer Gewohnheiten zählen zu den hemmenden Bedingungen unserer Hoffnung.

Schlechte Gewohnheiten schränken uns beim Hoffen ein und lassen uns in alte Muster zurückfallen. Zu den negativen Gewohnheiten zählen beispielsweise der mangelnde Glaube an uns selbst, die Ängste und Sorgen, mit denen wir in die Zukunft schauen sowie unsere negativen Gedanken und Überzeugungen.

Schlechte Gewohnheiten hängen mit den Phänomenen unserer Wahrnehmung, Aufmerksamkeit und emotionaler Betroffenheit zusammen. In einer breit angelegten Literaturstudie haben Baumeister und seine Kollegen herausgefunden, dass wir negativen Ereignissen häufig mehr Beachtung schenken als positiven (Baumeister et al., 2001). Bedrohliche Phänomene werden bewusster und stärker wahrgenommen als angenehme. Kritische Informationen werden gründlicher verarbeitet als geläufige. Schlechte Verhaltensweisen bleiben stärker und länger in Erinnerung als gute Verhaltensweisen. Negative Erfahrungen haben eine stärkere emotionale Wirkung als positive Erlebnisse. Dies lässt sich grundsätzlich mit der Evolutionsgeschichte des Menschen begründen: Damit der Mensch überleben konnte, musste er bedrohliche Signale schneller erkennen und mögliche negativen Folgen abschätzen, um anschließend richtig darauf reagieren zu können. Daraus entstanden gewisse Gewohnheiten in unserer Wahrnehmung, Informationsverarbeitung und in unserem Erinnerungsvermögen, die uns halfen, das Negative schneller und besser zu erfassen.

Die Folge davon ist, dass wir uns in der Regel mehr mit Problemen und anderen negativen Dingen beschäftigen, weil wir unsere Aufmerksamkeit automatisch auf Fehler richten (Klinger et al., 1980). Schlechte Nachrichten in den Medien werden aufmerksamer aufgenommen als gute Nachrichten, erzeugen stärkere Gefühle und bleiben auch länger in Erinnerung. Wir unterhalten uns häufiger über schlechte Dinge wie Krankheiten, Unfälle, Missgeschicke als über gute. Wir denken länger an Niederlagen als an Erfolge zurück (Gilovich, 1983). Uns fallen die negativen Eigenschaften und Verhaltensweisen anderer Menschen schneller auf als ihre positiven Charakterzüge. Stereotypen über andere Personen und Volksgruppen sind überwiegend negativ, weil negative Erfahrungen stärker zu einem Gesamteindruck beitragen als positive Merkmale (Mullen & Johnson, 1990). Wir tendieren ebenfalls dazu, schneller über andere Menschen schlecht als gut zu urteilen (Hamilton & Huffman, 1971; Vonk, 1996). Negatives Feedback und Kritik werden öfters gegeben und hinterlassen einen stärkeren Eindruck als positives Feedback und Anerkennung (Vonk, 1999). Aufgrund dieser Phänomene entstehen weitere ungute Gewohnheiten wie die Bildung von Vorurteilen, Neid, Egoismus, Wettbewerb und Konfrontation.

Bei den meisten Menschen überwiegt aber das Gute über das Schlechte im Leben. Das Gute gehört zum Alltäglichen und das Schlechte ist eher die Ausnahme (Baumeister et al., 2001). Zudem glauben die meisten Menschen, zumindest implizit, an das Gute im Leben. Es geschehen uns im Laufe unseres Lebens in der Regel viel mehr positive als negative Dinge, nur nehmen wir diese nicht immer gleichermaßen wahr. Und somit entsteht ein Ungleichgewicht zwischen unseren positiven Erlebnissen und unseren negativen Empfindungen und Gewohnheiten. Es geht uns eigentlich gut, aber wir müssen trotzdem schimpfen, lästern und uns beschweren. Dieses schlechte Denken und negative Reden entwickelt sich dann zu einer Beschwernis, die uns das Leben unnötig schwer und uns in vielen Fällen sogar krank macht.

Solange man sich auf die negativen Aspekte des Lebens und der Menschen fokussiert, wird man keine große Hoffnung in die Zukunft haben können. Wenn Menschen ein negatives Welt- und Menschenbild vertreten, werden sie kaum anderen Menschen Hoffnung vermitteln können (Krafft, 2019). Angst und Sorge können uns aufrütteln, sie können uns aber auch begrenzen und gefangen halten. Die Gefahr der Angst und der Sorge besteht darin, dass sie uns lähmen können, anstatt uns zum Handeln ermutigen. Wir dürfen von den echten Problemen nicht davonlaufen, aber wir dürfen auch nicht die Gefangenen von Angst und Sorge sein, sondern uns für die Hoffnung öffnen.

Bezeichnend für die Hoffnung ist, dass sie besonders in Zeiten der Widrigkeit und des Leidens vonnöten ist. Hoffnung ist erst dort wirklich relevant, wo Zweifel, Leid und Not vorhanden sind. Wo immer es Angst gibt, gibt es meistens auch einen Schimmer von Hoffnung. Durch Hoffnung findet eine Integration der positiven und negativen Aspekte des Lebens statt, deren Zusammenhänge und Wechselwirkungen wir uns bewusst werden müssen, damit persönliche Entwicklung erfolgen kann. Mit der Hoffnung dürfen wir das Positive in Verbindung mit dem Negativen verstehen und dabei immer wieder auf das Positive fokussieren und den Mitmenschen eine positive Sicht der Dinge vermitteln.

20.3 Positive Gewohnheiten pflegen

Praktisch gesehen ist Hoffnung laut Shade (2001) durch eine Reihe von Gewohnheiten gekennzeichnet, die uns auf eine bessere Zukunft ausrichten und zum Handeln ermutigen. Gewohnheiten der Hoffnung sind die Mittel und Aktivitäten zur Stärkung unserer Hoffnungsfähigkeit und zur Verwirklichung unserer individuellen und kollektiven Hoffnungen. Wir können neue Gewohnheiten des Wachstums und des sozialen Fortschritts entwickeln und unsere Energien auf das Gute im Hier und Jetzt sowie auf die Möglichkeiten der Zukunft fokussieren. Positive Gewohnheiten können neue Energien zur Verwirklichung unserer Hoffnungen erzeugen, das Wachstum fördern und unser Leben erweitern anstatt es einzuengen. Dazu gehören Gewohnheiten wie Einfallsreichtum und Offenheit für neue Möglichkeiten, der Glaube an das Gute sowie das Vertrauen in sich selbst und in andere. Zudem braucht Hoffnung Mut, Willenskraft und Engagement, aber auch Ausdauer, Geduld, Demut und Ruhe. Schließlich baut Hoffnung auf gegenseitiger Solidarität und Hilfsbereitschaft auf (Kadlac, 2015; Krafft, 2019; Shade, 2001; Stitzlein, 2019). Diese Gewohnheiten der Hoffnung können unseren Charakter stärken und uns zu einer hoffnungsvollen Person werden lassen.

Offenheit für Neues und Einfallsreichtum

Mit der Hoffnung geht eine Offenheit für neue Wege und wertvolle zukünftige Möglichkeiten einher. Einfallsreichtum und Fantasie unterstützen die aktive Gestaltung von neuen Wegen und Überwindung aktueller Hindernisse. Damit wir unsere Hoffnungen verfolgen und verwirklichen können, müssen wir unsere Fähigkeiten erfinderisch einsetzen und manchmal auch ausbauen. Dank unserer Vorstellungskraft und Kreativität können wir den Sinn für das, was und wie etwas möglich sein kann, erweitern. Wir erkunden Alternativen und finden Ressourcen und Mittel, die neue Optionen herbeiführen. Wir können uns sinnvolle Zukunftsszenarien ausmalen und erfinderisch mit neuen Lösungen experimentieren.

Neue Technologien können im Allgemeinen unsere Ressourcen vergrößern und uns den Zugang zu einer breiteren Palette an Möglichkeiten eröffnen. Gerade während der COVID-19-Pandemie konnten wir den Umgang mit digitalen Medien weiter ausbauen und deren Nutzen erfahren. Hoffnung ist im Allgemeinen eine Haltung der Offenheit und der positiven Einstellung der Zukunft gegenüber, unabhängig davon, ob sich unsere konkreten Hoffnungen erfüllen oder nicht. Dies gibt uns Energie und verbindet uns mit anderen Menschen.

Engagement, Ausdauer und Geduld

Eine engagierte und geduldige Hoffnung ist das Gegenteil von Gleichgültigkeit und Resignation (McDonald, 2008). Angesichts von Schwierigkeiten und Rückschlägen wird das Engagement für ein wertvolles Ziel durch

Ausdauer und Beharrlichkeit aufrechterhalten. Wenn unsere Hoffnungen noch jenseits unserer derzeitigen Möglichkeiten liegen, braucht es dafür auch Geduld. Beim Hoffen verbinden wir Geduld mit einer aktiven Ausrichtung auf unsere Hoffnungen. Durch Ausdauer und Geduld können wir Ungeduld und Niedergeschlagenheit überwinden und beharrlich an unseren Hoffnungen festhalten.

Sobald Ungeduld aufkommt, geben wir unsere Hoffnungen viel zu früh auf. Geduld ist eine Fähigkeit, durch die wir unsere Achtsamkeit und unseren Fokus auf unsere Hoffnungen beibehalten und gleichzeitig den Dingen Zeit geben, damit sie sich so entwickeln, wie es am besten ist. Mit Geduld können wir auf den richtigen Zeitpunkt für die Erfüllung unserer Hoffnungen und womöglich auf angemessene Hilfe von außen warten. Anders als beim passiven oder resignierten Warten richten wir beim aktiven Warten unsere Aufmerksamkeit und Energie auf die Verwirklichung unserer Hoffnungen. Die hoffnungsvolle Ausdauer ist eine Mischung von geduldigem Abwarten auf den richtigen Moment und die Aufrechterhaltung unseres Interesses und Engagements, damit wir aktiv bleiben und vorwärts gehen können, sobald sich die Möglichkeit dazu ergibt.

In der Geduld liegen auch die Demut und das Vertrauen in die Unterstützung anderer Menschen. Die Demut lässt uns unsere momentanen Grenzen anerkennen und macht uns empfänglich für die Fähigkeiten anderer Menschen oder einer höheren Macht, die wir aktiv suchen und dankbar annehmen können. Indem wir die Hilfe anderer ersuchen und empfangen, erkennen wir demütig unsere eigenen Grenzen, unsere Verletzlichkeit und unsere Abhängigkeit von anderen an.

Mit der Demut und Geduld der Hoffnung geht in kritischen Situationen auch ein Gefühl der Ruhe und des inneren Friedens einher. In der Ruhe liegt bekanntlich die Kraft. Wer unruhig wird und Unruhe stiftet, wird hektisch und nervös, grenzt sich ab und bleibt allein. Wer die Ruhe bewahren kann, wird offener und empfänglicher für unerwartete Dinge sein. Besonders die fundamentale und radikale Hoffnung entsteht, wenn wir in Frieden und Harmonie mit uns selbst und der Welt sind.

Mut, Entschlossenheit und Willenskraft

Hoffnung erfordert auch Mut, Entschlossenheit und Willenskraft. Indem wir hoffen, setzen wir uns Rückschlägen und Enttäuschungen aus, die von uns Entschlossenheit und Willenskraft erfordern. Diese Willenskraft benötigen wir besonders in schlechten Zeiten, in denen wir uns frustriert, demotiviert und sogar verzweifelt fühlen und kurz davor sind, alles aufgeben und hinschmeißen zu wollen.

In diesem Zusammenhang ist Mut erforderlich, denn beim Hoffen müssen wir Risiken eingehen, uns auf eine ungewisse Zukunft einlassen und mögliche Enttäuschungen in Kauf nehmen. Wir halten also an unseren Wünschen fest und glauben an deren Verwirklichung, obwohl wir uns der Ungewissheit der Zukunft und der Möglichkeit von Fehlschlägen völlig bewusst sind. Dies erfordert eine mutige Hoffnung, denn es wäre ein Leichtes, nur dann zu hoffen, wenn wir davon ausgehen können, dass sich unsere Wünsche mit Sicherheit erfüllen werden.

In der Hoffnung blüht der Mut in vielfacher Weise auf: Wir erkennen unsere Grenzen mutig an und bitten andere um Hilfe. Wir werden uns unserer eigenen Verletzlichkeit und Abhängigkeit bewusst. Wir setzen uns aber auch für unpopuläre Anliegen ein, wenn wir davon überzeugt sind. Bei Enttäuschungen bleiben wir auf Kurs und halten durch. Indem wir unsere Hoffnungen verwirklichen, verändern wir mutig unser eigenes Leben.

Mut und Entschlossenheit entwickeln wir immer dann, wenn uns unsere Hoffnungen besonders wichtig sind. Anders als beim Optimismus erkennen wir bei der Hoffnung die Hindernisse und Risiken, lassen uns aber von diesen nicht einschüchtern, sondern gehen mutig voran. Mit Mut können wir den Ängsten und Sorgen sowie der Ungewissheit und den Schwierigkeiten auf dem Weg zur Erfüllung unserer Hoffnungen begegnen.

Solidarität und Hilfsbereitschaft

Die Ungewissheit der Zukunft, die Unwägbarkeiten und Schwierigkeiten bei der Erfüllung unserer Hoffnungen erforder in vielen Fällen die Zusammenarbeit mit anderen Menschen. Damit wir unsere Ziele erreichen können, müssen wir häufig mit anderen Menschen kooperieren oder auf die Unterstützung anderer Menschen zählen. Zusammenhalt und Hilfsbereitschaft sind das Gegenteil von Egoismus und Wettbewerb.

In der Hoffnung sind wir anderen Menschen gegenüber offen und verfügbar. Sie können uns vertrauen und auf unsere Hilfsbereitschaft und Unterstützung zählen. Solidarität ist am deutlichsten vorhanden, wenn wir uns gemeinsam mit anderen den Herausforderungen stellen, während wir die Hoffnungen verwirklichen, die uns allen am Herzen liegen. In diesem Fall ist der Inhalt unserer Hoffnungen von Bedeutung, denn wir entwickeln eine größere Solidarität, wenn wir uns dieselbe Zukunft wünschen und uns für die Verwirklichung dieser Zukunft aktiv einsetzen. Damit wird die gegenseitige Abhängigkeit, die wir miteinander haben, anerkannt.

An das Gute glauben

Hoffnung ist grundlegend mit dem Glauben an das Gute verbunden. Würde man nicht an das Gute glauben, könnte man nicht hoffen. Die Hoffnung wird vom Glauben an das Gute in uns selbst, den Menschen und der Welt getragen. Im Glauben an die Güte der Welt gründet die Hoffnung, dass sich die Dinge zum Guten wenden werden.

Hoffnung beruht auf dem Glauben an die Möglichkeiten auf besseres Leben und auf das Vertrauen in andere Menschen. Der Glaube an das Gute im Leben ist die Voraussetzung für ein ernsthaftes Engagement für eine bessere Welt. Auch wenn wir die Gegenwart nicht immer verstehen und die Zukunft nicht voraussehen können, wird der Glaube an unsere Fähigkeiten sowie der Glaube an die Fähigkeiten und dem guten Willen der anderen die Hoffnung an eine bessere Welt erhalten.

Häufig impliziert Hoffnung den Glauben an eine höhere Macht, die jenseits der eigenen Kontrolle ist. Damit wir die Hoffnung aufrechterhalten können, müssen wir manchmal an eine transzendente Instanz (die Natur, das Glück, das Schicksal, Gott etc.) glauben. Für viele Menschen hängt die Hoffnung vom Glauben an die Liebe, Güte oder Fürsorge einer solchen höheren Instanz ab. Dazu gehört auch der Glaube an die neuen Möglichkeiten, die uns die Zukunft bietet.

Schlusswort: Hoffnung zur Gestaltung der Zukunft

Die Zukunft ist nicht etwas, was uns widerfährt und der wir auf Gedeih oder Verderb ausgeliefert sind. Wir können und müssen unsere Zukunft aktiv und konstruktiv gestalten. Worauf es dabei ankommt, ist zuallererst unsere eigene Willenskraft. Dafür müssen wir aber wissen, was wir wirklich und von ganzem Herzen wollen, was uns im Leben besonders wichtig ist und daran glauben, dass wir dies auch erreichen können.

Hier zeigt sich die Bedeutung eines sinnerfüllten Lebens. Das Empfinden von Sinnlosigkeit gehört zu den größten aller Leiden im Leben. Jeder Mensch, der auf eine gute Zukunft hofft, hofft auf etwas, was ihm sinn- und wertvoll erscheint. Erst durch das Erleben eines Lebenssinns kann der Mensch auch in schwierigen Zeiten hoffnungsvoll bleiben. Der tiefste Sinn im Leben ist laut Viktor Frankl selbsttranszendent. Dieser Sinn weist über das eigene Leben hinaus und liegt im Engagement für eine gute Sache oder in der Hilfsbereitschaft gegenüber anderen Menschen. Je mehr der Mensch seine Aufgaben erfasst, umso sinnvoller wird ihm sein Leben erscheinen und desto hoffnungsvoller wird er sich fühlen. Menschen, die eine sinnvolle Aufgabe haben, erleben das, was sie tun, als wertvoll und lohnend, sind dadurch zielstrebiger und empfinden, dass ihr Leben eine tiefere Bedeutung hat, weswegen sie auch positiver in die Zukunft blicken.

Eine von Sinn erfüllte Hoffnung ist mit der Überzeugung verbunden, dass wir sowohl in guten als auch in schmerzvollen Zeiten immer das Beste aus unserem Leben machen können. Diese sinnzentrierte Hoffnung basiert auf der unantastbaren Freiheit des Menschen, die es ihm erlaubt, jede Enttäuschung zu überwinden und in jeder widrigen Situation einen tieferen

A. Krafft, *Unsere Hoffnungen, unsere Zukunft*, https://doi.org/10.1007/978-3-662-64289-4

Sinn zu erleben, das Leben zu bejahen und hoffnungsvoll zu bleiben. Dies setzt grundsätzlich drei Dinge voraus: 1. Eine positive Haltung gegenüber allen Lebenssituationen, egal, ob sie uns gefallen oder nicht. 2. Die kreative Entwicklung von neuen Möglichkeiten in einer gegebenen Situation. 3. Die Freiheit und der Wille, diese Möglichkeiten zu ergreifen und zu verwirklichen. Sinn und Hoffnung befinden sich nicht in einer unbestimmten Zukunft, sondern gründen in der Anerkennung des Augenblicks, wenn man sich auf Werte besinnt wie Dankbarkeit, Aufmerksamkeit, Verzeihen, Gerechtigkeit und Versöhnung.

In einer sich verändernden Welt kommt es auf den Gestaltungswillen, auf die Handlungsfähigkeit sowie auf die Hilfsbereitschaft eines jeden Einzelnen an. Die Zukunft ist ein Raum voller Gestaltungsmöglichkeiten, die allerdings identifiziert und gemeinsam ergriffen werden müssen. Von alleine geschieht eine positive Veränderung nicht. Wir müssen als Gesellschaft kreative Lösungen finden, aber auch über uns hinauswachsen, indem alte Gewohnheiten über Bord geworfen und neue Wege eingeschlagen werden. Dafür braucht es Zukunftsbilder, die über die vergangenen und aktuellen Lebensformen hinausgehen und zur Transformation der Gesellschaft hin zu neuen Horizonten ermuntern. Daher sollte sich jeder Einzelne Gedanken über seine persönlichen Hoffnungen machen, d. h. darüber, was ihm oder ihr besonders wichtig im Leben ist, was sein oder ihr Ideal ist und wie dieses erreicht werden kann.

Dies heißt allerdings nicht, dass wir immer alles alleine und aus eigener Kraft schaffen müssen. Die aktuellen Ereignisse führen uns häufig an die Grenzen unserer eigenen Möglichkeiten und Fähigkeiten. Sie bringen uns bei, wie wir uns anderen Menschen zuwenden, ihnen vertrauen und von ihnen Hilfe annehmen können. Darin besteht die große Macht der Hoffnung. Indem wir uns der großen Probleme und Herausforderungen unserer Zeit bewusst sind und diese als Chancen für Wachstum annehmen, können wir an eine gute Zukunft glauben und gleichzeitig vertrauen, dass wir dank unserer eigenen Stärken und zusammen mit anderen Menschen die Probleme lösen und die Hindernisse überwinden werden können, damit sich schließlich unsere sehnlichsten Wünsche erfüllen. Wir können auf die nächsten Umwälzungen in der Geschichte der Menschheit gespannt sein und hoffnungsvoll inmitten aller Widrigkeiten an der Gestaltung einer besseren Zukunft mitwirken.

Anhang

Demografische Verteilung der Samples

	2019		2020	
	Anzahl	**%**	**Anzahl**	**%**
Gesamt	10.907	100	10.230	100
Länder				
Australien	474	4,3	210	2,1
Frankreich	94	0,9	235	2,3
Indien	1092	10,0	272	2,7
Israel	884	8,1	228	2,2
Italien	272	2,5	406	4,0
Kolumbien	311	2,9	222	2,2
Malta	148	1,4	149	1,5
Nigeria	665	6,1	210	2,1
Österreich	–	–	244	2,4
Polen	481	4,4	227	2,2
Portugal	507	4,6	567	5,5
Schweiz (gesamt)	3935	36,1	6968	68,1
– Deutsch	(2195)	(20,1)	(4205)	(41,1)
– Französisch	(1502)	(13,8)	(1904)	(18,6)
– Italienisch	(238)	(2,2)	(859)	(8,4)
Spanien	529	4,9	112	1,1
Südafrika	1046	9,6	133	1,3
Tschechien	469	4,3	257	2,5
Geschlecht				
Männlich	4529	41,5	3678	36,0
Weiblich	6378	58,5	6552	64,0
Alter				
18–29	3679	33,7	2267	22,1
30–39	2098	19,2	1747	17,1

	2019		2020	
	Anzahl	%	Anzahl	%
40–49	1896	17,4	1975	19,3
50–59	1780	16,3	2228	21,8
60–69	1054	9,7	1476	14,4
70–79	366	3,4	475	4,6
80+	34	0,3	62	0,6

Höchste Ausbildung

Keine abgeschlossene Schulbildung	85	0,8	60	0,6
Pflichtschule/ Volksschule abgeschlossen	274	2,5	269	2,6
Fach-(Real-)schule ohne Matura/Abitur/ Hochschulreife	508	4,7	511	5,0
Gymnasium mit Matura/Abitur/ Hochschulreife	2153	19,7	1899	18,6
Berufsausbildung	2889	26,5	2787	27,2
Höhere Berufs-ausbildung mit Diplom	2235	20,5	2667	26,1
Universität/ (Fach-)Hoch-schule	2615	24,0	1809	16,5
Keine Angabe	148	1,4	228	2,2

Familienstand

Noch bei den Eltern lebend	2051	18,8	1223	12,0
Alleinstehend, Single, ledig	1742	16,0	1358	13,3
In einer Partner-schaft, aber getrennt lebend	606	5,6	628	6,1
In einer Partnerschaft zusammen-lebend	1442	13,2	1741	17,0
Verheiratet	4116	37,7	4060	39,7
Geschieden/ getrennt	787	7,2	784	7,7
Verwitwet	163	1,5	208	2,0
Keine Angabe			228	2,2

Kinder

Keine Kinder	5676	52,0	4718	46,1

	2019		2020	
	Anzahl	%	Anzahl	%
Ein Kind oder mehrere Kinder	5231	48,0	5284	51,7
Keine Angabe			228	2,2
Hauptaktivität				
In Ausbildung	2256	20,7	1142	11,2
Familienarbeit/ Hausarbeit/ Kindererziehung	434	4,0	419	4,1
Teilzeit Erwerbs- tätigkeit	1572	14,4	1977	19,3
Vollzeit Erwerbs- tätigkeit	4887	44,8	4304	42,1
Erwerbslos/ Arbeitslos	603	5,5	441	4,3
Rente (Alter oder Krankheit)	1007	9,2	1316	12,9
Keine Angabe	148	1,4	631	6,2
Beruflicher Status				
Keine Position in einer beruflichen Organisation	1958	18,0	1777	17,4
In Ausbildung	1699	15,6	838	8,2
Mitarbeiter/in	3703	34,0	3597	35,2
Führungskraft/ mittleres Management	1551	14,2	1646	16,1
Oberes Management/ Direktion	666	6,1	613	6,0
Eigentümer/ Unternehmer	1182	10,8	1128	11,0
Keine Angabe	148	1,4	631	6,2
Religion				
Römisch- katholisch	3159	29,0	3191	31,2
Evangelisch- reformiert bzw. lutherisch	1139	10,4	1505	14,7
Andere christ- liche Kirche bzw. anderes christliches Bekenntnis	932	8.5	388	3,8
Islam	349	3.2	125	1,2
Judentum	538	4.9	261	2,5

	2019		2020	
	Anzahl	%	Anzahl	%
Hinduismus	568	5.2	225	2,2
Buddhismus	62	0.6	73	0,7
Ich bin ein spiritueller Mensch außerhalb der traditionellen Weltreligionen	1278	11.7	974	9,5
Ohne Religion, ohne Konfession bzw. aus-getreten	2456	22.5	3181	31,1
Etwas anderes	426	3.9	307	3,0

Literatur

Armeli, S., Gunthert, K. C., & Cohen, L. H. (2001). Stressor appraisals, coping, and post-event outcomes: The dimensionality and antecedents of stress-related growth. *Journal of Social and Clinical Psychology,20*(3), 366–395.

Aspinwall, L. G. (2005). The psychology of future-oriented thinking: From achievement to proactive coping, adaptation, and aging. *Motivation and Emotion,29*(4), 203–235.

Auderset, J., & Moser, P. (2012). Krisenerfahrungen, Lernprozesse und Bewältigungsstrategien. Die Ernährungskrise von 1917/18 als agrarpolitische „Lehrmeisterin". In T. David, J. Mathieu, J. Schaufelbuehl, & T. Straumann (Hrsg.), *Krisen: Ursachen, Deutungen und Folgen. Schweizerisches Jahrbuch für Wirtschafts- und Sozialgeschichte, 27* (S. 133–150). Chronos Verlag.

Baumeister, R. F., Bratslavsky, E., Finkenauer, C., & Vohs, K. D. (2001). Bad is stronger than good. *Review of General Psychology,5*(4), 323–370.

Baumeister, R. F., Hofmann, W., Summerville, A., & Vohs, K. D. (2016a). *Everyday thoughts about the past, present, and future: Studies of mental time travel.* Department of Psychology, Florida State University.

Baumeister, R. F., Maranges, H. M., & Sjåstad, H. (2018). Consciousness of the future as a matrix of maybe: Pragmatic prospection and the simulation of alternative possibilities. *Psychology of Consciousness: Theory, Research, and Practice,5*(3), 223–238.

Baumeister, R. F., & Masicampo, E. J. (2010). Conscious thought is for facilitating social and cultural interactions: How mental simulations serve the animal-culture interface. *Psychological Review,117,* 945–971.

Baumeister, R. F., & Tice, D. M. (1985). Toward a theory of situational structure. *Environment and Behavior,17*(2), 147–192.

Baumeister, R. F., Vohs, K. D., & Oettingen, G. (2016b). Pragmatic prospection: How and why people think about the future. *Review of General Psychology,20*(1), 3–16.

Baumeister, R. F., Vohs, K. D., Aaker, J. L., & Garbinsky, E. N. (2013). Some key differences between a happy life and a meaningful life. *The Journal of Positive Psychology,8,* 505–516.

Benzein, E., Norberg, A., & Saveman, B. I. (2001). The meaning of the lived experience of hope in patients with cancer in palliative home care. *Palliative Medicine,15*(2), 117–126.

Bell, W. (1997). The purposes of futures studies. *The Futurist,31*(6), 42.

Bell, W. (2009). *Foundations of futures studies: History, purposes, knowledge. Volume I: Human Science for a New Era.* Transaction Publishers.

Bühler, G., Craviolini, J., Krähenbühl, D., Hermann, M., Müller, E., & Wenger, V. (2020). *Generationen-Barometer.* Berner Generationenhaus & SOTOMO.

Billias, N. (2010). Hope as a moral virtue. In J. McDonald & A. M. Stephenson (Hrsg.), *The resilience of hope* (S. 17–27). Brill Rodopi.

Bloch, E. (1959). *Das Prinzip Hoffnung. In fünf Teilen.* Suhrkamp TB.

Blöser, C., & Stahl, T. (2017). Fundamental Hope and Practical Identity. *Philosophical Papers,46*(3), 345–371.

Blöser, C., & Stahl, T. (Hrsg.). (2019). *The moral psychology of hope. Rowman & littlefield international.* Chapter 1 An Introduction, 1–11.

Bostrom, N., & Yudkowsky, E. (2014). The ethics of artificial intelligence. *The Cambridge handbook of artificial intelligence,1,* 316–334.

Boulding, E. (1994). Image and action in peace building. In D. Hicks (Hrsg.), *Preparing for the future: Notes & queries for concerned educators* (S. 61–84). Adamantine Press.

Braithwaite, J. (2004a). Emancipation and hope. *The Annals of the American Academy of Political and Social Science,592*(1), 79–98.

Braithwaite, V. (2004b). Collective hope. *The Annals of the American Academy of Political and Social Science,592*(1), 6–15.

Braithwaite, V. (2004c). The hope process and social inclusion. *The Annals of the American Academy of Political and Social Science,592*(1), 128–151.

Brunstad, P. O. (2002). Longing for belonging: Youth culture in Norway. In J. Gidley, N. Ingwersen, & S. Inayatullah (Hrsg.), *Youth futures: Comparative research and transformative visions* (S. 143–154). Greenwood Publishing Group.

Bovens, L. (1999). The value of hope. *Philosophy and Phenomenological Research,59*(3), 667–681.

Burke, P. (2012). Does hope have a history? *Estudos avançados,26,* 207–218.

Calhoun, C. (2018). *Doing valuable time: The present, the future, and meaningful living.* Oxford University Press.

Callina, K. S., Snow, N., & Murray, E. D. (2018). The history of philosophical and psychological perspectives on hope: Toward defining hope for the science of positive human development. In M. Gallagher & S. Lopez (Hrsg.), *The Oxford handbook of hope* (S. 9–26). Oxford University Press.

Carver, C. S., Scheier, M. F., & Weintraub, J. K. (1989). Assessing coping strategies: A theoretically based approach. *Journal of personality and social psychology,56*(2), 267–283.

Cohen, S., Kamarck, T., & Mermelstein, R. (1983). A global measure of perceived stress. *Journal of health and social behavior,24*(4), 385–396.

Cohen, S., Kessler, R. C., & Gordon, L. U. (Hrsg.). (1997). *Measuring stress: A guide for health and social scientists*. Oxford University Press on Demand.

Collins, R., Taylor, S., & Skokan, L. (1990). A better world or a shattered vision: Changes in life perspectives following victimization. *Social Cognition,8,* 263–265.

Costanza, R., & Kubiszewski, I. (2014) Why we need visions of a sustainable and desirable world. In R. Costanza & I. Kubiszewski, I. (Hrsg.), *Creating a sustainable and desirable future: Insights from 45 global thought leaders*. World Scientific.

Cornish, E. (2001). Three paradoxes of time. *The Futurist,35*(4), 32.

Cristea, I. A., Sucala, M., Stefan, S., Igua, R., David, D., & Tatar, A. (2011). Positive and negative emotions in cardiac patients: The contributions of trait optimism, expectancies and hopes. *Cognition, Brain, Behaviour,15*(3), 317–329.

Cyranowski, J. M., Zill, N., Bode, R., Butt, Z., Kelly, M. A., Pilkonis, P. A., Salsman, J., & Cella, D. (2013). Assessing social support, companionship, and distress: National Institute of Health (NIH) Toolbox Adult Social Relationship Scales. *Health Psychology,32*(3), 293–301.

Dalferth, I. U. (2016). *Hoffnung*. de Gruyter.

Dator, J. (1996). Futures studies as applied knowledge. In R. Slaughter (Hrsg.), *New Thinking for a new millennium*. Routledge.

David, D., Montgomery, G., & DiLorenzo, T. (2006). Response expectancy versus response hope in predicting distress. A brief research report. *Erdelyi Pszichologiai Szemle,1,* 1–13.

David, D., Montgomery, G. H., Stan, R., DiLorenzo, T., & Erblich, J. (2004). Discrimination between hopes and expectancies for nonvolitional outcomes: Psychological phenomenon or artifact? *Personality and Individual Differences,36*(8), 1945–1952.

David, T., Mathieu, J., Schaufelbuehl, J. M., & Straumann, T. (2012). *Krisen: Ursachen, Deutungen und Folgen. Schweizerisches Jahrbuch für Wirtschafts- und Sozialgeschichte, 27.* Chronos Verlag.

de Quervain D., Aerni A., Amini E., Bentz D., Coynel D., Gerhards C., Fehlmann B., Freytag V., Papassotiropoulos A., Schicktanz N., Schlitt T., Zimmer A., & Zuber P. (2020). *The Swiss Corona Stress Study*. Report of the University of Basel.

Dewey, J. (1980). Democracy and education. Project Gutenberg. https://www.fulltextarchive.com/pdfs/Democracy-and-Education.pdf. (Erstveröffentlichung 1916).

Dewey, J. (1922). *Human nature and conduct: An introduction to social psychology*. Henry Holt and Co.

Eckersley, R. (1995). Values and visions: Youth and the failure of modern western culture. *Youth Studies Australia,14*(1), 13–21.

Eckersley, R. (1999). Dreams and expectations: Young people's expected and preferred futures and their signifcance for education. *Futures,31*(1), 73–90.

Eckersley, R. (2002). Future visions, social realities, and private lives: Young people and their personal well-being. In J. Gidley, N. Ingwersen, & S. Inayatullah (Hrsg.), *Youth futures: Comparative research and transformative visions* (S. 31–42). Greenwood Publishing Group.

Eckersley, R., Cahill, H., Wierenga, A., & Wyn, J. (2007). *Generations in dialogue about the future: The hopes and fears of young Australians.* Australia 21 Ltd. Australian Youth Research Centre.

Elgin, D. (1991). Creating a sustainable future. *ReVision,14*(2), 77–79.

Erikson, E. (1998). *Jugend und Krise: Die Psychodynamik im sozialen Wandel.* Klett-Cotta.

Felder, C. (2018). *Die Gemeinwohlökonomie.* Deuticke Verlag.

Frankl, V. E. (1979). *Der Mensch vor der Frage nach dem Sinn – Eine Auswahl aus dem Gesamtwerk.* Piper.

Fredrickson, B. L. (2013). Positive emotions broaden and build. *Advances in Experimental Social Psychology,47*(1), 1–53.

Gidley, J. M. (2017). *The future: A very short introduction.* Oxford University Press.

Gilbert, D., & Wilson, T. (2007). Prospection: Experiencing the future. *Science,351,* 1351–1354.

Gilovich, T. (1983). Biased evaluation and persistence in gambling. *Journal of Social and Personal Psychology,44,* 1110–1126.

Gordin, M., Tilley, H., & Prakash, G. (2010). Utopia and Dystopia beyond space and time. In M. Gordin, H. Tilley, & G. Prakash (Hrsg.), *Conditions of historical possibility.* Princeton University Press.

Graf, H. G. (2003). Was ist eigentlich Zukunftsforschung? *Sozialwissenschaften und Berufspraxis,26*(4), 355–364.

Gutiérrez, G. (2001). *A theology of liberation.* SCM Press.

Green, J. (2008). *Pragmatism and social hope.* Columbia University Press.

Green, R. (2019). Introduction. In R. Green (Hrsg.), *Theories of hope: Exploring alternative affective dimensions of human experience.* Rowman & Littlefield.

Gruber, P. (2018). *Die Zukunft der Landwirtschaft ist biologisch! Welthunger, Agrarpolitik und Menschenrechte.* Budrich.

Habermas, J. (1985). Die Krise des Wohlfahrtsstaates und die Erschöpfung utopischer Energien. *Die neue Unübersichtlichkeit, Merkur,39*(431), 141–163.

Halpin, D. (2002). *Hope and education: The role of the utopian imagination.* Routledge.

Hamilton, D. L., & Huffman, L. J. (1971). Generality of impression formation processes for evaluative and nonevaluative judgments. *Journal of Personality and Social Psychology,20,* 200–207.

Havel, V. (1990). *Briefe an Olga. Betrachtungen aus dem Gefängnis. Reinbeck b.* Rowohlt Taschenbuch

Heinrich, M., Senf, M., & Hüther, G. (2020). *#Education for the Future. Bildung für ein gelingendes Leben.* Goldman.

Herth, K. (1992). Abbreviated instrument to measure hope: Development and psychometric evaluation. *Journal of advanced nursing,17*(10), 1251–1259.

Herth, K. A., & Cutcliffe, J. R. (2002). The concept of hope in nursing 6: Research/education/policy/practice. *British Journal of Nursing,11*(21), 1404–1411.

Hicks, D. (1994). *Preparing for the future: Notes & queries for concerned educators.* Adamantine Press.

Hicks, D. (1996). Retrieving the dream: How students envision their preferable futures. *Futures,28*(8), 741–749.

Hicks, D. (2003). *Lessons for the future: The missing dimension in education.* Routledge.

Hinds, P. S., Oakes, L. L., Hicks, J., Powell, B., Srivastava, D. K., Spunt, S. L., Harper, J., Baker, J., West, N., & Furman, W. L. (2009). "Trying to be a good parent" as defined by interviews with parents who made phase I, terminal care, and resuscitation decisions for their children. *Journal of Clinical Oncology,27*(35), 5979–5985.

Husman, J., & Shell, D. F. (2008). Beliefs and perceptions about the future: A measurement of future time perspective. *Learning and Individual Differences,18*(2), 166–175.

James, W. (1979). *The will to believe and other essays in popular philosophy* (Bd. 6). Harvard University Press.

Jungk, R., & Müllert, N. (1989). *Zukunftswerkstätten. Mit Phantasie gegen Routine und Resignation.* Hayne.

Hüther, G. (2016). *Biologie der Angst: Wie aus Streß Gefühle werden.* Vandenhoeck & Ruprecht.

Kadlac, A. (2015). The virtue of hope. *Ethical theory and moral practice,18*(2), 337–354.

Kappes, H. B., & Oettingen, G. (2011). Positive fantasies about idealized futures sap energy. *Journal of Experimental Social Psychology,47,* 719–729.

Keyes, C. L. (2002). The mental health continuum: From languishing to flourishing in life. *Journal of health and social research, 43,* 207–222.

Kleist, N., & Jansen, S. (2016). Introduction: Hope over time – Crisis, immobility and future-making. *History and Anthropology,27*(4), 373–392.

Klinger, E., Barta, S. G., & Maxeiner, M. E. (1980). Motivational correlates of thought content frequency and commitment. *Journal of Personality and Social Psychology,39,* 1222–1237.

Krafft, A. M. (2019). *Werte der Hoffnung: Erkenntnisse aus dem Hoffnungsbarometer.* Springer.

Krafft, A. M., & Walker, A. M. (2018). *Positive Psychologie der Hoffnung: Grundlagen aus Psychologie, Philosophie*. Springer.

Kreibich, R. (2008). *Zukunftsforschung für die gesellschaftliche Praxis* (Arbeitsbericht Nr. 29/2008). Institut für Zukunftsstudien und Technologiebewertung.

Kretz, L. (2019). Hope, the environment and moral imagination. In R. Green (Hrsg.), *Theories of hope: Exploring alternative affective dimensions of human experience* (S. 155–176). Rowman & Littlefield.

Kroenke, K., Spitzer, R. L., Williams, J. B., & Löwe, B. (2009). An ultra-brief screening scale for anxiety and depression: The PHQ-4. *Psychosomatics, 50*(6), 613–621.

Kurzweil, R. (2005). Human life: The next generation. *New Scientist, 24*(9). http://www.singularity.com/NewScienceArticle.pdf.

Lazarus, R. S. (1993). From psychological stress to the emotions: A history of changing outlooks. *Annual review of psychology, 44*(1), 1–22.

Lazarus, R. S. (1999). Hope: An emotion and a vital coping resource against despair. *Social research, 66*(2) 653–678.

Lear, J. (2006). *Radical hope: Ethics in the face of cultural devastation*. Harvard University Press.

Linley, P. A., & Joseph, S. (2011). Meaning in life and posttraumatic growth. *Journal of Loss and Trauma, 16*(2), 150–159.

Marcel, G. (1949). *Homo Viator, Philosophie der Hoffnung*. Bastion.

Markley, O. W., & Harman, W. W. (Hrsg.). (1982). *Changing images of man*. Pergamon Press.

Martin, A. (2019). Interpersonal hope. In C. Blöser & T. Stahl (Hrsg.), *The moral psychology of hope* (S. 229–248). Rowman & Littlefield International.

Masini, E. B. (2000). Futures Research and Sociological Analysis. In S. Quah & A. Sales (Hrsg.), *The International Handbook of Sociology* (S. 491–505). SAGE Publications.

McDonald, J. (2008). The spirit of hope and its near enemy indifference: A phenomenological continuum. In W. Bauman (Hrsg.), *Hope: Global interdisciplinary perspectives*. Papers Presented at the 3rd Global Conference „Hope: Probing the Boundaries", Inter-Disciplinary Press, 39–49.

McGeer, V. (2004). The art of good hope. *The annals of the American academy of political and social science, 592*(1), 100–127.

McGeer, V. (2008). Trust, hope and empowerment. *Australasian Journal of Philosophy, 86*(2), 237–254.

McKibben, B. (2007). *Hope, human and wild: True stories of living lightly on the earth*. Milkweed Editions.

Meevissen, Y. M., Peters, M. L., & Alberts, H. J. (2011). Become more optimistic by imagining a best possible self: Effects of a two week intervention. *Journal of behavior therapy and experimental psychiatry, 42*(3), 371–378.

Meirav, A. (2009). The nature of hope. *Ratio, 22*(2), 216–233.

Miceli, M., & Castelfranchi, C. (2010). Hope: The power of wish and possibility. *Theory & Psychology,20*(2), 251–276.

Montgomery, G. H., David, D., DiLorenzo, T., & Erblich, J. (2003). Is hoping the same as expecting? Discrimination between hopes and response expectancies for nonvolitional outcomes. *Personality and Individual Differences,35*(2), 399–409.

Mullen, B., & Johnson, C. (1990). Distinctiveness-based illusory correlations and stereotyping: A meta-analytic integration. *British Journal of Social Psychology,29,* 11–28.

Nordensvard, J. (2014). Dystopia and disutopia: Hope and hopelessness in German pupils' future narratives. *Journal of Educational Change,15*(4), 443–465.

Oettingen, G. (1997). *Psychologie des Zukunftsdenkens.* Hogrefe.

Oettingen, G. (2000). Expectancy effects on behavior depend on selfregulatory thought. *Social Cognition,18,* 101–129.

Oettingen, G. (2012). Future thought and behaviour change. *European Review of Social Psychology,23,* 1–63.

Oettingen, G. (2014). *Rethinking positive thinking: Inside the new science of motivation.* Penguin Random House.

Oettingen, G., Pak, H., & Schnetter, K. (2001). Self-regulation of goal setting: Turning free fantasies about the future into binding goals. *Journal of Personality and Social Psychology,80,* 736–753.

Parker-Oliver, D. (2002). Redefining hope for the terminally ill. *American Journal of Hospice and Palliative Medicine,19*(2), 115–120.

Peters, M. L., Flink, I. K., Boersma, K., & Linton, S. J. (2010). Manipulating optimism: Can imagining a best possible self be used to increase positive future expectancies? *The Journal of Positive Psychology,5*(3), 204–211.

Pettit, P. (2004). Hope and its place in mind. *The Annals of the American Academy of Political and Social Science,592*(1), 152–165.

Polak, F. (1973). *The image of the future,* translated from the Dutch and abridged by Elise Boulding. Jossey-Bass/Elsevier.

Reese, B. (2013). *Infinite progress: How the internet and technology will end ignorance, disease, poverty, hunger, and war.* Greenleaf Book Group.

Refle, J.-E. et al. (2020). *First results of the Swiss Household Panel – Covid-19 Study.* FORS Working Paper 2020.

Riner, R. D. (1987). Doing futures research – Anthropologically. *Futures,19*(3), 311–328.

Rorty, R. (1998). *Achieving our country.* Harvard University Press.

Rorty, R. (1999). *Philosophy and social hope.* Penguin Books.

Rorty, R. (2002). Hope and the future. *Peace Review,14*(2), 149–155.

Rubin, A. (2002). Reflections upon the late-modern transition as seen in the images of the future held b. young Finns. In J. Gidley, N. Ingwersen, & S. Inayatullah (Hrsg.), *Youth futures: Comparative research and transformative visions* (S. 99–110). Greenwood Publishing Group.

Reese, B. (2013). *Infinite progress: How the internet and technology will end ignorance, disease, poverty, hunger, and war.* Greenleaf Book Group.

Schumpeter, J.A. (1942). *Kapitalismus, Sozialismus und Demokratie.* UTB (Ausgabe von 2005).

Schwartz, S. H. (2012). An overview of the Schwartz theory of basic values. *Online readings in Psychology and Culture,2*(1), 11–20.

Seligman, M. E., Railton, P., Baumeister, R. F., & Sripada, C. (2013). Navigating into the future or driven by the past. *Perspectives in Psychological Science,8*, 119–141.

Seligman, M. E., Railton, P., Baumeister, R. F., & Sripada, C. (2016). *Homo prospectus.* Oxford University Press.

Shade, P. (2001). *Habits of hope – A pragmatic theory.* Vanderbilt University Press.

Shade, P. (2019). Shame, hope, and the courage to transgress. In R. Green (Hrsg.), *Theories of hope: Exploring alternative affective dimensions of human experience.* Rowman & Littlefield.

Sheldon, K. M., & Lyubomirsky, S. (2006). How to increase and sustain positive emotion: The effects of expressing gratitude and visualizing best possible selves. *Journal of Positive Psychology,1*(2), 73–82.

Shepperd, J. A., Waters, E. A., Weinstein, N. D., & Klein, W. M. (2015). A primer on unrealistic optimism. *Current Directions in Psychological Science,24*(3), 232–237.

Siegenthaler, H. (1993). *Regelvertrauen, Prosperität und Krisen: Die Ungleichmäßigkeit wirtschaftlicher und sozialer Entwicklung als Ergebnis individuellen Handelns und sozialen Lernens.* Mohr.

Šimečka, M. (1984). *The Restoration of Order: The Normalization of Czechoslovakia, 1969–1976.* Verso.

Slaughter, R. A. (1993). The substantive knowledge base of futures studies. *Futures – Guildford, 25,* 227.

Richard, A., & Slaughter. (1994). Changing images of futures in the 20th century. In D. Hicks (Hrsg.), *Preparing for the future – Notes & queries for concerned educators* (S. 39–59). Adamantine Press Ltd.

Snow, N. E. (2018). Hope as a democratic civic virtue. *Metaphilosophy,49*(3), 407–427.

Snow, N. E. (2019). Faces of hope. In R. Green (Hrsg.), *Theories of hope: Exploring alternative affective dimensions of human experience* (S. 5–23). Rowman & Littlefield.

Stahl, T. (2019). Political hope and cooperative community. In C. Blöser & T. Stahl (Hrsg.), *The Moral psychology of hope* (S. 265–283). Rowman & Littlefield International.

Stewart, C. (2002). Re-Imagining your neighborhood: A model for futures education. In G. Gidley & I. S. Inayatullah (Hrsg.), *Youth futures: Comparative research and transformative visions* (S. 187–196). Greenwood Publishing Group.

Stitzlein, S. (2019). Pragmatist hope. In C. Blöser & T. Stahl (Hrsg.), *The moral psychology of hope* (S. 93–112). Rowman & Littlefield International.

Tedeschi, R. G., & Calhoun, L. G. (1995). *Trauma and transformation. Growing in the aftermath of suffering*. Sage Publications.

Tedeschi, R. G., & Calhoun, L. G. (1996). The Posttraumatic growth inventory: Measuring the positive legacy of trauma. *Journal of Traumatic Stress,9*(3), 455–471.

Tedeschi, R. G., & Calhoun, L. G. (2004). Posttraumatic growth: Conceptual foundations and empirical evidence. *Psychological Inquiry,15*(1), 1–18.

Tennen, H., Affleck, G., & Tennen, R. (2002). Clipped feathers: The theory and measurement of hope. *Psychological Inquiry,13*(4), 311–317.

Toffler, A. (1970). *Der Zukunftsschock: Strategien für die Welt von morgen*. Goldmann.

Vonk, R. (1996). Negativity and potency effects in impression formation. *European Journal of Social Psychology,26,* 851–865.

Vonk, R. (1999). Differential evaluations of likeable and dislikeable behaviors enacted towards superiors and subordinates. *European Journal of Social Psychology,29,* 139–146.

Walker, M. (2006). *Moral repair: Reconstructing moral relations after wrongdoing*. Cambridge University Press.

Webb, D. (2008). Exploring the relationship between hope and utopia: Towards a conceptual framework. *Politics,28*(3), 197–206.

Webb, D. (2013). Pedagogies of hope. *Studies in Philosophy and Education,32*(4), 397–414.

Weinstein, N. D. (1980). Unrealistic optimism about future life events. *Journal of Personality and Social Psychology,39*(5), 806–820.

Weinstein, N. D. (1989). Optimistic biases about personal risks. *Science,246*(4935), 1232–1234.

West, C. (2009). *Hope on a tightrope: Words and wisdom*. SmileyBooks Hay House.

Ziegler, W. (1991). Envisioning the future. *Futures,23*(5), 516–527.

Printed in the United States
by Baker & Taylor Publisher Services